JN293968

# "顧客の声"分析・活用術

## テキストマイニングが拓く──
## コールセンター高付加価値化への新たな提案

リックテレコム

# ■はじめに

- コールセンターって、もっと大切にされていいのではないか？
- コールセンターって、もっと主張していいのではないか？
- コールセンターって、もっともっと発見ができるのではないか？

　このような意識を持っている方が、本書をお読みになると、頭のどこかが、キラリッとするはずである。そして、次に行動を起こしたくなるはずだ。

　現在、国内企業が運営する大半のコールセンターの位置づけは、いまだコストセンターとして扱われる場合が多い。しかしながら、コールセンター及びその情報を管理する部門の役割は、大きく変わりつつあることを我々は感じている。その役割とは、従来の「顧客対応窓口」から脱却し、顧客のリアルタイムな動向を能動的に感知するための「センサー」となることである。そして、この機能が「顧客接点での情報発信基地」として、企業の命運を左右するケースも生まれつつある。即ち、企業の経営者自らが顧客の声に敏感に反応しつつ、その声を生かす企業でなければ生き残れない時代になってきているのである。

　昨今、電化製品から、エレベーター、トラックに至るまで、顧客の声もしくは従業員の声から発せられる予兆を敏感に察知し、または放置することなく対応していれば防げたであろう社会的な問題は数多く存在する。また、その声が経営に届いていないこと、もしくは届くこと自体に時間がかかることが、経営者にとって言い訳のできない時代になってきた。

　経営トップ自らが社会に対して頭を下げる姿がテレビで放映されるたび、消費者は「またか！」との気持ちで眺めつつ、「本当にトップは知らなかったのか？」「知っていたけれど、隠していたのではないのか！」などと考えていると思われる。おそらく、経営者のほとんどは、その問題の情報が発生後かなり遅れて届いたのだろう。そして「いまさら！」と考えて行動が

遅くなったのかもしれない。

　顧客の声や従業員の声は、従来から商品の改良や新サービスのヒントを生み出すために必要だと言われ続けてきた。商品やサービスに対する声を聞くことは、商売の基本中の基本であり、誰もが認識している事実であろう。

　しかしながら、「この商品を買ってくれたお客様の声って、設計した人に届いているのか？」「こんなお褒めの声があるのに、プロモーションをやっている連中は知っているのだろうか？」などと思う企業人は多いのではなかろうか。さらに、声を聞き、確認し、分析し、次に活かすのが良いことだとはわかっていても、それをどのように行動に移せばいいかの手順が分からない人が多いのではないだろうか。

　筆者らは、コールセンターに寄せられる声を分析し、活用しようとする企業に対し、さまざまなコンサルティングやシステム構築を実施してきた。また、膨大な顧客の声の中から「宝」を見出すことにユーザー企業とともにチャレンジしてきた。さらに、いかにリスクを早く検知するかをユーザー企業と一緒になって考えてきた。その中で、膨大な顧客の声から情報を拾うことを、どうしても効率的に処理する必要があった。そこで、テキストマイニングという技術と出会い、その技術を駆使することで、ユーザー企業の悩みを解決する喜びを見つけたのである。現在では、さまざまな業種業態のコールセンターに寄せられる声を、いかに素早く分析し、経営者を含めた企業全体に発信するかを実践している。

　テキストマイニングという言葉は少し聞きなれない言葉かもしれないが、その技術を使うと、膨大なテキストデータの中からビジネスに役立つヒントを発見することができる。

　例えば、衣料を扱うある通販大手企業は、膨大な声の中から「チクチクする」「ヒリヒリする」「赤くなる」といった苦情が多く発せられた衣料を見つけだし、その素材をナイロン地から柔らなサテン地にした。結果、その衣料の売り上げが数倍に伸びたという。また、ある食品メーカーでは、「量が

減ってくるとスプーンが底まで届かない」という消費者からの指摘を受け、容器のデザインを変えた。商品開発競争の激しい食品・飲料業界にあっては、この手の顧客の声から改善された商品の事例が後を絶たない。

　従来は、こうした声は「顧客の声アンケート」や「コールセンターに寄せられた声」として、声の担当者が必死になって読み漁り、担当する部門へ発信してきた。しかしながら、膨大な声の中からヒントを探すには時間と労力を要し、「苦情」らしきものは見つけられたとしても、商品のヒントはなかなか見出すことはできなかったのが現実であった。また、多くの経営者は、企業の意思決定として「売れた・売れない」などの数値的な販売実績に終始し、「顧客の声」の経営としての扱いはなおざりになるケースが多かった。これは、声などが定性的な情報であり、客観的に判別しにくいことも原因であった。

　そこで我々は、テキストマイニングという技術を使い、定性データを定量データに変えることで、従来の数値情報と同様に素早く情報を探し出し、経営情報として企業の意思決定に使うことを実践してきたのである。また、膨大にある声を分析することによって、その中にある、顧客から発せられる"気づき"を見つけ、新たな商品を生み出す"ヒント"を持たらす例を数々と生み出すことに成功した。

　最近では、顧客の声を"ヒント"ではなく"兆し"として活用する事例も増えている。ある電器メーカーの例では、機器の修理報告時の状況欄にある「くさい臭いがする」「部品が焼けていた」などの"兆し"や"気づき"を感知し、チェックするロジックを業務自体に入れ込むことで、大規模な不具合の予兆を監視している。企業にとって、声を分析することが、それまでの「あったら良い情報」から「なくてはならない業務システム」に様変わりしているのだ。

　ただし、よく勘違いされるのだが、こうしたテキストマイニングの利用は、決して「がらがらポン」で答えが出るものではないことをご理解いただきたい。例えば、テキストマイニングツールを料理の調理器具と考えてもらう

といいだろう。良い味の料理（分析結果）を作るためには、良い素材（顧客の声）と良い料理人（組織や人材）が揃って初めてできるのである。もちろん良いスパイス（見方・考え方）が必要な場合もある。どれか1つでも欠けてしまえば食えない料理＝使えない結果となってしまうのである。

　また、テキストマイニング技術を使えば、コールセンターの応対管理を劇的に向上させることも可能である。

　「コールセンター白書2007」（リックテレコム刊）によれば、コールセンター就業者に占める非正規社員の割合は約9割であり、1年間で3分の1以上がごっそり入れ替わる企業が全体の11％にも及んでいる。また、扱う商品やサービスは専門的で複雑なものが多くなっており、業務知識の研修に相当な時間をかける必要がでてきた。このため、企業の顔としての、コールセンターの応対品質のバラツキが大きな課題となっている。この課題の解決策の1つとして、FAQ（Frequently Asked Questions）システムの導入が進んでいるのだが、単なるQ&A集では解決とならず、FAQ自体に"頭脳"を持たせる必要性がでてきている。その陰の立役者がテキストマイニング技術なのである。

　野村総合研究所が2007年10月に実施した「FAQ実態調査」では、FAQシステムを利用している企業の7割が自社開発であり、パッケージやASP（アプリケーション・サービス・プロバイダ）の利用はわずか3割であった。しかし、FAQシステムを自社開発している企業の不満率は高く、逆にパッケージやASP利用企業の満足度は高かった。その理由は、自社開発といえども「Microsoft Access」や「IBM Lotus Notes」などの汎用的なアプリケーション基盤を使っており、FAQシステムとして求められるような高度な検索機能を実現するのが難しかったからである。逆に、FAQに特化して機能進化を続けている専門パッケージやASPサービスは、検索機能をウリにしており、それが高い満足度に結びついているのだろう。また、さらに高い満足を得るためには、使い込めばFAQのヒット率が高くなる仕組みが用意されているか否かが重要になる。そして、その裏には先ほど紹介し

た「テキストマイニング」の仕掛けが存在するのである。

　本書では、コールセンターに入ってくる声の1つとして「苦情」にもスポットを当てて論じている。「苦情」は、一般的な「顧客の声」の扱いとは業務フローが異なる。このため、業務量が増えると、コールセンターが通常利用する応対管理システムだけでは対応しきれない場合が多くなる。苦情受付の最初の窓口は初期リスクを評価し、初期対応を行い、苦情を報告する必要がある。そして企業全体として、1つひとつの苦情を承認管理し、その再発防止策を検討することが重要なのである。本書では、苦情管理のコツをISOの規格と絡めてわかりやすく示した。

　本書は、主にコールセンターの担当者、スーパーバイザー（SV）、及びその部署を管理される方々、あるいは顧客の声を活かすことを考えている企業の経営者の方々に一読願いたい。そして、この書の内容をひとつのヒントに、自らの業務を改善するきっかけとして役立てば幸いである。

2008年5月

　　　　　　　　　　　　　　　　　株式会社野村総合研究所
　　　　　　　　　　　　　　　　　株式会社プラスアルファ・コンサルティング

## ■本書の構成

　第1章では、コールセンターに求められる役割が刻々と変革している事実と、今現在実施しなくてはならないキーワードとして「顧客対応力の強化」「顧客の声をリスク管理にも活かす」「組織的な対応を行い、情報発信力を高める」の3つが重要であることを述べる。さらに、その3つの重要な力を生み出すためには、「テキストマイニング技術」を利用することが解決策の1つであり、その使い方を示している。
　第2章以降の章・節では、先の3つの重要な力を生み出すための、個々の背景と提言を、企業の事例を交えて詳しく解説していく。

　第2章では、「顧客対応力を高めるFAQ活用戦略」と題して、コールセンターにおけるFAQの活用方法を、業務とシステムの両面から論じている。コールセンターに求められる役割は変化しつつある。ワンストップサービスの拠点として、より高機能化、集約化、多目的化しているのである。そのために、CRM機能やFAQ機能などのシステム面での強化に加え、情報発信基地としての役割が今後の本来の役割として変革することとなる。このため、テキストマイニング技術が役立つ可能性が高いのである。
　CRM機能にて、顧客を個客として捉えていく必要はあるが、まずはテキストマイニングを使ってのFAQシステムを整備することを勧める。コールセンターは企業の顔とも言えるので、さまざまな問い合わせに対しても、たらい回しにせずに、即答することが企業の評価を高めることになる。さらに、ユーザーにとってのコンシェルジェ的な存在になるべきである。
　オペレータの教育の観点からも、FAQを利用しての応対品質の向上は必須となる。今後ますます重要になるコールセンターであるが、残念ながら離職率が高く、かつ教育コストも大きくなりつつある。そのための顧客応対の品質を上げる仕組みがFAQなのである。なお、FAQを全社内で利用

する企業も増えると思われる。団塊の世代の退職に伴うノウハウ欠落に対する防御としても有益であろう。

　本章では、2007年10月に実施した「FAQ実態調査」からさまざまな視点でFAQに対する考察を行うが、特徴としては自社開発でのFAQシステムは、パッケージソフトやASPサービスと比べて不満が高い点である。通常は個別企業のニーズを取り入れた自社開発システムの満足が高いのが一般的である。

　また、本章では、「FAQのあるべき姿」に関しても考察している。ABCの3つのシステム構築度により、FAQの成長度合いが異なる。将来を考えて、進化するFAQの仕組みを最初から取り入れるべきであろう。

　第3章では、「リスク管理力を高める苦情対応戦略」と題して、コールセンターに寄せられる苦情のあり方、対処方法を論じている。

　顧客の声の中でも苦情は特殊性が多く、本章でその実態を明らかにしていく。通常の声と異なるのは、苦情の対応は再発防止策を含めたインシデント管理が必要であることである。ただし、クレーマーには毅然とした対応が必要であり、その意味で、対応フローが分かれていく。

　ISO9001やISO10002などの標準規格も意識して社内の組織のあり方や、対処方法を整備することを勧める。顧客から見た安心感や達成への目標ともなり得るからである。

　昨今では、「内部告発」による問題の告発も多く、顧客の権利意識の高まりとともに、「やるべきことをやる」しか手はない。企業自体がトラブルを隠蔽する余地をなくす仕組みを作っておくことが最大の対応策であろう。とくに金融業界では、保険金の未払い問題に代表される「契約者保護」の観点が金融庁により指導されている。なによりも、コールセンターだけではなく、現場すべてが対応する仕組みが必要になってくる。最近では、苦情管理だけを切り出したパッケージシステムもできつつあり、その利用も一案である。

第4章では、「情報発信力を高めるVOC活用戦略」と題して顧客の声マネジメントを提唱している。

　改めて、顧客の声の活用の意義を「商品へのヒント」とする事例を多く記載しつつ、活用の課題を「顧客の声活用実態調査」によって浮き彫りにしていく。結論として筆者らが考えているのが「顧客の声マネジメント」であり、声の見える化、見せる化である。

　テキストマイニングを利用しての事例を豊富に載せたので、テキストマイニングツールをご存知ない方でも、イメージがしやすいと思う。同時に見せる化として、まだ気づいていない新しい"気づき"を見るものの"目に飛び込ませる"状態を作ることが大切である。さらに情報は鮮度が命であり、「見る者の目に、関心のある顧客の声がすぐに届くこと」が重要である。

　最後に、「顧客の声マネジメント成功のための3大要素」に関して詳細に解説していく。

　なお、本章を読んだ中で、気になる課題に対する解決の方法や、興味のある部分があれば、ダイレクトにその節を斜め読みいただいてもいいように構成したつもりである。

# Contents

はじめに ── 3
本書の構成 ── 8

## 第1章 コールセンターの高付加価値化とテキストマイニング ……… 17

### 1-1 コールセンターに求められる役割の変遷 ……… 18
相談窓口から企業のワンストップサービス拠点へ／コールセンター機能の高度化、集約化、多目的化／コールセンターの抱える問題と実態／情報発信基地への進化

### 1-2 コールセンターに求められる3つの力 ……… 25
1. 付加価値を高める3つの力 ── 25
2. 顧客対応力を高める ── 26
   コールセンターは"企業の顔"／オペレータを一人前にするには時間がかかる／顧客対応力を高めるためのキーワードはFAQ
3. リスク管理力を高める ── 30
   コールセンターに集まる苦情／顧客満足の基準が高度化／苦情を対処するうえでの課題
4. 情報発信力を高める ── 34
   "異見"を知る貴重な顧客接点／事業部はお金を払ってでも顧客の声を聞きたい／コールセンターの声は売り上げの先行指標

### 1-3 3つの力を生み出すテキストマイニング ……… 39
1. 3つの力を高める仕組み作り ── 39
2. テキストマイニングとは ── 40
3. ナレッジ検索と顧客の声の見える化 ── 41
4. テキストマイニングの仕組み ── 42
5. 顧客対応力とテキストマイニング ── 45
6. リスク管理力とテキストマイニング ── 49
7. 情報発信力とテキストマイニング ── 50
   全体傾向を一目で把握させる／差異や変化を際立たせて伝える／顧客ニーズを浮き立たせる

# 第2章 顧客対応力を高めるFAQ活用戦略 …… 57

## 2-1 高まるFAQの重要性 …… 58
- ① 求められるコールセンターの対応力 —— 58
  成熟化と流動化の時代／保険業界はコールセンター強化、自治体もコールセンター運営／問い合わせ窓口からコンシェルジェへ／サービス業として知覚価値を最大化
- ② コールセンターが抱える課題 —— 62
  コールセンター就業者の実態／運営形態が変化するコールセンター
- ③ 応対品質の平準化——FAQのあり方 —— 65
  FAQの用意は当たり前／FAQのあり方／FAQ活用で応対品質を標準化

## 2-2 FAQによるナレッジシステムの落とし穴 …… 70
- ① FAQシステムの構築状況 —— 70
- ② 半数の企業がFAQシステムを構築済み —— 70
- ③ 意外に構築率が低い金融機関 —— 73
- ④ 検索性で不満多いマニュアル参照 —— 73
- ⑤ FAQシステムの7割は自社開発 —— 75
- ⑥ 強い不満を抱える"自社開発"組 —— 76
- ⑦ 自社開発でニーズを満たすのは困難 —— 79
- ⑧ 柔軟運用ではパッケージ・ASPが有利？ —— 80

## 2-3 FAQのあるべき姿とは？ …… 83
- ① 3つのランクがあるFAQシステム —— 83
  ランクC：単体FAQシステム（簡易データベース）／ランクB：検索のしやすさの向上／ランクA：進化するFAQの仕組み／導入効果が大きいランクA
- ② 検索のポイント —— 90
  電話の相手は待ってくれない／事例1：ヘルプデスク運営事業者A社／事例2：食品メーカーB社／検索の利便性を高めるシステム
- ③ コンテンツ管理のポイント —— 98
  クオリティの維持は至難の業／悩み続けているコンテンツ管理者／システム導入で品質向上を実現した事例／事例3：C社ヘルプデスク／テキストマイニングが有効

④ FAQマネジメントの勘所 ── 109
社内版FAQを公開サイトで流用／アクセスコントロールで情報を統制／ワークフローでコラボレーション支援／パッケージとASPのどちらを選ぶか

# 第3章 リスク管理力を高める苦情対応戦略 ── 117

## 3-1. いかに対応するか？ 昨今の苦情事情 ── 118

① 苦情"対応"とは？ ── 118
コールセンターで苦情と認識されるもの／製造業とサービス業での苦情の違い／苦情対応の現場／苦情発生後の対応は？／苦情は個別対応で終らず、再発防止策が必要／通常の苦情とクレーマーの苦情

② 苦情対応の標準規格 ── 123
品質マネジメントシステム ISO 9001とISO 9004／ISO 10002品質マネジメント──苦情対応のための指針／サービス業に向いているISO 10002

③ 近年の苦情対応 ── 129
企業不正に対する顧客の関心／顧客意識の高まり／製造業での事例

④ 金融業界における苦情対応 ── 131
金融業界に特化した問題／金融業界での動向

## 3-2. 業種特化型「苦情対応システム」とは ── 134

① CRM／応対管理システムでの苦情対応の限界 ── 134
コールセンターの応対管理システムでの限界／全社共有の一元管理／苦情の解決まで／新たなシステムへの期待

② なぜ苦情対応システムか？ ── 137
初期リスク評価の重要性／担当者自身による苦情報告の難しさ／苦情対応の完了から再発防止策の検討へ／苦情発生からアクション実施までのトレーサビリティ／苦情対応マネジメントに即したシステム基盤／CS向上の観点でのシステム

③ システム化の難しさ ── 142
苦情対応業務は各現場に根付いている＝標準対応化の困難さ／円滑な導入と違和感のない仕組みの重要性

④ 求められるシステム機能（苦情対応PDCA） ── 144
苦情対応のPDCAサイクル／苦情対応方針の決定支援

⑤ 苦情入力から承認フローへ ── 147
苦情受付と入力画面／苦情発生時の緊急通報制度／苦情対応報告の承認や回覧を行う／苦情対応の終了の仕方／苦情対応の進捗を管理する

⑥ データ管理とパフォーマンスチェック —— 151
現場や本社の苦情対応データを一元管理／苦情内容は個人情報であり、機密情報／苦情対応の監視と監査の違い／苦情対応の進捗パフォーマンスモニタ

⑦ 苦情の原因を取り除く課題化の意義 —— 155
『課題』の上げやすさ／『課題』のレベル感を統一させる／『課題』のオーナー制度／『課題』からアクションにつなげる／『課題』解決ルーチン化による意識改革

# 第4章 情報発信力を高めるVOC活用戦略 …… 163

## 4-1. なぜ顧客の声（VOC）の活用なのか？ …… 164

① 答えは顧客の声の中にある —— 164
顧客の声の正体は？／コールセンターの声から「その瞬間」を知る／顧客の声は定性的な消費行動の裏づけでもある／顧客の声に基づいた改善事例

② 改善だけではない、コールセンター発の新商品 —— 168

③ 顧客の声を聞くことをCSRの基本に置く —— 169
コンプライアンス、リスクマネジメントでの声の活用

④ 顧客の声の「攻めの活用」と「守りの活用」 —— 171

## 4-2. 顧客の声の活用における課題 …… 173

① 顧客の声の活用実態調査 —— 173
② 企業の課題は、組織、共有、分析、蓄積 —— 174
③ 顧客の声の蓄積に関する課題 —— 175
④ 顧客の声を社内に発信するための課題 —— 177
⑤ 全社活用における障壁 —— 179
⑥ 顧客の声推進体制の実態 —— 180
⑦ 顧客の声活用実態調査のまとめ —— 180

## 4-3. 求められる顧客の声マネジメント …… 183

顧客の"想い"が企業内でロス！？／顧客の声をマネジメントするという新しい発想／従来の情報マネジメント手法と顧客の声マネジメント手法の違い

① 「顧客の声マネジメント」サイクルの構築 —— 187
顧客視点の思考回路を作り上げる／「顧客の声マネジメント」サイクルを構成

する4つの機能／顧客の声の『収集』：質の高い声を蓄積する／顧客の声の『分析』：声を「見える化」し気づきを与える／顧客の声の『共有』：関心に合わせた声を全社的に「見せる化」する／顧客の声による『改善』：声から「課題化」し組織で解決をする

2 見える化（顧客の声の可視化）—— 197
コールセンターで増え続ける顧客の声／「見える化」の種類と見せる情報の深さ／顧客の声を「見える化」する／目標数値、危険水準によるアラート／顧客接点の現場部門へのフィードバック／見える化から見せる化へ

3 見せる化（社内への情報発信）—— 209
コールセンターと事業部との間にあるギャップ／「見せる化」のカギは、いかに見る者に"気づき"を与えるか／「見せる化」は「顧客視点で考える」というカラーバス効果を生む

4 課題化（改善活動のカタチ）—— 218
顧客の声から具体的な改善活動につなげる仕組み作り／顧客の声を起点とした改善活動の推進体制とは？

## 4-4. 顧客の声マネジメント成功のための3大要素 ……228
要素1：質の高い顧客の声の確保
要素2：大量の顧客の声を見える化し、活用できる仕組みの構築
要素3：顧客の声の活用推進ができる組織・人材の育成

終わりに —— 233

参考文献 —— 238

著者紹介 —— 239

# 第1章
# コールセンターの高付加価値化とテキストマイニング

**1-1**
コールセンターに求められる役割の変遷

**1-2**
コールセンターに求められる3つの力

**1-3**
3つの力を生み出すテキストマイニング

# 1-1
# コールセンターに求められる役割の変遷

● 相談窓口から企業のワンストップサービス拠点へ

　コールセンターは、その名の通り、電話による相談対応窓口としての機能から始まった。しかし、時代を経るごとに、その役割は大きく変わってきている。具体的には、窓口機能が多様化し、ITシステム基盤のレベルが向上して、大量の電話受付を捌けるようになった。さらに、オペレータの窓口対応レベルや品質が著しく向上し、顧客から見れば企業の顔として認識されている。中でも、とくに重視されるのは、ワンストップサービスとしての顧客窓口業務の一元化／集約化である。単なる相談窓口から発展し、コールセンターに連絡すれば商品の注文や修理依頼、クレームなど、何でも言える・解決できる窓口としての存在となっている。

　顧客にとっては、問い合わせをしたい時に、コールセンターが電話窓口として統一されていれば、非常に便利である。電話がつながりさえすれば、顧客は相談をし、その内容がオペレータに理解され、的確な回答をもらえる。また、その場で回答できない場合は、改めて詳しい担当者が配置され、より詳細な回答がされる。顧客が利便性の高い存在と感じるこのワンストップサービスは、いつでもどこでも相談できる身近な相談窓口なのである。

　一方、コールセンター以外の現場の従業員にとっては、専用窓口の存在により、今まで現場が対応してきた顧客からの問い合わせや相談、苦情から、ある程度開放されるようになる。顧客は、企業やその製品／サービスについて何でも質問を行えると思っているが、現場担当者の業務知識は限られ、簡単に答えられない場合が多い。そのため、適切な対応者が見つかるまで、電話がたらい回しになってしまう場合が少なくない。現場としては、ムゲな対応をしたいわけではないが、別組織の専門部署でないと対応仕切れないので

ある。結果として、顧客と現場従業員の双方に不満が残る対応となり、企業にとっては不幸な事態を招く。このような状況を解消できるのが、コールセンターの存在である。顧客窓口をワンストップ化することで、まず集約窓口に問い合わせが行き、内容に応じて適切な担当者が割当てられるのである。業務効率としても、現場対応よりは格段に高い。

　コールセンター自身は、苦情受付から連絡、お褒め、ご意見など、顧客が何でも聞け、言える場所にますますなりつつある。どのような問い合わせでも柔軟に対応することが求められ、テクニカルな知識も必要である。さらに、顧客が安心できる応対品質を保ちながら、かつ、きちんと解決してくれるという信頼感をもたらす存在としても求められる。そのため、ワンストップサービスとしてのコールセンターは、より顧客の希望に応えるべく、高機能化、洗練化されていく存在とならなければならない。さらに、内容の高度化・専門化により、必要に応じて、適切な技術担当者にエスカレーションする必要もある。たらい回しの印象が強いのか、顧客はエスカレーションされることを嫌がる場合が多く、なるべくエスカレーションしないに越したことはない。実際、オペレータによるエスカレーションなしの1次対応完了率が高いほど、顧客は安心できるようである。昨今、他社との比較でコールセンターへの期待値がより高くなっているため、一度でも間違った対応をしてしまった場合、電話での言いやすさも相まって、クレームに発展するケースも多い。

　企業のマネジメント層にとって、コールセンターはどういう存在かを考えてみたい。電話相談窓口の集約は、コスト削減効果が大きい。現場の対応負荷を減らし、本業に注力させることもコスト削減の点で有効である。当然だが、ワンストップサービスの実現は、コスト削減ばかりに目が行くが、それだけではない。種々の問い合わせ機能をコールセンターに集約し、オペレータの応対品質を高め、的確な回答を行うことで、より効率的な対応業務を実施し、顧客満足度を高め、信頼感を勝ち得るのだ。ワンストップサービス化により、顧客接点機能を一元化することで、コールセンターの顧客応対窓口としての機能は、ますます重要になる。しかしながら、電話がつながりにくい、対応

が悪い、的確な答えが出てこないなどの不満を顧客に印象づけてしまうと顧客は企業や製品への信頼感を失い、製品やサービスの提供を受けたいとは思わなくなるだろう。それ程、コールセンターは顧客に影響力が強い存在にもなり得るのである。

● **コールセンター機能の高度化、集約化、多目的化**

　ワンストップサービス拠点としてのコールセンターは、顧客が求める要求水準が高まるにつれ、また、窓口集約機能の利便性が進化するにつれ、より高機能化、集約化、多目的化してきた。社内の営業担当者や従業員からの問い合わせ窓口であったり、修理対応の窓口としての機能や、受発注窓口、請求窓口、製品やサービスを受ける前の購入前相談など、多彩な窓口業務を求める声はますます多くなっている。このため、より進化し、より多目的化せざるを得ない。

　24時間対応や休日の窓口業務の延長で、顧客の利便性を考えたコールセンターも数多く出現してきた。しかし、これを実現するためには、人依存の世界では限界がある。そのため、CTI連携機能によるコール対応の効率的な制御と顧客特定機能、待ち呼の制御やIVRなどを駆使した業務効率化、応答率のリアルタイム表示など、コールセンターのITシステム基盤がますます充実してきた。

　より専門性や信頼性が求められる状況であるため、オペレータの知識レベルや応対レベルの向上のみならず、社内有識者や専門家集団へのエスカレーションのしやすさなどのシステム基盤が重要である。さらに、応対品質を高めるためには、応対ノウハウを蓄積し、皆で共有できる機能としてのFAQ構築と検索システムの装備も挙げられる。

　保険契約窓口のような顧客情報の基盤を持つ企業のコールセンターでは、顧客が特定できるため、よりキメ細やかな対応と顧客に応じたサービスの提供が可能である。顧客データベースの有無はコールセンターの対応内容に大きな違いが発生する。顧客データベースとそれを活用するシステム（総称とし

てのCRM機能）が、コールセンターでは必須になってきている。このシステムを利用して、購買履歴や契約内容、問い合わせ履歴を管理でき、顧客に応じた悩みや相談を受け、的確な回答を示す。さらに、マーケティング機能として、顧客特性に応じた情報を提供し、商品やサービスのクロスセリングやアップセリングを実施し、売り上げ貢献に寄与することができる。

このように、コールセンターはますますシステムとしての機能を高度化し、窓口業務を集約化し、多目的化を実現するインフラとなりつつあるのである。

● コールセンターの抱える問題と実態

コールセンターは、より利便性を追求すべく進化し、ITシステムとしても機能を充実させてきた。しかし、コールセンターはそもそもの企業組織としての立ち位置が弱いことも目立つ。それは、コールセンターが売り上げや利益を上げないコストセンターと位置づけられており、なるべく費用を低く抑えた運営を求められることが多いためである。

筆者は先日、購入したUSBメモリがパソコンで認識されなくなったため、企業のWebサイトを調べて電話してみた。平日の午前中であったが、IVRで目的のところに振り分けられた後、10分以上待っても自動応答メッセージのみで、最終的には自動で切られてしまった。さらに、Webサイトの受付フォームで障害内容を記入し、送信したが、既に数週間経つも全く返事がない状態である。このようなコールセンターは世の中にまだ多数あるのが実態である。とくに夜間や土日祝日など、一番ユーザーが利用すると思われる時間帯に、つながらないという不満が顧客に溜まっている。このように、システム基盤を整備しても、顧客が接点とするコールがつながらないと、コールセンターの目的が達成できない。

顧客視点で考えた時、応対品質や専門技術以前に、顧客接点の実現が第一優先であるべきである。"困った時のコールセンター"がそばにいないと、信頼が失われ、引いては企業ブランド力が喪失してしまうことになりかねない。今や、たとえ1つの問い合わせであっても、顧客が不満を持てば、サイレント

図1-1-1 コールセンターの変遷

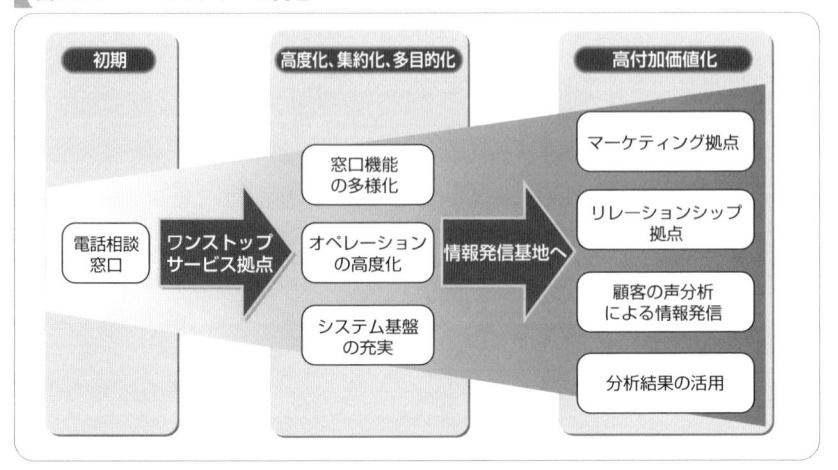

```
初期 → 高度化、集約化、多目的化 → 高付加価値化

電話相談窓口 → ワンストップサービス拠点
  ・窓口機能の多様化
  ・オペレーションの高度化
  ・システム基盤の充実
→ 情報発信基地へ
  ・マーケティング拠点
  ・リレーションシップ拠点
  ・顧客の声分析による情報発信
  ・分析結果の活用
```

マジョリティとして泣き寝入りするわけではなく、インターネット上の掲示板やブログなどで情報発信が瞬時に行われるのである。

● 情報発信基地への進化

　ここ5年でコールセンターは、より洗練された付加価値の高い組織となってきた。例えば、ネスレジャパンが始めた「トゥギャザー・ネスレ　リレーションシップ・センター」の取り組みが挙げられる。通常のコールセンターは問い合わせ受付を専門としているが、ここは顧客の声を製品企画やコミュニケーション活動に活かすことを目的としている。具体的には、ネスレ製品のファン層拡大、製品をより知ってもらう機会の提供、製品に関わらないコミュニケーション、製品企画アイデアの発見などを目的とする、進化した次世代のCRM拠点の位置づけである。顧客特定基盤がない一般消費財メーカーでは画期的な取り組みといえる。ネスレは、ダイレクトマーケティングの一貫として、クチコミによる顧客へのブランド伝播力を重視し、顧客層の底辺を広げる戦略的な試みを実践し、顧客への情報発信を行っているのである。

　最近、コールセンターにとって、情報発信基地としての役割がますます重要

視されるようになった。今までも、問い合わせ分類による集計や、製品／サービス別の件数集計や時系列グラフ、新商品発売時やリコール発生時の対応件数などをレポートにまとめ、コールセンター内部や経営層に報告をしてきた。

　コールセンターは、改めて言うまでもないが、顧客接点の最前線である。製造業で直接顧客に接するのは、このコールセンターだけという場合も少なくない。顧客との応対記録は、顧客からの生の声であり、顧客の製品やサービスに対する不満や意見が忌憚ない形で集められている。人は一度コンシューマと位置づけられれば、お褒めの言葉をわざわざ電話してくることは多くない。しかし、不満に思うこと、すぐに対応してほしいこと、腹が立ったことがあれば、電話し、話して、訴える。このように、顧客窓口を広く公開し、電話しやすく、つながりやすい環境を作れば、すぐに顧客の声は集積される。ただ、膨大な文章の塊である顧客の声そのものについては、人間の目で読むぐらいしか踏み込んだ分析のしようがなかった。そのため、問い合わせ分類のみの件数集計となり、本当に真の顧客の意図や意見、不満要素を掴み切れないでいた。

　しかし、日本語を分析するテキストマイニング分析エンジンの進展、普及により、顧客の生の声を直接分析できるようになり、顧客の声を単語や内容レベルで定量化し、傾向分析したりして、活用することができるようになった。顧客の声という宝の山の存在を知りながら活かしきれていなかったのを、テキストマイニングツールにより、価値を見出し、活用できるようになったのである。

　さらに、品質問題や新商品開発のアイデア、顧客の問題意識などをより鮮明に分析し、マーケティングや品質管理、商品企画など、社内の必要な部門へ情報発信することができるようになった。このように、企業内でコストセンターから付加価値を生む組織へと変化することができるのである。

　企業にとってコールセンターは、顧客に付加価値を提供する手段を持ち、さらにその顧客接点としての機能から、顧客の声を全社に情報発信できる拠点としての役割を持つべきである。コストセンターとして、できるだけ費用を

削減し、顧客対応を少なくすることが目的である限りは、その実現は難しいだろう。

　今まで述べてきたように、コールセンターはワンストップサービス拠点として発展し、顧客の利便性を向上させ、大いに顧客満足度を高めてきた。さらに、高度化、集約化、多目的化を経て、ITシステムを進化させ、CRM機能を組み入れ、顧客マーケティング戦略の拠点となりつつある。今後は、社内外に向けて、情報発信基地としてのさらなる役割を担いつつある。コールセンターの高付加価値化の流れはまだまだ続くと考えられる。

# 1-2
# コールセンターに求められる3つの力

## 1 付加価値を高める3つの力

さて、前節まで、コールセンターの位置づけが変化してきていることを述べてきた。実際に「コールセンターを高付加価値化する」という方針を打ち出している企業の経営者もここ数年で非常に多くなってきている。

しかしながら、この方針を単なるスローガンに止めることなく、きちんと実践できている企業は必ずしも多くないのが実情だ。では、具体的にはどのような取り組みをコールセンターでは実施すべきなのであろうか。

筆者らは、多くのコールセンターの戦略拠点化のコンサルテーション・支援をする中で、コールセンターの高付加価値化のためには次の3つの力を強化することが重要であると考えている。1つ目は顧客対応力である。顧客ときちんとコミュニケーションを行い、適切な回答・対応を行う力を意味する。2つ目はリスク管理力である。コールセンターに寄せられた苦情の中に潜むリス

図1-2-1　コールセンターに求められる3つの力

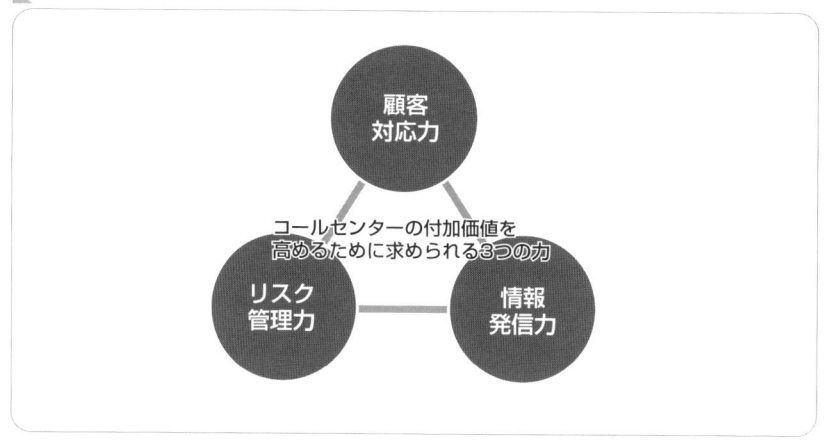

- 顧客対応力
- リスク管理力
- 情報発信力

コールセンターの付加価値を高めるために求められる3つの力

クを早期に掴み、きちんと根本原因の究明や報告を行うセンサーとしての力を指す。最後の3つ目は情報発信力である。コールセンターに寄せられた商品の評価を、きちんと事業部や経営層に報告し、さらなる商品の改良に反映させることができる力である。これらの3つの力を高めることが、コールセンターの高付加価値化のカギである。本節ではその3つのカギの概略を1つひとつ見ていきたい。

## 2 顧客対応力を高める

### ● コールセンターは"企業の顔"

1つ目の力は顧客対応力である。ホテルや小売などの接客同様、コールセンターにおける顧客との対応品質は、顧客にとって企業の姿勢を判断する1つの重要な要素である。言い換えれば、コールセンターは企業の顔といえるようになってきている。

例えば、**図1-2-2**を見てほしい。これは、通販会社におけるオペレータの対応品質の影響度合いを調査したものだ。18%の顧客が、「その後の利用を左右するほど大きな影響力がある」としており、また、43.3%の顧客が「かなり影響がある」と回答している。合わせると、約60%の顧客にとって、コールセンターにおける対応品質が、その企業の評価に影響を及ぼしていることが伺

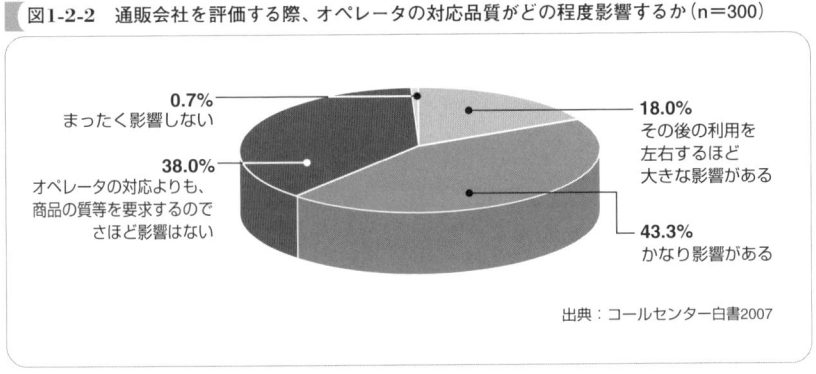

**図1-2-2　通販会社を評価する際、オペレータの対応品質がどの程度影響するか（n=300）**

- 0.7% まったく影響しない
- 38.0% オペレータの対応よりも、商品の質等を要求するのでさほど影響はない
- 18.0% その後の利用を左右するほど大きな影響がある
- 43.3% かなり影響がある

出典：コールセンター白書2007

える。これはどういうことなのであろうか。

コールセンターには、さまざまな問い合わせが寄せられる。とりわけ、コールセンターに電話をかけてくる背景には、何か困ったことが発生していることが多い。また、電話をかけてきている顧客は、何かの作業を中断して電話している、あるいは仕事の合間に電話をかけている場合もあるだろう。

そのような問い合わせの際に、電話がつながったにも関わらず、オペレータにたらい回しにされたり、回答までに長時間を要したり、不適切な対応をされたりした場合、その時点で顧客は企業に対してマイナスの評価を下してしまうことになる。とくに留意しなくてはいけないのは、その評価は、そのオペレータ1人に対してではないということである。その企業全体に対しての評価になってしまうのだ。

一度そのような評価をした顧客は、「2度とあの企業は利用しない」というような意識が働いてしまう。また、場合によっては、ネガティブなクチコミとして、その周囲の家族や知人に伝播してしまうことも危惧すべきである。

しかし、ここで逆のことも述べることができる。適切かつスピーディな顧客対応をコールセンターで行うことによって、企業の評価や満足度をより高めることができるのだ。

とくに、前述の通り、コールセンターに電話をかけてくる顧客は、何か困ったことが発生している場合も多い。その顧客が困っている状況において、適切な対応を行うことは、逆に高い満足度を獲得できる好機ともいえる。そうすることで、顧客のロイヤルティを高めることができ、製品やサービスのスイッチ防止を実現することができるのだ。

つまり現在、企業の顔としての位置づけにあるコールセンターの、とくにオペレータには、顧客対応力を高め、顧客の満足度を高めることが求められているといえる。

● オペレータを一人前にするには時間がかかる

では、顧客対応を難しくしている背景を探ってみよう。オペレータの多く

は、わざわざ好き好んでずさんな顧客対応を行っているわけではない。

　なぜ、たらい回しが起こるのか。別にオペレータはわざわざたらい回しにしているわけでもないのだ。自分で処理できる問い合わせについては、自身で回答した方が当然周囲にも自身にとっても望ましいことである。

　なぜ、回答に時間がかかってしまうのか。もちろん、オペレータにとっても短時間で処理できるのであれば、短時間で処理したい。

　なぜ適切な回答ができていないのだろうか。当然、誤った回答・応対を行うことで、のちのトラブルに巻き込まれるよりも、オペレータは適切な回答をして、顧客に満足いただける方を選びたいに決まっている。

　実はこのような状況が発生している背景には、現在コールセンターに寄せられる問い合わせの種類が影響している。詳細は第2章で解説するが、商品が多様化・複雑化することで、オペレータ1人でカバーできる種類を超えてしまっていることに1つの原因がある。

　また、なかなか人材育成を上手く実施できていないことも原因に挙げられる。研修の充実を図る企業も多いが、なかなかコストをかけられないという実態を取り上げてみたい。

　例えば、**図1-2-3**のチャートを見ていただきたい。これは顧客接点スタッフが一人前になるまでに要する時間を示している。パートタイム有期社員を除き、一番比率が多いのは、12週間～25週間ほど研修にかかっている企業群である。実際に平均値を見ると、正社員で約18週間、フルタイム有期社員で約15週間、パートタイム有期社員で約10週間、そして派遣社員で約14週間かかっていると回答している。

　しかし、一方で、研修期間はあまり充実していない。

　**図1-2-4**のチャートでは、業務タイプ別に見た、初期研修期間をまとめている。先述の一人前になるまでの時間である、12～25週間をかけられている企業は少ない。例えば、初期の研修に1カ月間以上の時間をかけている企業は、12％～18.2％程である。逆にほとんどの企業が2週間以内か、1カ月程度しか研修に時間を割くことができていないのである。これでは、顧客に的確な

**図1-2-3　顧客接点スタッフが一人前になるまでに要する期間**

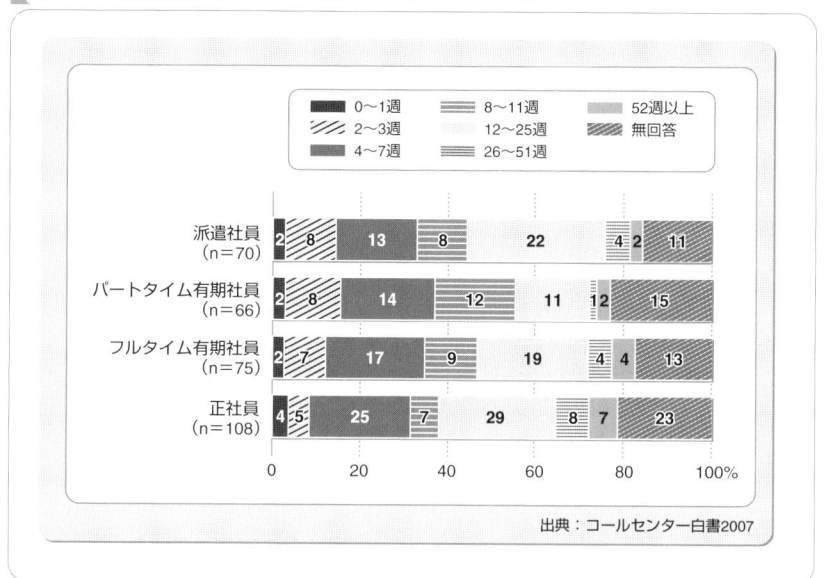

凡例：0～1週／2～3週／4～7週／8～11週／12～25週／26～51週／52週以上／無回答

| | 0～1週 | 2～3週 | 4～7週 | 8～11週 | 12～25週 | 26～51週 | 52週以上 | 無回答 |
|---|---|---|---|---|---|---|---|---|
| 派遣社員 (n=70) | 2 | 8 | 13 | 8 | 22 | | 4 | 2 | 11 |
| パートタイム有期社員 (n=66) | 2 | 8 | 14 | 12 | 11 | 12 | | 15 |
| フルタイム有期社員 (n=75) | 2 | 7 | 17 | 9 | 19 | | 4 | | 13 |
| 正社員 (n=108) | 4 | 5 | 25 | 7 | 29 | 8 | 7 | 23 |

出典：コールセンター白書2007

**図1-2-4　業務タイプ別に見た初期研修期間**

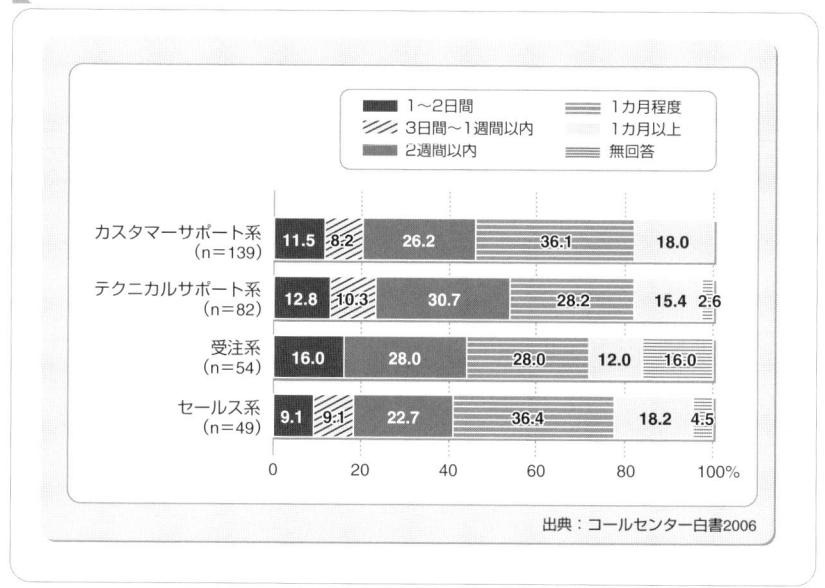

凡例：1～2日間／3日間～1週間以内／2週間以内／1カ月程度／1カ月以上／無回答

| | 1～2日間 | 3日間～1週間以内 | 2週間以内 | 1カ月程度 | 1カ月以上 | 無回答 |
|---|---|---|---|---|---|---|
| カスタマーサポート系 (n=139) | 11.5 | 8.2 | 26.2 | 36.1 | 18.0 | |
| テクニカルサポート系 (n=82) | 12.8 | 10.3 | 30.7 | 28.2 | 15.4 | 2.6 |
| 受注系 (n=54) | 16.0 | | 28.0 | 28.0 | 12.0 | 16.0 |
| セールス系 (n=49) | 9.1 | 9.1 | 22.7 | 36.4 | 18.2 | 4.5 |

出典：コールセンター白書2006

1-2　コールセンターに求められる3つの力

回答をすることができず、企業の評価を下げてしまう可能性は排除できない。

● 顧客対応力を高めるためのキーワードはFAQ

　そこで、顧客対応力を向上させる1つのキーワードがFAQ（Frequently Asked Questions）となる。FAQとは、よくある質問とその回答、という意味である。コールセンター内には、個々のオペレータがそれまで受けた問い合わせ内容の蓄積や、ベテラン社員・オペレータが持つこれまでの過去の豊富な経験・ノウハウがあるだろう。これらをナレッジとして蓄積し、共有する仕組みがFAQである。オペレータ、とりわけ新人オペレータや研修実施直後のオペレータ、研修が不十分であるオペレータも、このFAQを有効活用することで、たらい回しや誤回答を回避することができ、その結果として、誰が対応しても均一な、かつ高品質な顧客対応を行うことができる。

　顧客対応力を高めることで、顧客満足度を高め、企業評価・企業イメージを高める。それがコールセンターに求められる1つ目の力である。

## 3　リスク管理力を高める

● コールセンターに集まる苦情

　コールセンターに寄せられる電話の内容は、商品に関する単なる質問や購入前相談だけではない。実際に製品やサービスを利用してみての不平や不満、いわゆる苦情が多く集まってくる。業種・業態によって異なるであろうが、どの企業でもコールセンターを構えるようになっている昨今では、顧客は「まずはコールセンターに苦情を述べたい」という行動をとりやすくなってきている。

　苦情の原因となるものはさまざまである。例えば、商品起因の苦情では、購入・利用した製品・サービスそのものが原因で発生する苦情がある。商品がそもそも最低限満たすべき内容を満たしていない場合、顧客から苦情が寄せられてしまうのだ。これらは、とくに留意しなくてはいけない。とりわけ製造業においては、安全に使用することができない要因を含んでいるケース

もあるからだ。このような、安全に利用できないといったリスク情報を早期に察知するセンサーとしての役割がコールセンターに求められている。顧客の苦情から品質アラームを上げるような仕組みも製造業のコールセンターには必要になってくる。

　一方、提供方法に起因する苦情もある。製品やサービスには問題がなかったとしても、その提供方法や購入前の説明によって苦情が発生してしまうケースだ。当初、製品の表示に書かれていた内容や、サービスについて受けた説明の内容と異なった際に、苦情となってしまう。中でも、本来、法的に満たしていなければならない内容と乖離がある場合は、企業活動としても重大な影響を及ぼし得る。このようなリスク情報も、きちんと管理し、根本原因の解決、類似苦情の撲滅を図っていくような管理力が必要になってくる。

● 顧客満足の基準が高度化

　ここで「顧客満足の基準の変化」という側面について取り上げてみたい。ここ数年は、顧客満足の基準が高度化、かつ顧客が不満に感じる内容も多様化してきていると考えられる。この顧客満足とは、一般的に、事前の期待

図1-2-5　オリバーの期待一致／不一致理論

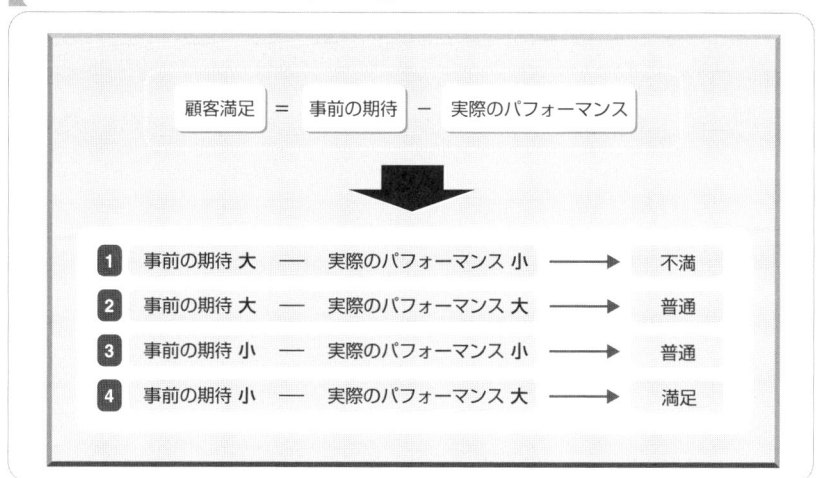

顧客満足 ＝ 事前の期待 － 実際のパフォーマンス

| | | | |
|---|---|---|---|
| 1 | 事前の期待 大 － 実際のパフォーマンス 小 | → | 不満 |
| 2 | 事前の期待 大 － 実際のパフォーマンス 大 | → | 普通 |
| 3 | 事前の期待 小 － 実際のパフォーマンス 小 | → | 普通 |
| 4 | 事前の期待 小 － 実際のパフォーマンス 大 | → | 満足 |

値と実際のパフォーマンスによって決定されると考えられる。

　まず事前の期待について見ていこう。商品の内容が充実するにつれて、その事前の期待値は高くなりつつある。例えば、「新技術を利用することで、機能が著しく向上している」であるとか、「オプションプランで通常よりも高い金額であるが、より高いサービスを提供してくれるだろう」といった期待を持ちやすくなる。また、「他と比べて×××」や「業界No.1の×××」といった過剰な広告・説明によって、実際とは異なる内容の捉えられ方をされた結果、過剰な期待を顧客が持つことがある。事前の期待値が高くなることによって、実際のパフォーマンスの値が変わっていなくとも、満足度は相対的に低下してしまうのである。

　また、その商品の内容が多様化することにより、提供する側の負荷は高まる。つまり顧客が購入・利用前に受けるべき説明内容や、企業によるその商品の提供方法も多様化することを意味する。よって、提供する側にもかかる負荷に伴い、パフォーマンスが低下してしまうことがある。

　もう1つの留意すべき点は、苦情発生時に適切な対応を取れるか否かである。製品やサービスに起因する問題、その提供方法や購入前の説明に起因

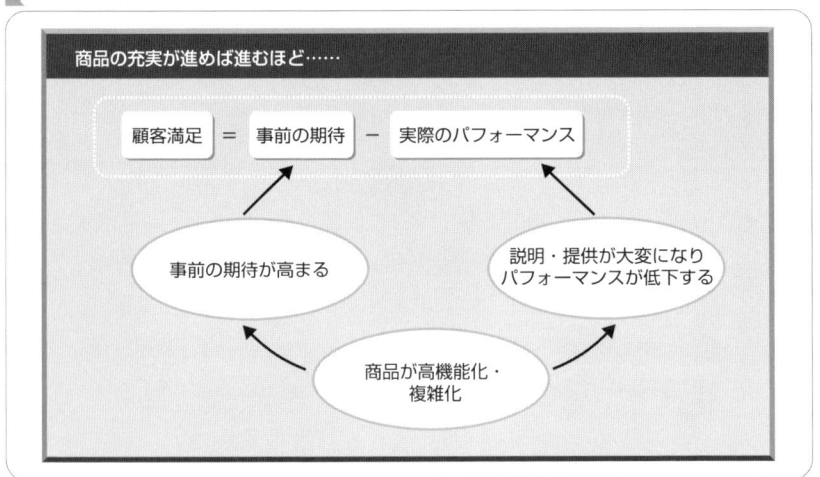

**図1-2-6　商品の充実が進むほど顧客期待は高まる**

する問題だけでなく、コールセンターでの対処を一度誤れば、さらにその顧客は苦情を述べる顧客にかわる。つまり二次災害、三次災害的な苦情を回避するため、きちんと的確に苦情対応を行う必要があるのである。

## ● 苦情を対処するうえでの課題

　ここで1つ、金融業を例にとってみよう。近年、銀行、生命保険、損害保険など、金融業界において、不祥事が多発している。ここ1年だけとってみても、新聞やTVのニュースなどで多くの不祥事についての報道を目にしていることであろう。そのような中で、各企業は、その発生した苦情の根本原因の発見と対応が急務になってきている。詳細は第3章で展開していくが、これらの対応をいかにきちんと実施するかも、コールセンターに求められるようになる。

　しかし、ここにはクリアしなくてはいけない課題がいくつかある。1つ目は業務フローの問題である。通常の商品の購入・相談のコールセンターと、苦情対応の窓口を分けていない企業は、とくに注意しなくてはいけない。商品の購入前の相談や多くの質問を受け付ける業務フローと、苦情発生時における対応フローは異なってくるからである。先述の金融業や、また製造業においては、きちんと監督庁に報告する義務が各企業に発生している。そのため、監督庁に求められる報告に対処するためには、別途、適切なフローを構える必要がある。

　2つ目は、情報の断絶である。コールセンターで受け付けた苦情の内容が、適切な部署へと報告・共有されていないケースがある。また、他の場所で受け付けた苦情、例えば、店舗や受付窓口などに寄せられた苦情と一緒にきちんと管理されていないケースも多く見受けられる。これでは、きちんとモレなく苦情の対応を行うことが困難になってくる。

　受け付けた苦情がその後、どのように対処されているのかを把握する仕組みが不足しているため、再度コールセンターに同様の苦情が寄せられた際に、的確な対処ができないという企業も非常に多いのが実態である。

　近年、マスコミ報道などによる社会的制裁が経営に大きな影響を与えるよ

うになっているなか、苦情を真っ先に受け付けるセンサーとして、コールセンターはこのようなリスク管理拠点としての位置づけも求められるようになる。

## ④ 情報発信力を高める

### ●"異見"を知る貴重な顧客接点

　情報発信力を高めて、経営層や事業部に顧客の生の声を届けることは、従来のコールセンターをプロフィット化する1つのポイントになり得る。

　企業内においても、とくに経営層や事業部、研究開発部門は、ついつい"企業側の視点"に埋没してしまう。自社の商品・サービスに自信や思い入れを持つのは悪いことではない。しかし、その結果商品の内容が非常に専門的になりすぎて、ニーズを満たしていない商品を作ってしまうケースもある。また、競合商品との差別化が上手く図れていないといった事態に知らず知らずのうちに巻き込まれていってしまうのである。

　今求められているのは、"企業側の視点"ではない。自社の商品を顧客目線、顧客のレンズを通して知ることである。昨今、多くの企業が「顧客視点経営」といったスローガンを掲げているのはそのせいもある。

　企業の経営層や事業部は、"異見（いけん）"を求めている（"異見"とは、企業側の視点とは異なる見方という意味の造語である）。企業内において、コールセンターは最も顧客と接している組織の1つである。オペレータは驚かれるかもしれないが、日々、電話を通じて寄せられる、商品の使い勝手や悩みといった顧客の声は、時として経営層や事業部、研究開発部門にとって非常に貴重な価値あるものなのである。

### ●事業部はお金を払ってでも顧客の声を聞きたい

　その証拠にいくつかの例を取り上げてみよう。例えば、グループインタビューという手法がある。事業部や研究開発部門は、自身が開発した商品やサービスの使い勝手や、これから商品化しようとしているテーマについてのニー

ズを調査するために、実際の顧客をインタビュールームに招いている。実施方法はそれぞれ異なるが、代表的なものとしては、1グループあたり6名〜8名のモニタを招き、司会者の進行に沿ってインタビューを進めていく。そこで挙がってきた意見を汲み取り、次の商品開発やサービスの改善に活かしていくのである。

　このグループインタビューは費用がかかる。例えば、インタビューを行う会議室の準備、司会進行役の手配、参加者のリクルーティング、謝礼、発言内容の議事録化、レポーティングなど、こちらも調査項目や規模、実施する調査会社にもよるが、1回あたり数十万円〜数百万円を要する。詳細な質問・インタビューはできるものの、多くの数を集めることはなかなか困難である。

　さて再度、コールセンターに目を向けてみよう。コールセンターには商品購入前に顧客からの相談が寄せられている。また、実際に商品購入後やサービスを利用した顧客から、使い勝手に関する意見や苦情が寄せられている。その内容は多くの企業において、オペレータによりテキスト形式でシステムに入力され蓄積されている。つまり、コールセンターに寄せられる使用後の評価や改善要求などは、グループインタビューとは比べ物にならないほどの量（サンプル数）を保有していることになるのだ。

　ここで断っておきたいのは、グループインタビューはグループインタビューで非常に価値のあるものであるということだ。そして、このグループインタビューは、コールセンターに寄せられた声と組み合わせることで非常に魅力的なシナジーを生み出すということもご理解いただきたい。既述のように、詳細を深く追求できるという価値はある。通常のグループインタビューのみを実施し少ないサンプル数から深掘りをしていくよりも、コールセンターに蓄積されたデータ・サンプル数から、気になる顧客の発言やアイデア、いわゆる"異見"を発見し、グループインタビューに反映することが可能になる。

　もう1つの例は、アンケート調査である。アンケート調査は社内のさまざまな部署で非常に多く実施されていることであろう。事業部では新商品の利用者にアンケートを実施し、使用感や評価を調査するケースも非常に多い。CS

関連部門では、顧客の満足度調査（CS調査）というものを定期的に行っている。あえて述べるとすれば、コールセンターを構えている規模の企業においては、アンケート調査を実施したことがないというケースはほぼ皆無といっても過言ではないだろう。

このアンケート調査は、グループインタビューと異なり、ある程度の数は集められるものの、事前に選択肢を絞り込む必要がある。これは一度アンケートを作成したことのある方ならご存知の通り、非常に難しい作業である。その理由は2つある。1つは、選択肢に盛り込む内容の列挙が困難であること。2つ目は選択肢以外の内容の把握がしにくいことである。

選択肢を作成するという行為は、アンケート設計者が、これまでの経験や今回調査したい内容に基づいて項目を用意する。例えば、「デザインについて」であるとか、「店内の清潔さ」といった形で選択肢を用意していく。しかし、これは企業側の視点で設計されている。即ち、企業側のレンズのみで、自社や自社の商品の評価を測定することしかできない。

同時に、選択肢に盛り込めなかった項目については、顧客の評価を知ることができない。つまり、顧客のレンズから見た自社や自社商品の評価が把握できないのである。このアンケート調査も比較的コストがかかるものだ。それ故、アンケートを実施した後に「しまった、取扱説明書のわかりやすさについて質問するのを忘れた！」といって再調査するのは難しいのだ。

一方でコールセンターには、選択肢に縛られない、さまざまな内容、意見が寄せられている。これは、企業側の想定項目ではなく、顧客のレンズから見た意見である。これらをチェックすることで、選択肢では盛り込むことができない評価項目を知ることができる。

もちろん、このアンケート調査もグループインタビューと同様、コールセンターに集まる声と組み合わせることによってさらなる効果を発揮する。例えば、コールセンターに寄せられた顧客の声を、アンケートの選択肢で用意した内容とそうでない内容にわけ、選択肢に盛り込むという行為はよく実施されるケースである。また、コールセンターで数は少ないが非常に気になる傾向に

ついても、「たまたまではないのか?」「まだ表層化してないが実は多くの顧客に発生している事象ではないか?」といった仮説を検証する意味で、選択肢に盛り込み、アンケートを実施することも効果的だ。

　加えて特筆したいのは、これまで実施したグループインタビューやアンケート調査と比べて、継続的に、かつリアルタイムにデータが蓄積されることである。グループインタビューやアンケート調査は、新商品の開発段階や試作品が作成された段階、及び発売後など、いくつかのタイミングでスポット的に実施するものも多い。一方でコールセンターには日々色々な顧客の声が入ってくる。この継続的にさまざまな声が蓄積されることも、コールセンターの魅力的な価値になり得る。

● コールセンターの声は売り上げの先行指標

　また、コールセンターに寄せられる声は、売り上げの先行指標としても捉えることができる。調査によると、売り上げの推移を示す曲線と、その$t$週間前からコールセンターに寄せられる購入相談の件数推移を示す曲線は非常

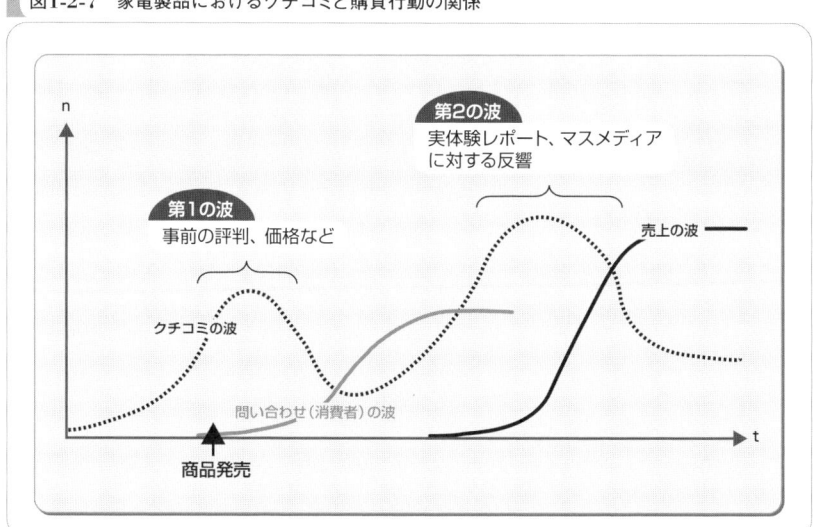

図1-2-7　家電製品におけるクチコミと購買行動の関係

に近似している(**図1-2-7**参照)。つまり、コールセンターの情報発信力を高めることにより、マーケティングリサーチ部門としての位置づけ・価値を創造することができるのである。

# 1-3
# 3つの力を生み出すテキストマイニング

## 1　3つの力を高める仕組み作り

　コールセンターにおいて、一定の品質を維持しながら顧客のニーズに的確に応える「顧客対応力」、コールセンターで収集される情報から企業の存続を脅かすようなリスクを察知し、適切な管理で対応する「リスク管理力」、そしてコールセンターで収集した顧客の声を企業内の関連部署に還流する「情報発信力」——これら3つの力を高めるには、それぞれの目的を意識したシステム基盤の構築が欠かせない。

　「顧客対応力」を高めるには、顧客に接するオペレータに、適切な顧客対応を実現するための知識やノウハウ、まさにナレッジをいかに持たせることができるかが重要となる。ベテランのオペレータが持っているナレッジを、新人オペレータに伝え共有する仕組みが必須となるが、それだけではない。そのナレッジが日々の顧客とのコミュニケーションの中で、継続的に進化する仕組みを構築できるかがポイントになる。

　一方で、コールセンターで収集される顧客からの問い合わせや苦情は、非常に幅広い内容で多岐にわたることが多い。また最近では、商品やサービスを利用する顧客も変化し、その利用の仕方なども時間とともに変わるため、問い合わせや苦情の内容自体も常に変化する。このように、コールセンターで扱う顧客の声は、あまりに広すぎる内容で一定ではないため、あらかじめ決められた分類で整理しておくことが困難になっている。そのため、顧客の声は、そのままの文章の形（テキストデータ）で蓄積せざるを得ないものである（**図1-3-1**参照）。

　そうした定性的な顧客の声の情報は、通常、どの企業でも膨大な量になってしまい、定量的な数値情報と異なり、扱いが難しいものとなっている。コー

図1-3-1　顧客からの問い合わせや苦情は企業内で文章のまま蓄積

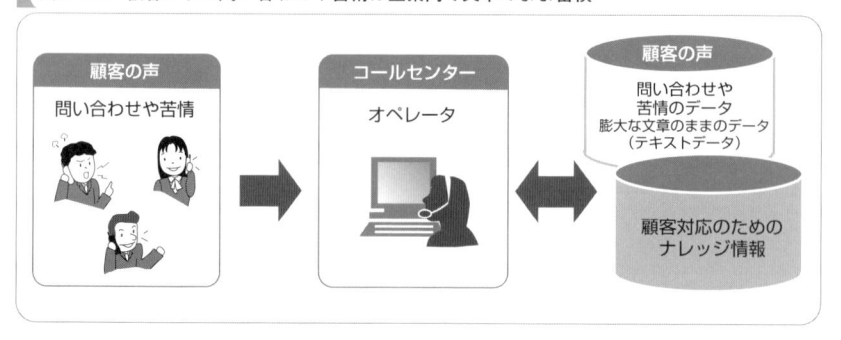

ルセンターにおける「情報発信力」を向上させるには、これらの扱いにくい定性情報を、いかに情報を受け取る側に理解させる形で提供できるかが重要となる。文章そのままを送りつけるのであれば、受け取る側は一件一件、いちいち読み込まなければならず、貴重な顧客の声を活用することは、到底無理なのである。

　このように、「顧客対応力」の基盤となるナレッジについても、「リスク管理力」や「情報発信力」の対象となる顧客の声についても、どちらも膨大な定性情報、即ちテキストの文章データであり、これらを効率的に扱う技術が「テキストマイニング」なのである。膨大なナレッジ情報の共有、膨大な顧客の声の見える化を実現する重要な技術となっている。

## ② テキストマイニングとは

　テキストマイニングとは、コールセンターに蓄積される顧客の声のように、日本語の文章のままのテキストデータを扱う技術の総称といえる。テキスト（text＝文書）とマイニング（mining＝採鉱）という2つの言葉を合成したものであり、鉱山から貴重な鉱石ダイヤモンドを掘り当てるがごとく、テキストの山を掘るという意味である。

　文章のテキストデータは、商品の販売数や売り上げといった数値データと異なり、簡単には表やグラフの形にすることはできない。しかしながら、コー

■ 図1-3-2　定量データと定性データ

| 定量データ<br>（数値データ） | 販売数、売上金額など |
|---|---|
| 定性データ<br>（文章テキストデータ） | 【顧客の声の情報】<br>問い合わせや苦情、顧客満足度アンケート<br>クチコミ情報など<br>【ナレッジ情報】<br>商品の使い方（説明書、設計書）<br>故障時の対応方法など |

世の中の8割がテキストデータ、テキストマイニングはそれを扱う技術

ルセンターでの顧客対応力の向上に必要なナレッジや、情報発信力のもとになる顧客の声といった情報は、ほとんどがこうした文章の形、テキストデータで蓄積されている（図1-3-2参照）。テキストマイニングは、大量のテキストデータで蓄積されるナレッジ情報から欲しい情報を簡単に探し出すことができたり、一見すれば文字の羅列でしかない顧客の声の情報を微妙なニュアンスや要望、意見を落とすことなく、グラフや数値で「見える化（可視化）」することのできる技術である。

## 3　ナレッジ検索と顧客の声の見える化

　膨大なテキストデータを扱うテキストマイニングの中にも、目的によって大きく2つの種類がある。それは、ナレッジ検索（検索）と見える化（分析）である（図1-3-3参照）。

　ナレッジ検索は、大量のテキストデータの中から、自分に必要なもの、欲しいものを見つけ出すことが目的である。いかに早く、いかに的確なものを探し出せるかが重要であり、そのスピードや精度の良し悪しで利用者側の使い勝手や効率性が変わる。インターネット上の情報を検索するGoogleやYahoo!といった検索エンジンが代表的で身近なものだろう。企業での利用シーンでいえば、企業内に散乱した提案書や企画書、営業日報などの報告書、技術論

図1-3-3　ナレッジ検索（検索）と見える化（分析）

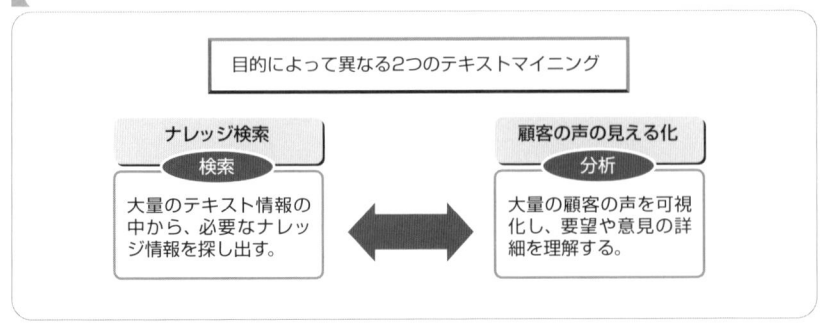

目的によって異なる2つのテキストマイニング

| ナレッジ検索 | 顧客の声の見える化 |
|---|---|
| 検索 | 分析 |
| 大量のテキスト情報の中から、必要なナレッジ情報を探し出す。 | 大量の顧客の声を可視化し、要望や意見の詳細を理解する。 |

文や特許文書などを検索するときに利用され、検索する対象に合わせた検索手法が用いられることになる。

こうしたナレッジ検索の裏側にはテキストマイニングの技術が詰まっており、単純な単語だけのキーワードマッチで探し出すだけでなく、単語の概念的な類似度を考慮して関連する文書まで探すといった高度な検索も実現されている。

一方で、膨大なテキスト情報の見える化を目的としたテキストマイニングでは、顧客からの要望を集めたテキスト情報の中から、どういった話題が多いのか、その話題は最近盛り上がってきたのか、逆に少なくなってきているのか、そもそも要望を言ってくる顧客の年代はどのくらいなのか、といった詳細な傾向を理解するための技術である。

顧客ニーズの全体傾向の把握、年代別の意見の違い、時間的な変化など、「誰（どういう属性の人）が」「何に対して」「何と言っているのか」を詳細に調べることができ、絞り込んだ話題を目的に合わせて深く"探る"ことができる。

## ④ テキストマイニングの仕組み

ここで、簡単にテキストマイニングの仕組みについて説明しよう。日本語の文章を扱うテキストマイニングは、自然言語処理とそれにより定量化された情報を用いて分析するデータマイニングの融合した技術である。そのプロセス

■図1-3-4　形態素解析のイメージ

香り／は／とても／良い／のですが／ボトル／の／ふた／が／使いにくい

| 使わない | 否定 |
| 使えない | 不可能 |
| 使いにくい | 困難 |
| 使いやすい | 容易 |
| 使える | 可能 |
| 使いたい | 要望 |
| 使えるか？ | 疑問 |

は、大きく4つに分かれている。

　①文章を単語単位に分割する「形態素解析」
　②単語間の関係（係り受け）を捉える「構文解析」
　③表記のゆらぎや関連語を吸収する「シソーラス、概念辞書」
　④集約・分類・数値化する「データマイニング、多変量解析」

　最後の④については、とくに顧客の声の分析・見える化で必要となるプロセスであるが、ナレッジ検索においても、検索を利用し続けていく中で、検索精度を向上させるための仕組みとして利用されることになる。詳細については、次項にて説明する。

　①形態素解析では、日本語は英語などと異なり単語が連続しているため、まずは文章を単語単位（形態素）へ分割する。「価格が高い」という文なら「価格／が／高い」に"分かち書き"するのである。単純に単語単位に分割するだけでなく、各単語がどの品詞（名詞、動詞、形容詞など）に属するかもここで判断する。さらに、疑問形、肯定形、否定形などの活用の種類も捉える。そのため、自社の商品・サービスに対して否定的な意見だけに絞り込みをしたり、顧客が疑問に感じている事柄を抜き出すことも可能になる（**図1-3-4**参照）。

　②構文解析とは、文章の構造を解析するプロセスである。例えば、化粧品で「香りはとても良いが、ボトルのふたが使いにくい」という文章は、「香りが

良い」と「ふたが使いにくい」の2つのフレーズで構成されているわけだが、テキストマイニングの構文解析機能により、「香り－良い」と「ふた－使いにくい」という係り受け（単語間の関係）を把握する。こうした係り受け関係を捉えることができずに、単純な単語の存在だけで見た場合、「ふた－良い」のように間違った解釈をしてしまう恐れもある。単語間の係り受けで文意を正確に捉えることはとても重要である（**図1-3-5**参照）。

　③シソーラスは、テキストマイニングにおいて重要なプロセスだ。とくに日本語は同義語が多い言語と言われ、例えば「顧客」を表す言葉だけでも、「お客様（お客）」「ユーザー（ユーザ）」「ご愛用者」「利用者」などさまざまである。こうした"表記ゆれ"を統一しておかないと、集計結果がばらけたり、不正確になってしまう恐れがある。

　また、ナレッジ検索においては、さらに重要なプロセスとされている。それは、検索に用いた単語（検索ワード）が、そのものズバリ含まれている情報の

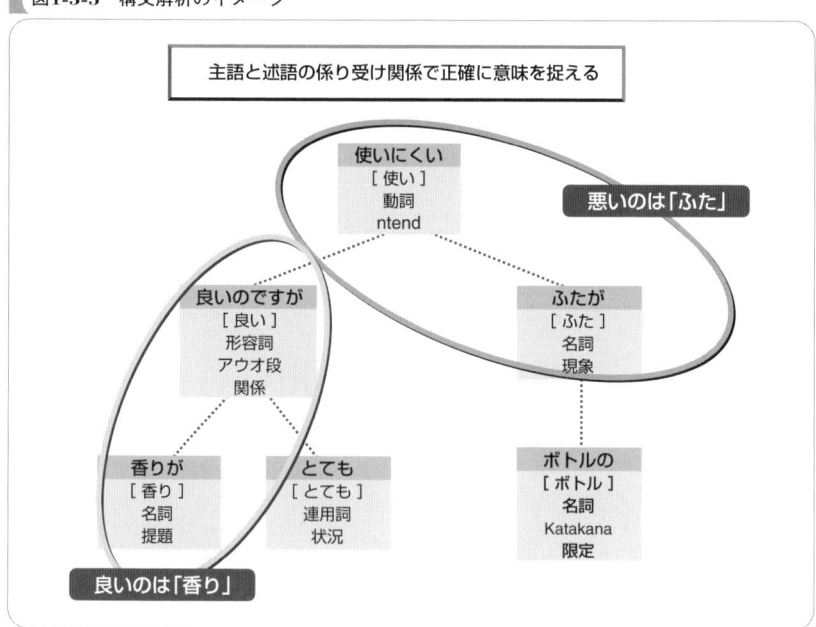

**図1-3-5　構文解析のイメージ**

みがヒットするのでは、本当に知りたい情報に辿り着くことが困難だからである。そのため、検索ワードの同義の単語だけでなく、類似の意味を持つ類義語、さらには「薬」と「頭痛」などのように、同時に出現しやすい関連語を含む情報も、検索結果として出力する必要がある。

　分析を目的とした見える化では、以上の準備段階を経て、いよいよ本番となる④データマイニング、多変量解析に入る。分析する材料は①〜③のプロセスで揃っている。通常、分析に関しては、上記のようなテキスト情報だけではなく、年齢、性別といった顧客の属性、または、価格、サイズ、色といった商品属性など、テキスト以外のデータと突き合わせながら相関関係を調べ、分析結果をひと目で把握しやすいグラフや表形式で見える化（可視化）することになる。

　単純に、どの単語がどれだけ登場するかのランキングを作成するだけでも、"話題の傾向"はある程度掴める。さらに、単語間の係り受けから「肯定的な意見が多い」など深く分析することも可能である。また、「クロス分析」により、男女（顧客属性）で話題の傾向に違いはあるか、あるいは「時系列分析」により、時間の経過とともに話題の傾向がどのように変化しているかなども見ることができる。詳細については、この後の情報発信とテキストマイニング、または第4章の3節の見える化にて紹介する。

　以上、テキストマイニングの仕組みについて、簡単な概要を説明した。これらの基本技術なくしてナレッジ検索や顧客の声の見える化を実現することはできない。しかしながら、最近のテキストマイニング活用の広まりの背景にあるのは、この後に述べるような、企業の実業務に合わせたシステム機能への進化が重要な要素となっている。ひと言で、テキストマイニングを活用する、ということではなく、目的に合わせた実業務への適用ということを強く認識するべきだろう。

## 5　顧客対応力とテキストマイニング

　顧客対応力に必要なテキストマイニングは、大きく2つに分かれる。1つは、

知識やノウハウといったナレッジの共有を実現するためのナレッジ検索であり、もう1つはそのナレッジを成長させるための分析である。

コールセンターには、日々顧客からの問い合わせや苦情が寄せられている。顧客応対力とは、即ち、それら顧客からの問い合わせに対して、いかに迅速に、いかに適切な回答ができるかということである。顧客は、自分の問い合わせに対して、回答されるまでに時間がかかったり、関係のない回答が返ってきたりすると、その企業に対しての信頼を失う結果となる。悪意を持って頻繁に電話をかけてくるようなクレーマーなら別だが、顧客がコールセンターに問い合わせをするのは、通常は稀なことであり、その瞬間の企業の対応が、顧客の企業を見る目を決定することになる。逆に言えば、電話を受けたオペレータが、たとえ回答方法が分からなかったとしても、次の瞬間にナレッジの蓄積されたデータベースにアクセスして、瞬時に適切な回答を見つけることができれば、顧客満足度を一気に向上させることもできるのである（**図1-3-6**参照）。

適切な回答を見つけるためには、やはりテキストマイニングの力を借りる必要がある。コールセンターのオペレータは、顧客から問い合わせを受けてから瞬時に検索を実行するため、検索ワードを吟味する時間はなく、思いついた単語をそのまま検索に使うことになる。検索システム側で、テキストマイニ

**図1-3-6　問い合わせを受けたオペレータのナレッジ検索**

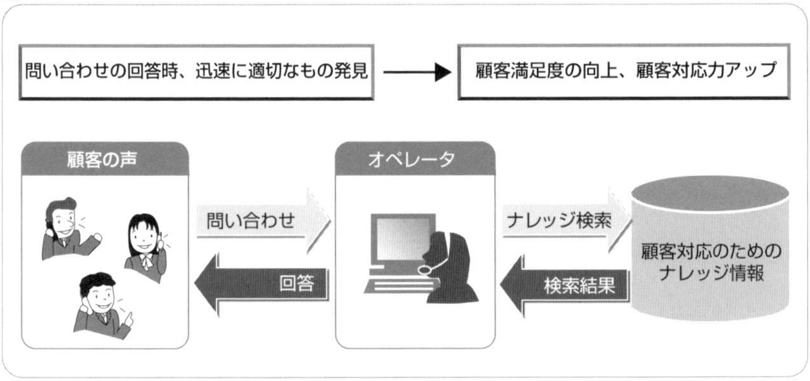

ングで学習した同義語や関連語を用いて、それらを含むナレッジ情報を出力させることができれば、オペレータは何度も検索を実行し直すこともなくなるわけである。

　さらには、単純なキーワード検索だけでなく、顧客の問い合わせの声を、ある程度忠実にそのまま検索に使う仕組みも有効である。これは、「自然文検索」と呼ばれ、検索ワードとして「ふた」のように単語を使うのではなく、「容器のふたが閉めにくい」のような自然な文章を用いて検索を実行する方法である。より状況を正確に把握し、本当に必要なものを探し出すことが可能となるのである。

　内部的な仕組みはさまざまな手法がある。例えば、前述の形態素解析を行って単語単位で類似度を測るものや、文章を短い文字列ごとに部分的にマッチする度合いに応じて類似度を算出するようなNグラム方式など、単語や文字列の重要度などを考慮しながら類似度の高い順に検索結果を出力するものである。また、あらかじめインデックス（索引）を作成し検索の高速化を実現している。

　このような、ナレッジ検索の仕組みを構築する際に、忘れてはならないポイントがある。それは、ナレッジが成長していく仕組みであり、その仕組みを支えるのが分析のためのテキストマイニングである。

　ナレッジ検索システムを構築する初期の段階で、顧客の知りたい情報のすべてが揃っていることは稀である。逆に、通常はスモールスタートで経験的に問い合わせの数の多い情報を、最低限の範囲で用意して始める場合の方が、圧倒的に多いだろう。どちらにしても、最初からすべてを網羅しようと頑張ってナレッジ情報を整備したとしても、新しい商品やサービスが登場したり、既存の商品でも使い方が変化したりするなど、顧客からの問い合わせの内容は、日々変化することは間違いない。こうした顧客からの問い合わせが変化する中で、重要になるのは、使い続ける中でナレッジが進化する仕組み作りなのである。

　それでは、ナレッジが進化する仕組みとは、具体的にどういったものだろ

うか。ポイントは、以下の3つである。

　①顧客の知りたいことを素早く察知する
　②その中から、既存のナレッジに無いものを新たに加える
　③陳腐化したナレッジを修正して生き返らせる

　顧客の知りたいことを素早く察知するには、顧客の知りたいこと、即ち検索に用いられた単語や自然文を分析すればよい。テキストマイニングを用いて、検索の自然文を分析すれば、出現単語のランキング情報だけでも、顧客が何を一番知りたがっているのか把握することは可能である。さらに、1つの単語だけでなく、係り受け関係のある単語を合わせたフレーズで把握することで、より詳細なニーズを掴むことが可能となる（**図1-3-7**参照）。

　顧客の知りたいことが、既にあるナレッジ情報のデータベースの中に存在するかどうかを知るには、その検索で出力したナレッジをオペレータが最終的に利用したかどうかを調べればよい。もし、検索結果のナレッジを利用していなかったとしたら、その検索のもとになっている顧客の知りたいことに応えることのできるナレッジが存在していなかったということである。また、検索文と類似度の高いナレッジが存在しないということも、やはり既存のナレッジでは顧客の問い合わせに対応できなかったということだ。こうしたナレッジの欠如を素早く発見し、迅速に追加していくことがナレッジの進化にとても重

**図1-3-7　検索ワードや検索文には顧客の知りたいことが詰まっている**

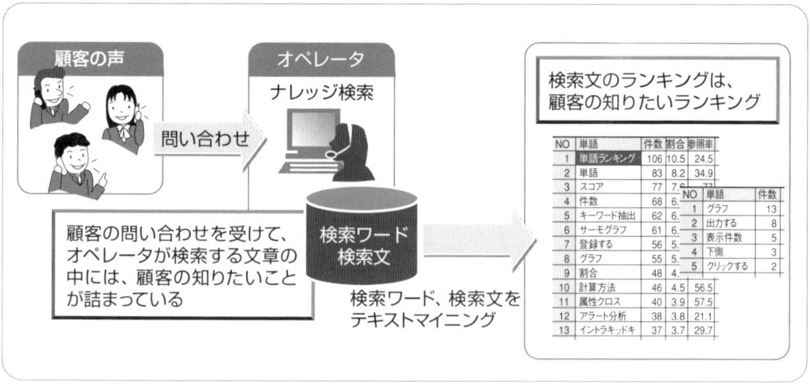

要である。

　最後の陳腐化したナレッジを生き返らせる方法だが、これもナレッジの利用率の低下や、顧客の知りたいことである検索文との類似度の低下から、陳腐化したナレッジを炙り出して継続的に修正することで実現可能となる。

## 6　リスク管理力とテキストマイニング

　コールセンターにおけるリスク管理力の基本になるのは、顧客からの問い合わせや苦情の中から、重大な問題につながりそうな話題を、いち早く察知することである。商品の返品依頼と返品理由、製品の修理依頼と故障状況、推定原因など、コールセンターの問い合わせの中には、初期のリスク情報が含まれている可能性が高いといえる。

　もちろん、すべての問い合わせについて、一件一件、人が目で見てチェックすることも重要であるが、大手企業のコールセンターになると1日で数千件、数万件を超える電話対応が発生するところも珍しくない。このため、見落としなどの人為的なミスを防ぐためにも、やはりシステムとしての仕組みが必要になるだろう。

　それでは、リスク管理力を高めるテキストマイニングの活用とは、具体的にどのようなものがあるのだろうか。

　①注意すべきリスクワードを設定し、それらを含む問い合わせを抽出、関連部署に配信する
　②急激に増加している話題を早期に発見し、詳細に調査する

　通常、問い合わせや苦情の中でも、傷や怪我、発熱や発火、煙、腹痛、吐き気など、人体に関わる話題は、どの企業でも重大でリスクの高い内容であり、早急に対処する必要がある。こうした内容は経営層が知らなかったでは済まない情報であり、見つけ次第、関連部署から経営層まで、伝達することが重要である。そこで、あらかじめリスクに関連する単語を「リスクワード」として定義し、それらを含む問い合わせデータを発見し次第、メールなどで送信する仕組みが有効である。

**図1-3-8　リスクワードでのスコア、アラート分析**

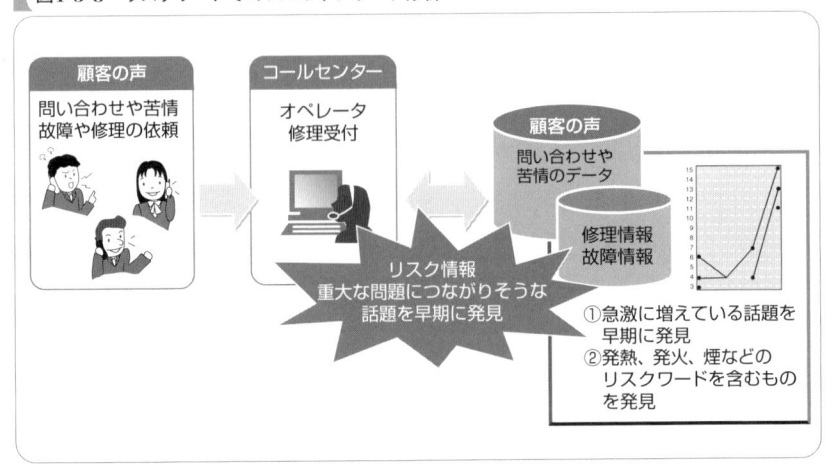

もう1つは、あらかじめ定義できないものの中で、これまでは少ない件数だったが、最近になって急激に増えてきたといった急騰話題を見つけることも必要である。これらは、集約された情報の中でのみ発見できる兆候であり、リスク管理のうえでは重要な情報となる。このように、膨大なテキストデータからリスク情報を発見するうえでも、テキストマイニングは有効となる（**図1-3-8**参照）。

## 7 情報発信力とテキストマイニング

　コールセンターに寄せられる顧客の声の量は、ここ数年で非常に増加している。消費者が商品やサービスの品質に対して厳しく評価する傾向が強まっていることも背景にあるのだろう。しかし、顧客側からコールセンターに積極的に意見や要望を伝えてくれるということは、逆に考えれば、企業側が、商品改善、新サービス提供のためのヒントを掴みやすくなっているともいえる。こうした状況では、顧客の声をきちんと活用する企業のみが競争力を高め、生涯にわたって優良な顧客を維持することができるのである。

　ただ、実際にコールセンターに蓄積される顧客の声を商品やサービスの改

善に活用している企業は、それほど多くないのが現実である。その理由の1つは、顧客の声が膨大な量であり、それも文章のままのテキストデータであるため、上手く活用できていないことだろう。コールセンターを担当する部門から、顧客の声を活用すべき商品開発部門やマーケティング、品質管理部門へと、きちんと情報発信を実現することこそが、これからの企業の生き残りの成否を分けるのである（**図1-3-9**参照）。

とはいえ、数万件、数十万件ものテキストデータになると、全体を人が目で見て読み取るのはかなり難しい。データを単に蓄えるだけでは意味がないということで、担当者が一所懸命に読み込み、数週間〜数カ月をかけて顧客の声の分析レポートを作成している企業もある。しかしながら、これでは現場や経営層へ顧客の声を伝達するのに時間がかかり、具体的なアクションが遅れ、競合他社に負けてしまったり、大切な顧客を失ったりする恐れがある。顧客の声は日々変化するため、タイミングがずれて遅れて提出されるレポートは、逆に判断を間違える原因ともなる恐れがある。

そうした中、膨大な量の顧客の声の活用を支援するテキストマイニングが登場し、コールセンターの情報発信力を強化する技術として広く活用されるようになったのである。

前項で説明したとおり、テキストマイニングの準備段階で得られる情報は、顧客の声である文章の中の単語や2つの単語の係り受け、さらに、その単語

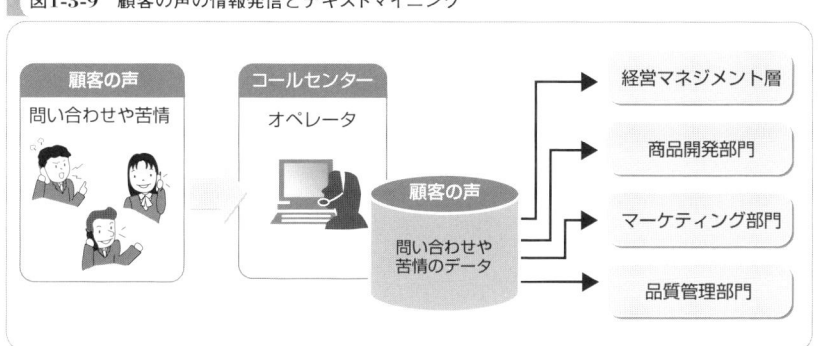

**図1-3-9　顧客の声の情報発信とテキストマイニング**

の活用や語尾から得られる微妙なニュアンスである。それをそのまま、関連部門に提供しても、それは文章をそのまま渡しているのとあまり変わらない。それらの情報を使って、いかに集約し、特徴を抽出し、問題に気づかせ、必要に応じて原文参照を促す、といった可視化が重要になってくる。

　一昔前、テキストマイニングは分類、分析が主たる目的であった。しかし、これまで数多くの企業に対して実施した、顧客の声活用システム導入の経験からいうと、最近の傾向として顧客の声のような定性情報から得るべきものは、「答え」ではなく、あくまで「気づき」であり、そこから一歩進んでアクションを見出すのは、やはり人の知識や経験に基づいた発想力だということである。

　そうした視点で考えれば、コールセンターにおける顧客の声の情報発信は、一部の担当者の仮説に基づいて作られた分析結果の配信ではなく、商品開発やマーケティング、品質管理などの関連部署、そして実際に顧客に触れている現場の担当者が、なんらかの「気づき」を得られる形で提供すること、即ち「見える化」に重きをおくことが重要といえるのである。

　さて、顧客の声をテキストマイニングで「見える化」する方法について、詳細は第4章で詳しく述べるので、ここではいくつかのポイントを説明しよう。なお、図表のサンプルは、株式会社アイスタイルが運営する化粧品クチコミ情報サイト「アットコスメ（http://www.cosme.net/）」のデータを利用した。

● 全体傾向を一目で把握させる

　もし、数万、数十万件の顧客の声のテキストデータが、目の前にあったとしたら、いきなり一件ずつ読み始めるのではなく、まずは全体像を俯瞰することができればと思うだろう。顧客の声の「見える化」の第一歩は、膨大な顧客の声の全体傾向を掴むことである。この全体傾向を把握するための手法は数多くあるが、代表的なものを紹介したい。

　1つは、最もポピュラーな単語の出現ランキングである。これは、形態素解析で単語単位に分割された単語の集計で簡単に求めることができる。また、

**図1-3-10　全体傾向を掴むランキング、パレート図**

| | 単語 | 品詞 | 頻度 | 割合(%) | 件数 ▽ |
|---|---|---|---|---|---|
| 1 | 使う | 動詞 | 2550 | 57.44 | 1745 |
| 2 | 良い | 形容詞 | 1241 | 33.31 | 1012 |
| 3 | 肌 | 名詞 | 894 | 24.23 | 736 |
| 4 | 買う | 動詞 | 720 | 21.20 | 644 |
| 5 | 香り | 名詞 | 739 | 21.17 | 643 |
| 6 | ニキビ | 名詞 | 585 | 15.34 | 466 |
| 7 | 効果 | 名詞 | 498 | 14.55 | 442 |
| 8 | 好きだ | 形容詞 | 342 | 10.47 | 318 |
| 9 | リピートする | 動詞 | 328 | 10.37 | 315 |
| 10 | 化粧水 | 名詞 | 362 | 10.37 | 315 |
| 11 | サンプルする | 動詞 | 343 | 10.34 | 314 |
| 12 | 値段 | 名詞 | 326 | 10.30 | 313 |
| 13 | つける | 動詞 | 368 | 10.24 | 311 |
| 14 | 落ちる | 動詞 | 353 | 9.61 | 292 |
| 15 | 高い | 形容詞 | 303 | 9.48 | 288 |
| 16 | さっぱり | 形容詞 | 301 | 9.12 | 277 |
| 17 | 使う(否定) | 動詞 | 268 | 8.62 | 262 |
| 18 | 乾燥する | 動詞 | 274 | 8.39 | 255 |
| 19 | 美白 | 名詞 | 275 | 7.97 | 242 |

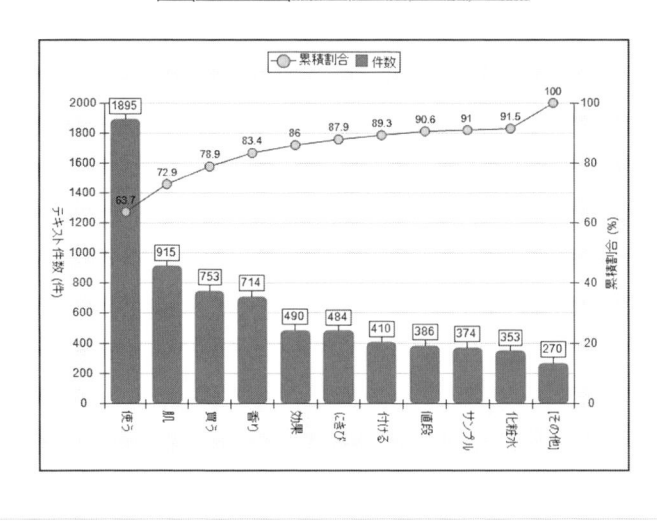

　単純な単語ランキングだけではなく、いくつかの上位単語で全体の何割の人を占めるかといったパレート図で示したりすることも多い（**図1-3-10**参照）。

　最近の傾向としては、表のランキング形式よりも、さらに目に飛び込んでくる、単語を散りばめたような表現（筆者らはワードクラウドと呼ぶ）も用いられるようになった（**図1-3-11**参照）。もとになっている情報は、単純に、どの単語が

図1-3-11　ワードクラウド

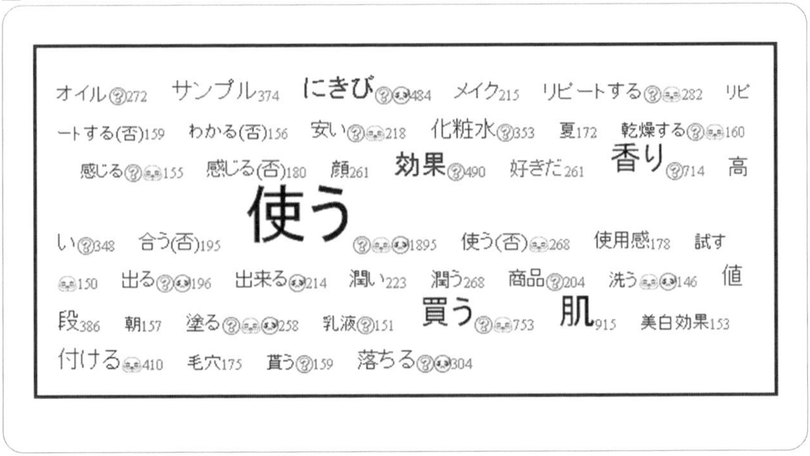

```
オイル😊272   サンプル374   にきび😞484   メイク215   リピートする😊282   リピ
ートする(否)159   わかる(否)156   安い😊218   化粧水😊353   夏172   乾燥する😞160
感じる😊155   感じる(否)180   顔261   効果😊490   好きだ261   香り😊714   高
い😊348   合う(否)195   使う😊1895   使う(否)268   使用感178   試す
😊150   出る😞196   出来る😊214   潤い223   潤う268   商品😊204   洗う😊146   値
段386   朝157   塗る😊258   乳液151   買う😊753   肌915   美白効果153
付ける😊410   毛穴175   貰う😊159   落ちる😞304
```

何件、顧客の声のデータの中に存在しているかといったもので、件数が多いほど大きい文字になっているだけである。しかしながら、一目で頭にすっと理解できるため、見ている人に「気づき」を与えやすい有効な「見える化」といえるだろう。

● 差異や変化を際立たせて伝える

　数百件程度の顧客の声のテキストデータであれば、担当者が一件ずつ読み込むことで、全体像を掴めるかもしれない。しかし、読み込んだ後で、男女の性別で違いがあったか、年代別ではどうか、さらには日付ごとに意見はどのように変化しているのか、といったことを理解するのは非常に難しい。こうしたさまざまな軸での比較において差異を見出す、または時間的な変化を発見することは、テキストマイニングの得意分野であり、いとも簡単に行うことができる。

　商品やサービスの改善など、何らかのアクションを行うきっかけとなるのは、多くの場合、差異や変化に気づいた時である。コールセンターにおける顧客の声は、日々継続的に蓄積されている。そのため、単純な集計や件数推移だ

図1-3-12 差異を視覚的に表現したマッピング

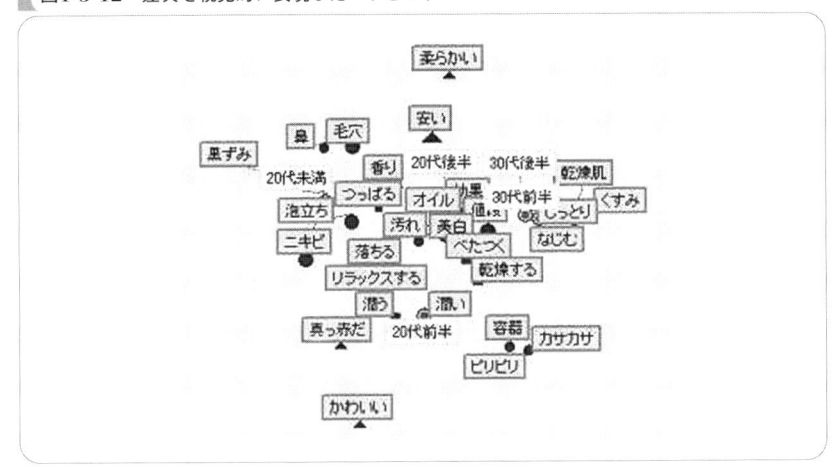

けでは、その差異や変化に気づきにくい場合があり、差異を測る統計的な手法を用いて、気づきやすいように、その特徴を際立たせて表現することが効果的だろう。例えば、**図1-3-12**のように単語の出現の偏り具合を用いたキーワード抽出や視覚的に分かりやすくしたマッピングも代表的な差異を際立たせる手法の1つである（詳細は、第4章にて述べる）。

● 顧客ニーズを浮き立たせる

テキストマイニングを用いることで、単語の活用の変化や語尾から、より深い顧客の意向を理解することができる。例えば、ある商品を使った顧客の中でも、「使う」という単語の件数だけでなく、「使う？」「使いたい」「使いにくい」といった疑問や要望、困難さを訴えている顧客の声だけを抜き出すことができる。これら顧客ニーズを表現している顧客の声を辿ってみることで、商品やサービスの改善に大きなヒントを与えてくれるだろう。こうした、顧客ニーズの表現だけを集めて、例えばランキング形式で関連部署に提供するだけで、各担当者は関心高く顧客の声を受け止めて、何らかの「気づき」を得ることになる（**図1-3-13**参照）。

**図1-3-13　顧客ニーズのランキング（要望、困難）**

| 順位 | 要望 | 件数 |  | 順位 | 困難 | 件数 |
|---|---|---|---|---|---|---|
| 1位 | 使いたい | 93件 |  | 1位 | 使いにくい | 32件 |
| 2位 | リピートしたい | 28件 |  | 2位 | 出来にくい | 20件 |
| 3位 | 読みたい | 22件 |  | 3位 | 落ちにくい | 13件 |
| 4位 | 買いたい | 21件 |  | 4位 | 崩れにくい | 8件 |
| 5位 | 使いたい | 9件 |  | 5位 | 出しにくい | 5件 |
| 6位 | 洗いたい | 8件 |  | 6位 | 出にくい | 5件 |
| 7位 | 伸ばしたい | 8件 |  | 7位 | 分かりにくい | 5件 |
| 8位 | 落としたい | 6件 |  | 8位 | 馴染みにくい | 4件 |
| 9位 | 安くしてほしい | 5件 |  |  |  |  |

　「見える化」の手法には、他にも商品の販売数量のグラフと重ねて表現したり、顧客の体験談であるエピソードを集めるといった方法もある。販売数量などの定量データを重ねることで、なぜ新商品の販売数が伸び悩んでいるのか、購入前の顧客が何らかの疑問を持っているのでは？　というような深い分析に進むヒントになるのである。顧客の体験談であるエピソードは、「○○した際」「○○の時に」といった部分を抽出することで可能であり、そうした体験談は具体的な改善活動の重要なヒントとなる場合が多いのだ。

　このように、テキストマイニングは「情報発信力」を向上させる有効な手段であることが分かるであろう。ただ、決して「答え」を与えてくれるものではないのも事実である。商品やサービスの改善につながるアクションのヒントである「気づき」を与えるものであり、このことを常に意識して情報発信を進めていただきたい。

# 第2章
# 顧客対応力を高める FAQ活用戦略

**2-1**
高まるFAQの重要性

**2-2**
FAQによるナレッジシステムの落とし穴

**2-3**
FAQのあるべき姿とは？

## 2-1
# 高まるFAQの重要性

## 1 求められるコールセンターの対応力

● 成熟化と流動化の時代

　第1章で説明した通り、コールセンターの顧客対応が、その企業の評価を大きく左右する時代になってきた。顧客である消費者の"動向"を敏感にキャッチし、応対業務へ柔軟に反映させていかなければならない。

　消費者の動向と言えば、よく指摘される通り、経済成長の停滞、少子高齢化の進展、団塊世代の一斉退職、グローバル化、"格差拡大"などの要因から、日本社会は成熟化と流動化という相反する側面が折り混ざっているといえる。1人ひとりの消費者も、世代や生まれ育った環境、社会的な立場により、暮らし方や消費志向、価値観が多様化している。

　成熟化に連動して消費の中で「健康」「安全」「環境」の価値が増す一方、流動化の裏返しとして不安感・不信感が社会に蔓延する。それに呼応してか、企業不祥事――偽装表示など安全・環境規制からの逸脱／リスク説明の不徹底／商品・サービスの欠陥、事故など――が頻発し、"消費者意識"は良くも悪くも高まり、企業に対する消費者の見方は厳しくなってきた。実際、どの企業でも消費者から寄せられるクレーム（本来の意味である"当然の主張・要求"から"難癖"まで）は増えているだろう。

　こうした社会背景のもとで、一昔前に比べ、企業が消費者へ果たすべき「説明責任」の範囲・レベルは確実に増し、コミュニケーションの取り方も難しくなっている。だからこそ、消費者と接点を持つ前線のコールセンターが企業の中で重要な役割を担うようになってきたのだ。

## ●保険業界はコールセンター強化、自治体もコールセンター運営

　実際、コールセンター運営に本腰を入れる企業が増えている。規制撤廃で競争が激化する金融業界、とくに保険業界などは、その筆頭だろう。

　保険業界では、保険金の"不払い問題"が大量発生したことが記憶に新しい。契約獲得競争が激化し、保険商品が複雑化するのに比例して、契約時の告知義務がないがしろになったり、請求（請求勧告）のモレが増えるという構造的な問題があったため、ほとんどの保険会社が金融庁から「法令順守」「顧客保護の徹底」の業務改善命令を受けている。

　そうした中で、一部の保険商品は、銀行での「窓口販売（窓販）」が2007年春に全面解禁された。保険会社にとっては販売チャネルが広がるメリットはあるものの、保険商品に不慣れな銀行窓販での販売が増えると、さらなる不払い問題を招くことも考えられる。そこで保険各社は、契約者サポートを強化している。4大生保の1社、住友生命保険では、銀行窓口で契約した顧客に特化したコールセンターを開設。十数人の専任担当者を置き、契約者から寄せられる問い合わせにキメ細やかに応対しているという。

　産業界だけでなく、市民へ行政サービスを提供する自治体でもコールセンターの構築・活用が進む。市民を取り巻く環境は変化してきており、市民生活の24時間化、インターネット利用者の爆発的な増加、情報ニーズの多様化を背景に、行政としても、市民の視点から市民が望む情報を市民が望む手段で提供することが求められてきている。例えば、千葉市は2007年10月、"たらい回し"防止や応対業務の効率化を狙い、問い合わせ窓口を一元化した365日稼働のコールセンターを開設した。また、ホームページ上のFAQ拡張を図る自治体も増えている。地方分権が進むと自治体間の"格差"が目立ち、自治体も選別を受ける時代になる。そこで支持されるには、行政サービスの品質向上が不可欠になる。コールセンター運営もその一環なのである。

● 問い合わせ窓口からコンシェルジェへ

　産業界、行政を問わず、コールセンターの重要性は高まっているわけだが、それも機械的な「問い合わせ窓口」ではなく、一流ホテルに見られる、顧客のあらゆる要望へ臨機応変に対応する「コンシェルジェ」的なサービスが求められていると言えるかもしれない。クレジットカード会社などでは、VIP会員向けに"コンシェルジェデスク"を提供しているケースもあるが、一般企業のコールセンターでも、問い合わせてくる顧客の1人ひとりの状況に応じ、心配りの利いた親身な応対が必要になってくるだろう。

　例えば、身近な家電の世界でも、年齢やIT活用能力により、商品の多機能化についていけないユーザーが増えている。最新のデジタルテレビなどは、多様なAV機器とネットワーク接続できるほか、インターネット上の情報サービスやビデオ・オン・デマンドを利用可能と、番組を受信するだけのものではなくなっている。今後もこの方面での機能進化は続き、自力では機能を使いこなせないユーザーはさらに増えるはずだ。コールセンターは、そうしたユーザーにとってのコンシェルジェ的な存在となるべきだろう。

　また、コールセンターは多様な消費者に合わせ、電話だけでなく、EメールやWeb（PC・携帯電話）というマルチチャネルからのコンタクトへ一元的に応対できるセンターでなければならない。例えば、IT活用能力の高い消費者の消費行動は、従来のAIDMA（アイドマ）から、Googleなどのインターネット検索を活用したAISAS（アイサス）へと変わりつつあると言われている。

　商品認知から購入までの消費行動は、一般にAttention（注意）−Interest（関心）−Desire（欲求）−Memory（記憶）−Action（行動）というステップだが、インターネットに慣れた消費者なら、興味を持つ商品をWebで検索し、詳しい情報を収集してから購買行動に移り、さらに使用後の評価をWebで発信する。Desire−Memoryの代わりにSearch（検索）、Actionの後にShare（商品評価をネット上で共有）が入るというわけだ。その意味でも、Webサポートサイトの充実は不可欠である。

図2-1-1 コールセンターを取り巻く環境の変化

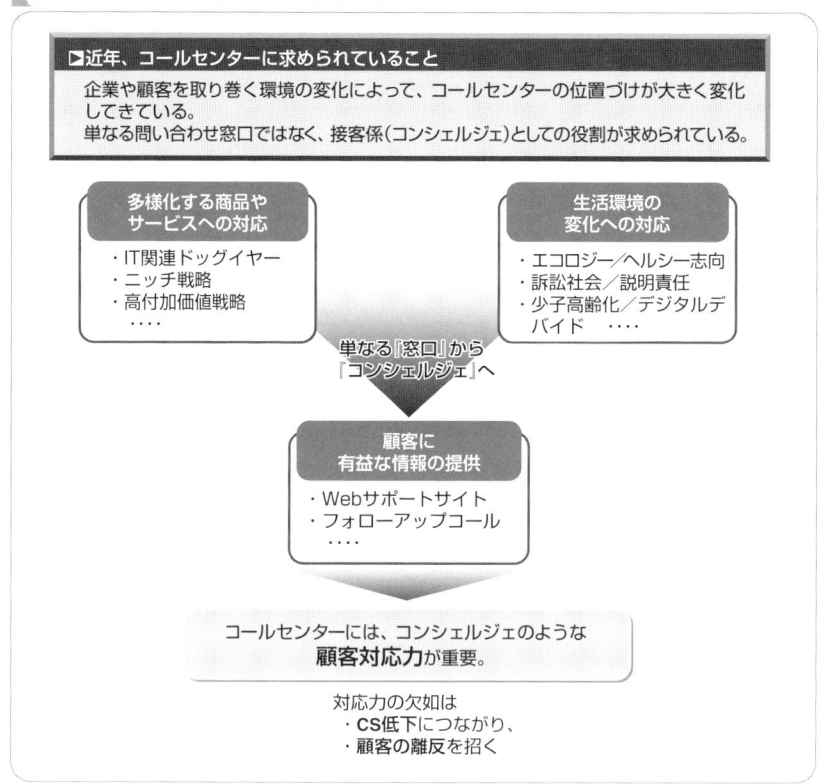

▶近年、コールセンターに求められていること
企業や顧客を取り巻く環境の変化によって、コールセンターの位置づけが大きく変化してきている。
単なる問い合わせ窓口ではなく、接客係(コンシェルジェ)としての役割が求められている。

**多様化する商品やサービスへの対応**
・IT関連ドッグイヤー
・ニッチ戦略
・高付加価値戦略
‥‥

**生活環境の変化への対応**
・エコロジー／ヘルシー志向
・訴訟社会／説明責任
・少子高齢化／デジタルデバイド
‥‥

単なる『窓口』から『コンシェルジェ』へ

**顧客に有益な情報の提供**
・Webサポートサイト
・フォローアップコール
‥‥

コールセンターには、コンシェルジェのような**顧客対応力**が重要。

対応力の欠如は
・**CS低下**につながり、
・顧客の離反を招く

　一方で、ITを使う消費者と、ITを使わない消費者との間の情報格差(デジタルデバイド)も社会問題化しており、インターネットに傾斜することなく、誰でも使える簡便な電話チャネルであるコールセンターを情報提供の重要機能として位置づけている消費者が多いことは間違いない。

● サービス業として知覚価値を最大化

　多様な消費者に合わせて親身になって応対し、顧客が抱える問題や疑問を解決したり、あらゆる要望に応えて、"満足感"や"納得感"という形のない価値を提供するコールセンターは、まさにサービス業に近いといえるだろう。

それは、どの業種にあっても同じである。

　日本のように成熟した消費社会では、商品・サービス自体では差別化が難しくなっている。そこで重要になるのが販売後のアフターマーケットであり、第1章で見た通り、そこでの企業価値を左右するのがコールセンターなのだ。電話やEメールで問い合わせたり、Webサポートを参照する顧客1人ひとりが感じた印象は、良くも悪くも"知覚価値"（経験価値）としてクチコミで広がる。さらに今の時代、AISAS型のオピニオンリーダーの知覚価値がネット上で共有され、瞬く間に広く伝播することも多い。コールセンターは、この知覚価値の最大化に取り組んでいく必要がある。

## ② コールセンターが抱える課題

### ●コールセンター就業者の実態

　企業における位置づけが高まるコールセンターだが、構造的な課題も抱えている。それは人材の問題である。

　一般にコールセンターは、運用コストの7割をオペレータを中心とした人件費が占める。典型的な労働集約型の業務なのだ。総コストを抑制するには人件費を抑える必要があり、オペレータは非正規社員が中心になる。「コールセンター白書2007」によれば、コールセンター就業者に占める非正規社員の割合は約9割にのぼる（一部派遣社員・パートタイマー〈自社契約社員〉53.8％、すべて派遣社員・パートタイマー〈自社契約社員〉22.6％、その他10.8％）。

　非正規社員中心の雇用形態に加え、オペレータ業務は苦情処理や電話営業などでストレスが溜まりやすく、コールセンターの離職率は他の業種や職種と比べて群を抜く。さらに、年間の離職率が10％以上の企業が全体の52％と半数以上に達し、その中でも30％以上の離職率、即ち1年間でスタッフの3分の1以上がごっそりと入れ替わる企業も全体の11％であり、10社に1社の割合に及んでいる（同白書）。年に3分の1も人が入れ替わるということは、3年で全員が入れ替わる計算になる。

**図2-1-2　コールセンターの雇用形態**

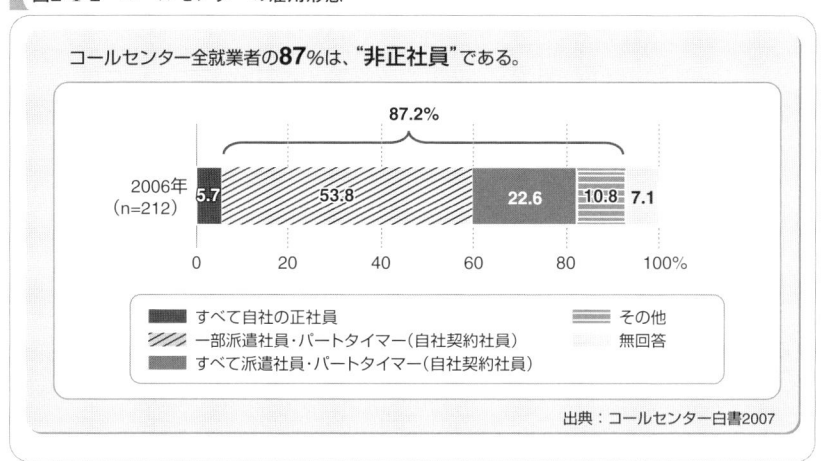

コールセンター全就業者の**87**%は、"**非正社員**"である。

2006年 (n=212)
87.2%
5.7 / 53.8 / 22.6 / 10.8 / 7.1

- すべて自社の正社員
- 一部派遣社員・パートタイマー(自社契約社員)
- すべて派遣社員・パートタイマー(自社契約社員)
- その他
- 無回答

出典：コールセンター白書2007

　離職率が高くても、人材採用が容易ならまだいい。しかし、景気回復もあり、人材採用が難しくなってきた。とくにコールセンターは、沖縄や札幌などの集積地や都市郊外に集中しており、各エリアで限られた人材の奪い合いとなっている。人材確保は、多くのコールセンターに共通する悩みだろう。

　人材採用が難しいのに加え、人材教育にもコストがかかるようになってきた。一昔前は、どのコールセンターも比較的単純な問い合わせ応対が中心だった。新人オペレータに対しても、基本的な応対マナーや業務知識さえ研修すればよく、短期間で現場に送り出せた。ところが現在、取り扱う商品・サービスは専門的で複雑なものが多く、コミュニケーション能力に加え、業務知識の研修に相当な時間をかける必要が出ている。

　実際、オペレータの初期研修に15日以上かける企業は全体の半数(53%)にものぼる。ある銀行では、金融知識を集中的に習得させる初期研修は2カ月にも及ぶ。さらに、現場へ投入した後も2週間に1度のペースで研修会に出席させ、常に最新の金融商品や金融知識を身に付けさせているという。

　要するに、最近のコールセンターは、サービスの高度化に合わせてオペレータの教育コストが上昇している。それだけ教育コストをかけても結局、短

期間で離職してしまうので効率が悪くなっている。さらに悪いことに人材の確保もままならず、採用コストや賃金単価も上昇傾向にある。

● 運営形態が変化するコールセンター

こうした厳しい状況は、コールセンターの運営形態にも影響を与えている。コールセンター運営には、「インハウス型」「アウトソーシング型」「インハウス・アウトソーシング（インソーシング）型」の3つがある。

インハウス型は、企業が自前の設備を持ち、自らスタッフを雇用し、センターを運営する形態なのに対し、アウトソーシング型は、センター運営を外部企業へ業務委託するもので、企業は設備・スタッフを持たない。そして、"自社内業務委託"型とも言うべきインソーシング型になると、設備のみ企業が提供し、スタッフ供給とセンター運営は外部企業が行う。

図2-1-3　コールセンターの実態と課題

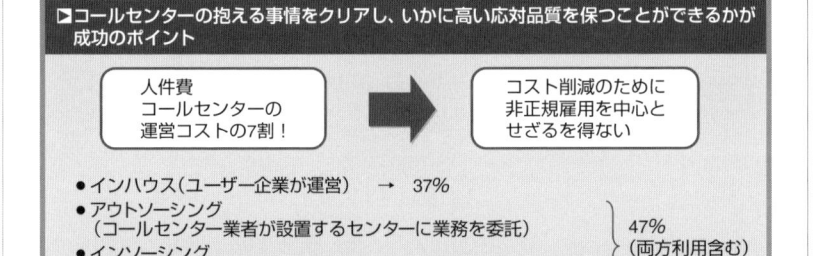

▶コールセンターの抱える事情をクリアし、いかに高い応対品質を保つことができるかが成功のポイント

人件費
コールセンターの
運営コストの7割！

→ コスト削減のために非正規雇用を中心とせざるを得ない

- インハウス（ユーザー企業が運営） → 37%
- アウトソーシング
  （コールセンター業者が設置するセンターに業務を委託）
- インソーシング
  （センターはユーザー企業が設置するが、運営は専門業者に委託）

47%（両方利用含む）

| 第一線の多くが非正規社員 | 高い離職率 | かかる採用コスト |
|---|---|---|
| コールセンター就業者に占める非正規社員の割合 87.2% | 年間離職率 10%以上の企業は全体の52% 30%以上の企業は全体の11% | オペレータの初期研修期間 15日以上 → 53% |

コスト削減、効率化のためにはIT化による効率化は避けられない

調査資料：コールセンター白書2007

代表的なインハウス型とアウトソーシング型には、それぞれメリットとデメリットがある。インハウス型は、顧客の声をダイレクトに聞き、設備・運営をキメ細やかにコントロール、ノウハウを社内に蓄積できる。ただし、自前ですべての資源を調達しなければならず、コストも固定化しやすい。その点、アウトソーシング型にすれば、投入する社内資源は最小限で済み、コストも経費化される。ただ難点は、外部ということでキメ細やかなセンター運営ができず、ノウハウも蓄積されないことだろう。インハウス型とアウトソーシング型のメリットのいいとこ取りしたものがインソーシング型といえる。

　最近の傾向としては、これまでインハウス型でセンター運営してきた企業も、運営負担の増大に耐えられず、アウトソーシング型やインソーシング型へ移行したり、アウトソーシング型を併用するケースが増えている。実際に、アウトソーシング、インソーシングを利用する企業の合計は全体の47％にのぼる（図2-1-3参照）。

　また、地方自治体の積極的な勧誘と深刻化する都心部における人材不足、そしてVoIP技術をはじめとしたITの進化もあって、複数の拠点にコールセンターを分散する、もしくは地方に拠点を持つアウトソーサーに業務を委託する企業も増えている。

　これまで見てきたように、コールセンターは、リソースの確保という点で年々厳しい状況になってきている。アウトソーシングやインソーシングの拡大、拠点のマルチサイト化、非正規社員の拡大は何を意味するのだろうか。そこに大きく立ちはだかる課題がコールセンターのマネジメントや応対品質のバラつきである。実際に多くのコールセンターで応対品質の平準化を課題として考えている企業が多い。

## 3　応対品質の平準化——FAQのあり方

● FAQの用意は当たり前

　これまで説明してきた通り、消費者から見える「企業の顔」として、コール

**図2-1-4　公開／社内向けFAQ構築の有無**

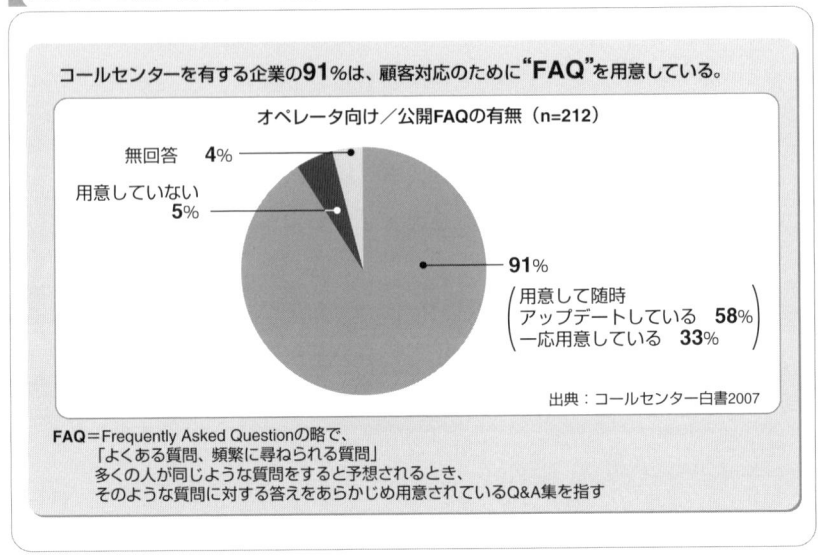

コールセンターを有する企業の**91**%は、顧客対応のために"**FAQ**"を用意している。

オペレータ向け／公開FAQの有無（n=212）

- 無回答 4%
- 用意していない 5%
- 91%
  - 用意して随時アップデートしている 58%
  - 一応用意している 33%

出典：コールセンター白書2007

FAQ＝Frequently Asked Questionの略で、
「よくある質問、頻繁に尋ねられる質問」
多くの人が同じような質問をすると予想されるとき、
そのような質問に対する答えをあらかじめ用意されているQ&A集を指す

センターの重要性は高まるが、その運営はますます難しくなっている。顧客応対の品質を上げていくにも、従来のように人の能力に依存しきった仕組みでは限界がある。そこで登場するのが「FAQ」である。

FAQとは「Frequently Asked Question」の頭文字をとった略語で、直訳すると「よく尋ねられる質問」という意味になる。消費者からよく寄せられる商品・サービス、企業活動に対する質問について、回答を対で記述したQ&A集である。一般にFAQといえば、Webサイトで公開され、消費者が問題を自己解決する際に利用する"公開FAQ"を指すが、コールセンター内でオペレータが応対業務で参照するための"社内FAQ"もある。

コールセンターで顧客対応を行う企業では、公開用にしろ、社内用にしろ、FAQの導入が進んでいる。「コールセンター白書2007」によれば、コールセンターを有する企業の91%は、FAQを用意している。うち、「随時アップデートしている」と答える企業は58%だ。

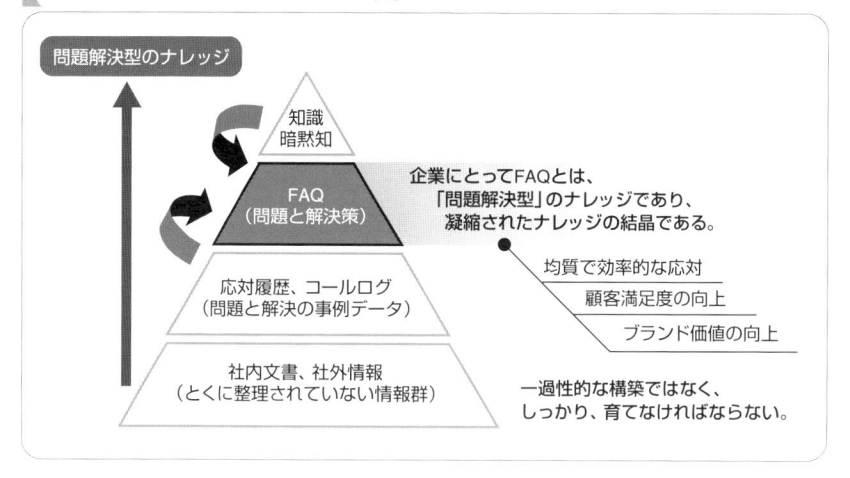

図2-1-5 企業におけるFAQナレッジの価値とは

問題解決型のナレッジ

知識
暗黙知

FAQ
（問題と解決策）

応対履歴、コールログ
（問題と解決の事例データ）

社内文書、社外情報
（とくに整理されていない情報群）

企業にとってFAQとは、
「問題解決型」のナレッジであり、
凝縮されたナレッジの結晶である。

均質で効率的な応対
顧客満足度の向上
ブランド価値の向上

一過性的な構築ではなく、
しっかり、育てなければならない。

## ●FAQのあり方

　先に見てきたように、ほとんどの企業で何かしらのFAQが存在する。一方で、そのFAQの管理の方法は各社各様である。例えば、紙で用意している企業のほか、マイクロソフト社の「Microsoft Excel」や「Microsoft Access」で管理している企業、IBM社の「IBM Lotus Notes」でデータベース化している企業、さらに進んだシステムで運営している企業など、各社さまざまである。

　筆者らは、FAQは単なるQ&A集ではなく、一種の"ナレッジ（知識）"と位置づけるべきだと考える。コールセンターが企業の顔として顧客と接するための"頭脳"に進化させるべきである。組織が持つ知識資産の大半は、人が経験を通じて会得した知識や知恵、ノウハウ、勘、あるいは整理されない状態のデータ、情報など「暗黙知」の状態にある。それを誰もが目的に応じて活用できる「形式知」の状態に変換したものがナレッジだ。

　図2-1-5をご覧いただきたい。コールセンターを取り巻くナレッジをピラミッド構造で示した。上にいくほど、より瞬時に顧客の知りたいことに適切に回答できる「問題解決型ナレッジ」と見ている。その中で、最も上位の問題解決

型ナレッジに位置するのが、「暗黙知」である。つまり、ベテラン社員などが持つ、経験と勘で得たノウハウである。このナレッジを持ってすれば、顧客の置かれている状況や質問を聞くだけで、どんな解決方法があるか瞬時に回答することができる。しかしながら、先にも見たように、コールセンターの実態としては、非正規社員がほとんどである。つまり、属人的な経験に頼る応対は期待できない。また、この「暗黙知」は、人に依存するため、そのベテラン社員が退職するとナレッジも一緒に退職してしまうのである。

図2-1-5に戻ろう。一番下に位置する、社内文書、社外情報は、数は非常に多いが、とくに整理されていないため、使うための取捨選択、解釈などが都度必要となり、即時性が低いナレッジである。その上に位置する応対履歴、コールログは、過去に回答したQ&A集であるが、これまでの個別の質問に対する個別の回答であるだけに、少しケースが違う問い合わせの場合には、応用が利かないことも多い。

こうした中、FAQは、社内外の情報やオペレータが行った顧客応対の履歴、人の頭の中にある暗黙知から「質問と回答」を対で抽出して明文化し、知りたい答えを即座に探し出せるようにしたものと位置づけることができる。つまり、問題解決のための知的資産としてナレッジ化していくことが、FAQの本来あるべき姿でなければならない。

そのためには、FAQは一度作ればいいのではなく、継続的にナレッジをブラッシュアップし、世の中の流れに合わせて、日々進化させていくことが、陳腐化を防ぐ最大のポイントになる。

● FAQ活用で応対品質を標準化

FAQの有効活用は、コールセンター運営において大きなメリットがある。

まず、問い合わせに対しての回答提供がより迅速、的確になる。それもオペレータの就業期間や業務知識に依存する部分がほとんどなく、応対品質の標準化、レベルアップが図れる。ひいては顧客満足度の向上が期待できるわけだ。さらに、新人教育に要する期間が短くなったり、FAQがトークスクリプ

トを兼ねることで、業務効率の全般的な向上にもつながる。

　もちろん、FAQがすべての問い合わせをカバーできるわけではなく、専門スタッフへエスカレーションする必要がある問い合わせもあるだろう。それでもFAQの整備により、最初に応対するオペレータの段階で顧客の要望を満たす「一次対応完了率」は確実に向上する。FAQは、コールセンターの"現場力"向上に欠かせない支援ツールなのだ。

　また、FAQには、どのコールセンターでも問題となっている離職率の高さを抑える効果も期待できる。通常、一次対応完了率はオペレータの評価指標となっている。そのため、エスカレーションするのにストレスを感じるオペレータは多い。FAQ活用でエスカレーションの割合を減らせれば、同時に精神的負担も軽くなる。非正規社員に高い能力を求めるがゆえ離職率が高まるという負のスパイラルから脱することにもなるのだ。

　さらに、コールセンター内に限らず、全社規模で活用していけば、FAQの効果はいっそう高まる。ある企業では、コールセンターで利用するFAQを総務、工場、営業など顧客と接点を持つあらゆる部門で共有し、閲覧可能にしている。全社で同じレベルの顧客応対を目指しているからだ。

　"企業の顔"であるコールセンターをコーポレート・コミュニケーション部門で管轄する企業が増えているが、企業レベルで顧客とのコミュニケーションを図っていくうえでも、FAQは有効なナレッジツールといえる。

# 2-2
# FAQによる
# ナレッジシステムの落とし穴

## 1  FAQシステムの構築状況

　前節では、高まりつつあるFAQ構築の意義を説明した。コールセンターの運営を効率化し、応対品質を高めるには、ITを利用したFAQによるナレッジシステム（以下、FAQシステム）は不可欠な仕組みとなっている。

　しかし、ただ闇雲にFAQシステムを構築すればよいというものではない。確かに、FAQシステムといっても、基本となる機能はFAQコンテンツの「作成・登録」と「検索」。一見すると容易に構築できそうだが、FAQシステムをコールセンターのITインフラとオペレーションへ組み込むには"勘所"があり、それを外すと十分な効果を得られない。その勘所を知るには、まず、先行して取り組んでいる企業の実態を知ることだろう。

　そこで、野村総合研究所が2007年10月に実施した「FAQシステム実態調査」に基づき、FAQシステムにおける"落とし穴"を明らかにしていこう。なお、この実態調査はコールセンターを運営する239社に対し、オペレータが応対業務で社内利用するFAQシステムについて聞いている。

## 2  半数の企業がFAQシステムを構築済み

　まず、FAQシステムの構築状況を聞いた（図2-2-1参照）。

　すると、239社のうち、47％にあたる113社が「構築済み」と答えている。逆に「未構築」としたのは107社で、割合にして45％だ（「不明」が19社）。このことから、コールセンターを運営する2社に1社は、FAQシステムを構築していることが分かる。

　続いて、「構築済み」と答えた113社に「FAQシステム構築時で期待していたこと」を複数回答可で選んでもらった（図2-2-2参照）。

**図2-2-1　FAQシステムの構築有無**

コールセンターにおけるFAQシステムの構築は進んでいる。
約半数の企業がFAQシステムを構築している。

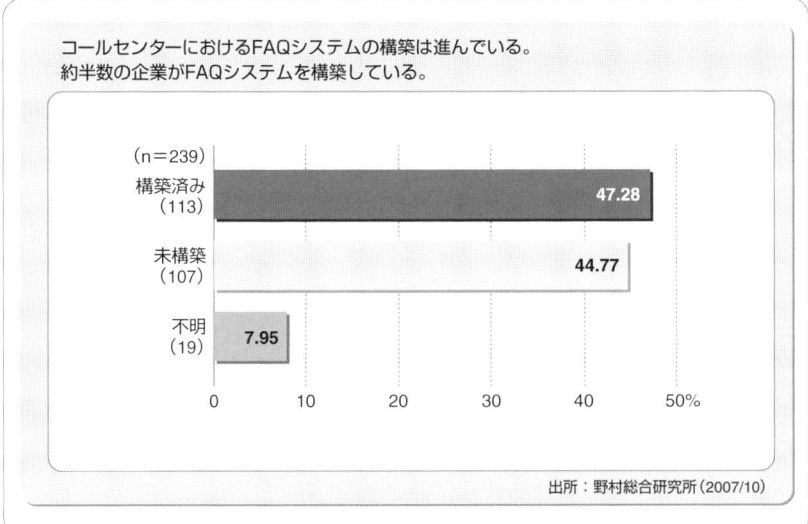

(n=239)
- 構築済み(113)　47.28
- 未構築(107)　44.77
- 不明(19)　7.95

出所：野村総合研究所(2007/10)

**図2-2-2　FAQシステム構築への期待**

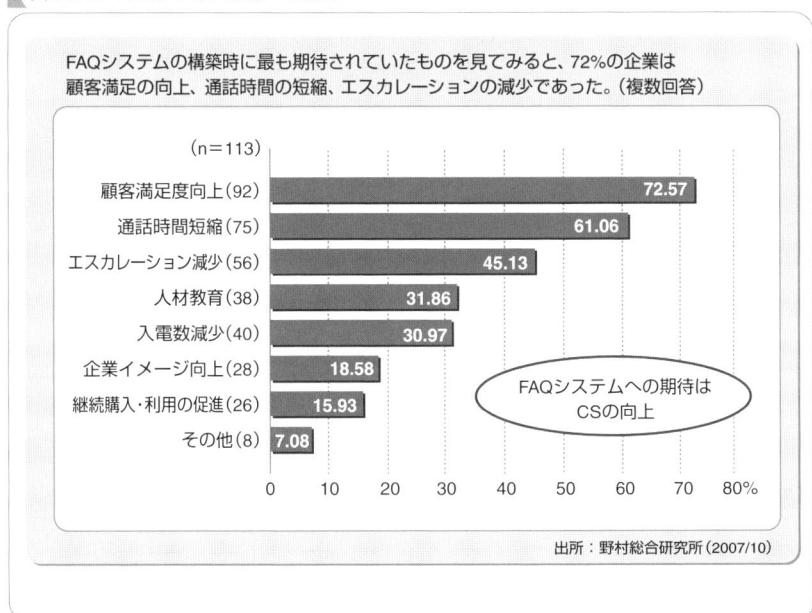

FAQシステムの構築時に最も期待されていたものを見てみると、72%の企業は
顧客満足の向上、通話時間の短縮、エスカレーションの減少であった。(複数回答)

(n=113)
- 顧客満足度向上(92)　72.57
- 通話時間短縮(75)　61.06
- エスカレーション減少(56)　45.13
- 人材教育(38)　31.86
- 入電数減少(40)　30.97
- 企業イメージ向上(28)　18.58
- 継続購入・利用の促進(26)　15.93
- その他(8)　7.08

FAQシステムへの期待はCSの向上

出所：野村総合研究所(2007/10)

1位が「顧客満足度（CS）向上」(73%)、2位は「通話時間短縮」(61%)、そして3位が「応対エスカレーションの削減」(45%)という結果になった。つまり、FAQシステムを構築した企業は、"CS向上"と"業務効率化"という、ある面では相反し、ある面では連動する2つの要素を両立させようとしているといえる。
　続いて、業種別でFAQシステムの構築状況を見てみた（**図2-2-3**参照）。

**図2-2-3　業界別のFAQシステム構築有無**

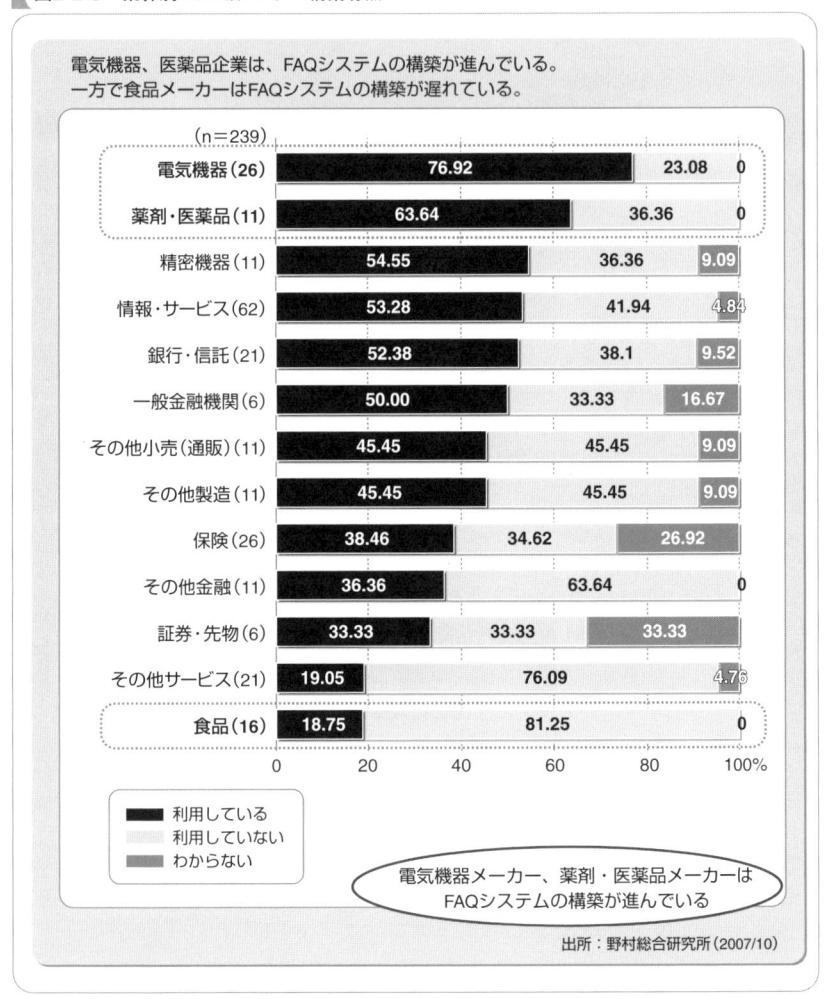

電気機器、医薬品企業は、FAQシステムの構築が進んでいる。
一方で食品メーカーはFAQシステムの構築が遅れている。

(n＝239)

| 業種 | 利用している | 利用していない | わからない |
|---|---|---|---|
| 電気機器(26) | 76.92 | 23.08 | 0 |
| 薬剤・医薬品(11) | 63.64 | 36.36 | 0 |
| 精密機器(11) | 54.55 | 36.36 | 9.09 |
| 情報・サービス(62) | 53.28 | 41.94 | 4.84 |
| 銀行・信託(21) | 52.38 | 38.1 | 9.52 |
| 一般金融機関(6) | 50.00 | 33.33 | 16.67 |
| その他小売(通販)(11) | 45.45 | 45.45 | 9.09 |
| その他製造(11) | 45.45 | 45.45 | 9.09 |
| 保険(26) | 38.46 | 34.62 | 26.92 |
| その他金融(11) | 36.36 | 63.64 | 0 |
| 証券・先物(6) | 33.33 | 33.33 | 33.33 |
| その他サービス(21) | 19.05 | 76.09 | 4.76 |
| 食品(16) | 18.75 | 81.25 | 0 |

電気機器メーカー、薬剤・医薬品メーカーはFAQシステムの構築が進んでいる

出所：野村総合研究所(2007/10)

既に構築している割合が高い業種は、電気機器（77％）と薬剤・医薬品（64％）である。電気機器は機能・操作が複雑化する一方の製品、薬剤・医薬品なら健康、生命にかかわるクリティカルな製品を扱うので、コールセンターの応対業務に高い専門性が要求される。そのため、FAQシステムの構築が早くから進んでいたようだ。

## 3　意外に構築率が低い金融機関

　その他、構築率が全業種平均より高いのは、精密機器（55％）、情報・サービス（53％）、銀行・信託（52％）、一般金融機関（50％）の順である。逆に全業種平均より低い業種は、その他小売り・通販（45％）、その他製造（45％）、保険（38％）、その他金融（36％）、証券・先物（33％）。導入率が最も低いのは、その他サービスと食品の19％となる。

　この結果からは、一般にコールセンター運営に力を入れていると見られる銀行、保険、証券でも、それほどFAQシステム構築は進んでいないことが分かる。ただ、金融機関では業態の垣根が低くなり、1つの企業で取り扱う金融商品の種類が増え、商品個々の複雑さも増すばかり。そのため、今後は導入が進む可能性は高い。同じく、今でこそ導入社数は最低だが、食の安全性、偽装表示などが社会問題となっている食品業界でも、応対業務のレベルアップを目指し、FAQシステムを構築する企業は増えるだろう。

## 4　検索性で不満多いマニュアル参照

　FAQシステムを構築していない企業（107社）のコールセンターでは、オペレータは何を参照して、顧客からの問い合わせに回答しているのだろうか（図2-2-4参照）。

　設問に対する結果では、「何も参考にしない」も4社に1社あるが（オペレータの頭の中にある知識に依存していると思われる）、半分以上の企業が利用しているのが、従来通りの「マニュアル」である。

　ただ、応対業務のリファレンスとしては不満も多い（図2-2-5参照）。

### 図2-2-4　FAQシステム未構築企業の実態

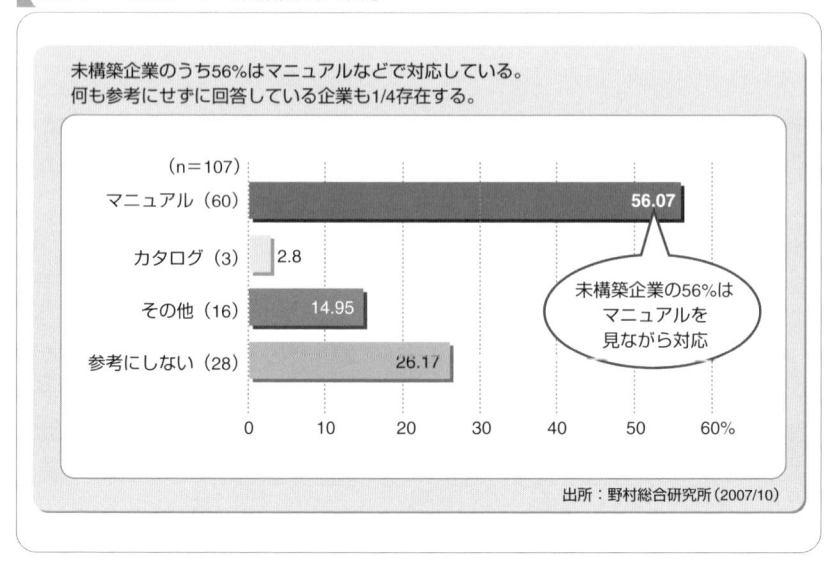

未構築企業のうち56%はマニュアルなどで対応している。
何も参考にせずに回答している企業も1/4存在する。

(n＝107)
- マニュアル（60）　56.07
- カタログ（3）　2.8
- その他（16）　14.95
- 参考にしない（28）　26.17

未構築企業の56%はマニュアルを見ながら対応

出所：野村総合研究所（2007/10）

　マニュアル・カタログの満足度(5段階評価)を項目別に聞くと、「検索の早さ」に対しては、「大変不満」と「やや不満」を合わせると半数の54%が何かしらの不満を持つ。「検索の効率性」に対しても63%が不満を示している。

　マニュアル・カタログは、その内容が頭に入っているオペレータにとっては検索しやすい面もあるが、慣れていないと検索に時間がかかり、効率が悪いのだ(実際、マニュアル・カタログの検索性を評価する声は比較的高い年齢層の回答者に目立った)。

　また、紙媒体のマニュアル・カタログは配布された後、基本的に書き換えることができず、一定期間は改訂されない。コンテンツの修正や追加を反映しにくいのだ。そのため、「コンテンツの更新頻度」に対しても53%が不満を持つ。それに連動してか、「コンテンツの質」「コンテンツの量」に対して不満を持つ回答者もそれぞれ4割ほどいる。

　応対業務のリファレンスは、何によりも"検索性"と"鮮度"が命だろう。その意味でも、紙媒体からFAQシステムへの置き換えはさらに進みそうだ。

**図2-2-5　FAQシステム未構築企業の業務の満足度**

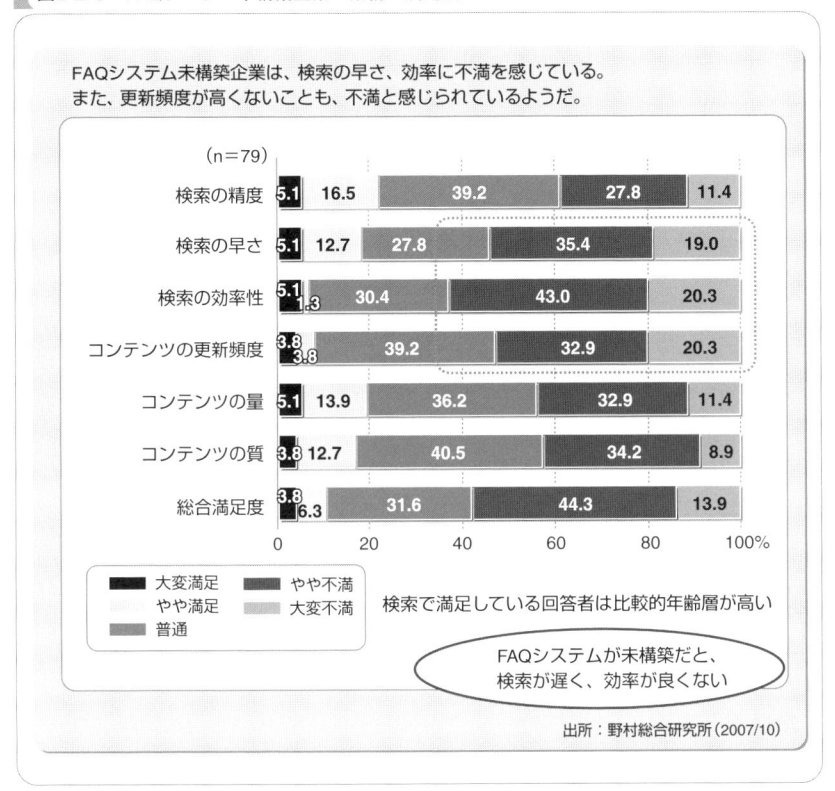

FAQシステム未構築企業は、検索の早さ、効率に不満を感じている。
また、更新頻度が高くないことも、不満と感じられているようだ。

(n=79)

| 項目 | 大変満足 | やや満足 | 普通 | やや不満 | 大変不満 |
|---|---|---|---|---|---|
| 検索の精度 | 5.1 | 16.5 | 39.2 | 27.8 | 11.4 |
| 検索の早さ | 5.1 | 12.7 | 27.8 | 35.4 | 19.0 |
| 検索の効率性 | 5.1 | 1.3 | 30.4 | 43.0 | 20.3 |
| コンテンツの更新頻度 | 3.8 | 3.8 | 39.2 | 32.9 | 20.3 |
| コンテンツの量 | 5.1 | 13.9 | 36.2 | 32.9 | 11.4 |
| コンテンツの質 | 3.8 | 12.7 | 40.5 | 34.2 | 8.9 |
| 総合満足度 | 3.8 | 6.3 | 31.6 | 44.3 | 13.9 |

検索で満足している回答者は比較的年齢層が高い

FAQシステムが未構築だと、検索が遅く、効率が良くない

出所：野村総合研究所(2007/10)

## 5　FAQシステムの7割は自社開発

　では逆に、既にFAQシステムを構築している企業は、どのような種類のシステムを構築し、それに十分満足しているのだろうか（**図2-2-6**参照）。

　まず、FAQシステムの種別を質問したところ、「自社開発」が70％も占めており、19％の「パッケージ」（専用ソフトウェア）、4％の「ASP（アプリケーション・サービス・プロバイダ）」（アプリケーションベンダーがインターネット経由で機能提供するサービス）に比べて圧倒的に多かった。もちろん、自社開発と言っても、イチからプログラムしたものもあれば、データベースソフト

■ 図2-2-6　構築したFAQシステムの種類

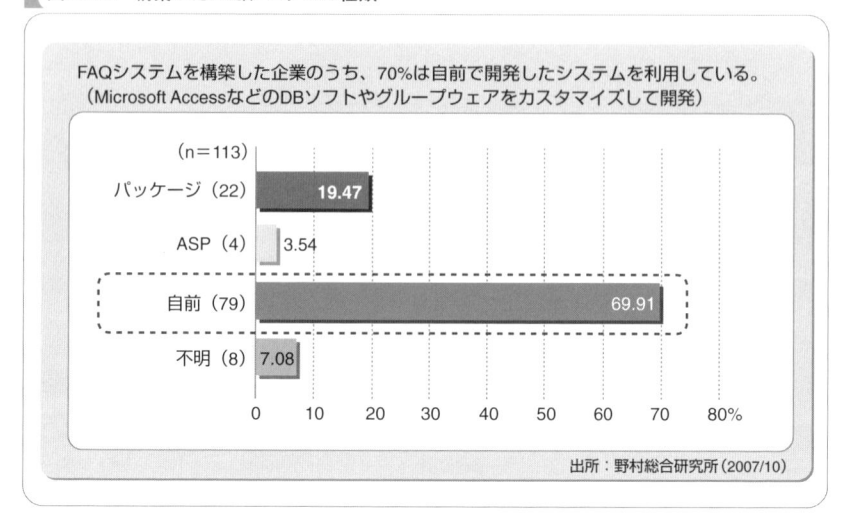

FAQシステムを構築した企業のうち、70％は自前で開発したシステムを利用している。
（Microsoft AccessなどのDBソフトやグループウェアをカスタマイズして開発）

(n=113)
- パッケージ（22）　19.47
- ASP（4）　3.54
- 自前（79）　69.91
- 不明（8）　7.08

出所：野村総合研究所（2007/10）

「Microsoft Access」やグループウェア「IBM Lotus Notes」などを基盤として、自前のアプリケーションを低コストで開発しているケースが多い。

　業種別にシステムの種別傾向を見てみた（図2-2-7参照）。

　全回答企業がパッケージ・ASPを利用していた、その他小売り・通販など一部の例外を除けば、押し並べて自社開発の割合が高い。電気機器と保険では9割、その他金融に至っては10割だ。業種を問わず、FAQシステム構築が急がれた企業は、自社開発で進められた傾向が強かったことが伺える。

## 6　強い不満を抱える"自社開発"組

　ところが、実態調査からは、自社開発の道を選んだ多数派も決して現状に満足していないことが分かっている。105社へ運用するFAQシステムへの満足度を5段階評価で聞いてみた（P78の図2-2-8参照）。

　自社開発グループは、トップ評価の「大変満足」が5％しかなかったのに対し、母数こそ少ないが、パッケージ・ASPを利用するグループは15％あった。また、自社開発では「大変不満」「やや不満」が占める割合が28％あるのに比

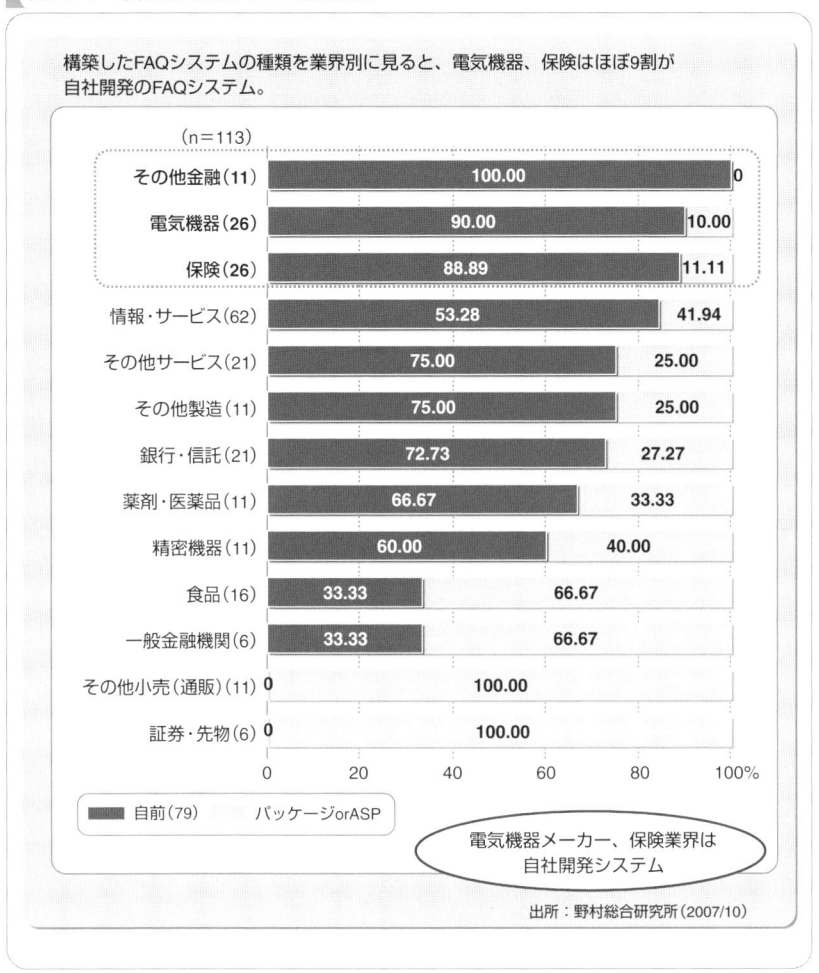

図2-2-7 業界別のFAQシステム構築形態

構築したFAQシステムの種類を業界別に見ると、電気機器、保険はほぼ9割が自社開発のFAQシステム。

(n=113)

| 業界 | 自前 | パッケージorASP |
|---|---|---|
| その他金融(11) | 100.00 | 0 |
| 電気機器(26) | 90.00 | 10.00 |
| 保険(26) | 88.89 | 11.11 |
| 情報・サービス(62) | 53.28 | 41.94 |
| その他サービス(21) | 75.00 | 25.00 |
| その他製造(11) | 75.00 | 25.00 |
| 銀行・信託(21) | 72.73 | 27.27 |
| 薬剤・医薬品(11) | 66.67 | 33.33 |
| 精密機器(11) | 60.00 | 40.00 |
| 食品(16) | 33.33 | 66.67 |
| 一般金融機関(6) | 33.33 | 66.67 |
| その他小売(通販)(11) | 0 | 100.00 |
| 証券・先物(6) | 0 | 100.00 |

■ 自前(79)　パッケージorASP

電気機器メーカー、保険業界は自社開発システム

出所：野村総合研究所(2007/10)

べ、後者は半分の15％しかなかった。

　つまり、同じFAQシステムを利用する企業の中でも、自社開発グループとパッケージ・ASP利用グループの間で満足度がハッキリと異なる。一般にITシステムでは、既製品で汎用品のパッケージ・ASPより、自社開発の方がユーザーの求める機能をキメ細やかに実現できると言われるが、FAQシステム

### 図2-2-8 構築システム別の満足度

自社で開発のシステムは、パッケージソフトやASPサービスと比べて、不満が高い。
自社開発FAQシステムには限界がある？

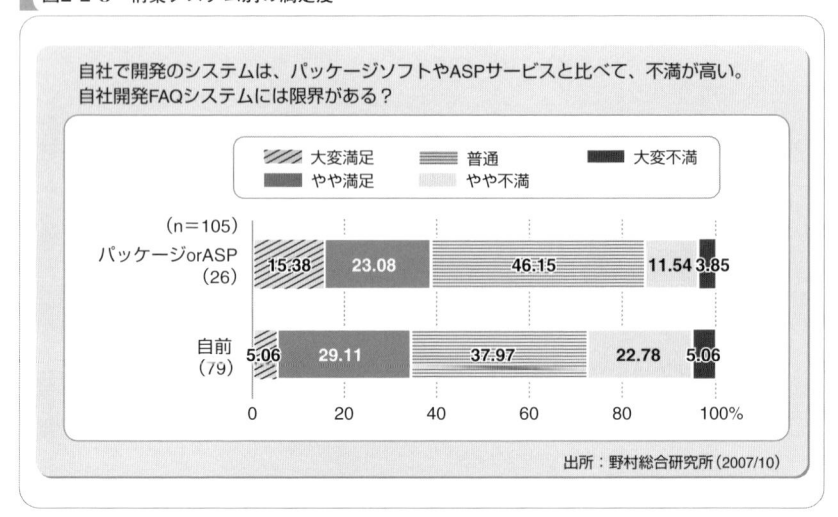

凡例：大変満足／やや満足／普通／やや不満／大変不満

（n＝105）

- パッケージorASP（26）: 15.38 / 23.08 / 46.15 / 11.54 / 3.85
- 自前（79）: 5.06 / 29.11 / 37.97 / 22.78 / 5.06

出所：野村総合研究所（2007/10）

### 図2-2-9 自社開発FAQシステムの課題

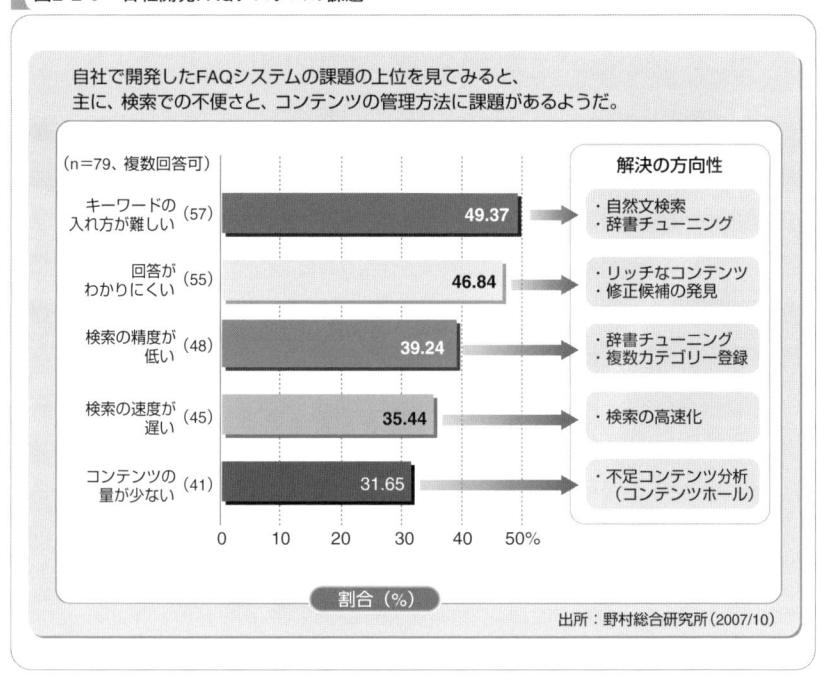

自社で開発したFAQシステムの課題の上位を見てみると、
主に、検索での不便さと、コンテンツの管理方法に課題があるようだ。

（n＝79、複数回答可）

| 課題 | 件数 | 割合（%） | 解決の方向性 |
|---|---|---|---|
| キーワードの入れ方が難しい | (57) | 49.37 | ・自然文検索<br>・辞書チューニング |
| 回答がわかりにくい | (55) | 46.84 | ・リッチなコンテンツ<br>・修正候補の発見 |
| 検索の精度が低い | (48) | 39.24 | ・辞書チューニング<br>・複数カテゴリー登録 |
| 検索の速度が遅い | (45) | 35.44 | ・検索の高速化 |
| コンテンツの量が少ない | (41) | 31.65 | ・不足コンテンツ分析<br>（コンテンツホール） |

出所：野村総合研究所（2007/10）

で見る限り、正反対となっている。

では、自社開発グループは自らのFAQシステムの何に不満を持っているのか（図2-2-9参照）。

不満なところを複数回答で選んでもらった結果、「キーワードの入れ方が難しい」（49%）、「回答がわかりにくい」（47%）、「検索の精度が低い」（39%）、「検索の速度が遅い」（35%）、「コンテンツの量が少ない」（32%）がベスト5の不満要因となった。

## 7　自社開発でニーズを満たすのは困難

ベスト5の不満要因を裏返せば、自社開発のFAQシステムは、次のようなニーズを満たしていないことが読み取れるだろう。

①キーワードの入れ方が難しい
　➡　自然な言葉で検索したい。同義語（例：「価格」と「値段」）や表現のゆれ（例：「ウォッチ」「ウオッチ」）はシステム側で汲み取ってほしい。

②回答がわかりにくい
　➡　テキスト以外の情報も登録可能にしてほしい。修正候補も自動表示してほしい。インタフェースを見やすくしてほしい。

③検索の精度が低い
　➡　日本語の類似度を把握してほしい。カテゴリーやキーワードなど多様なスタイルでの検索を可能にしてほしい。

④検索の速度が遅い
　➡　添付文書なども含めて高速に検索したい。

⑤コンテンツの量が少ない
　➡　コンテンツの抜け（コンテンツホール）を分析し、臨機応変に補充したい。

前述したMicrosoft AccessやIBM Lotus Notesのような汎用的なアプリケーション基盤は、一般的な業務アプリケーションを開発・実行するのには威力を発揮するが、オペレータが均一、かつ高品質な応対を行うために用いる

FAQシステムに求められるような高度な検索機能を実現するのは難しい。それが、検索性へ強い不満になって表れているのではないか。逆に、FAQに特化して機能進化を続けている専門パッケージ・ASPは、検索機能をウリにしており、それが高い満足度に結び付いているのだろう。

## 8 柔軟運用ではパッケージ・ASPが有利？

また、先行企業が構築してきた自社開発のFAQシステムは、コンテンツを頻繁に更新する前提で開発されていないものが多いようだ。

FAQシステムのコンテンツ更新頻度を自社開発グループとパッケージ・ASP利用グループで比較してみたところ、全般的に自社開発の方が少ないことが分かる(**図2-2-10**参照)。

「1カ月以内に複数更新される」「1カ月に1回」の割合は、パッケージ・ASP利用が65%なのに対し、自社開発は17ポイント低い48%だった。逆に「更新されない」「半年に1回」が5社に1社の割合にのぼる。

コンテンツの更新頻度が必要よりも少ないと、検索性や網羅性と並んで、応対業務のリファレンスとして重要な"新鮮さ"が保てなくなる。

実際、更新頻度に対する"理想"と"現状"のギャップを自社開発グループとパッケージ・ASP利用グループで比較すると、自社開発グループの方がギャップが大きいことが分かった(**図2-2-11**参照)。

理想では「月1回以上の更新」を求める声が8割を占めるが、実現しているのは5割に止まる。パッケージ・ASP利用グループでも同種の質問を行った(P82の**図2-2-12**参照)。

「月1回以上の更新」を理想とするのが8割を占めるが、既に7割近くが実現している。理想と現状の間にそれほどの乖離は見られない。FAQシステム向けパッケージ・ASPの一部は、登録コンテンツをPDCAサイクルで常に改善するためのマネジメント機能を充実させているが、そうした面が反映しているのかもしれない。

以上の調査結果から読み取れる実態は、電気機器や薬剤・医薬品などの

### 図2-2-10　FAQシステムの更新頻度の現状

自前でFAQシステムを開発した企業に比べ、パッケージ・ASP利用企業は、更新頻度が概ね高い。

(n=113)

| 更新頻度 | パッケージorASP (26) | 自社開発 (79) |
|---|---|---|
| 1カ月以内に複数更新される | 38.5 | 35.4 |
| 1カ月に1回 | 26.9 | 12.7 |
| 3カ月に1回 | 11.5 | 19.0 |
| 年に1回以下 | 15.4 | 11.4 |
| 半年に1回 | 7.7 | 11.4 |
| 更新されない | 0.00 | 10.1 |

出所：野村総合研究所 (2007/10)

### 図2-2-11　自社開発FAQシステムの更新頻度、現状と理想のギャップ

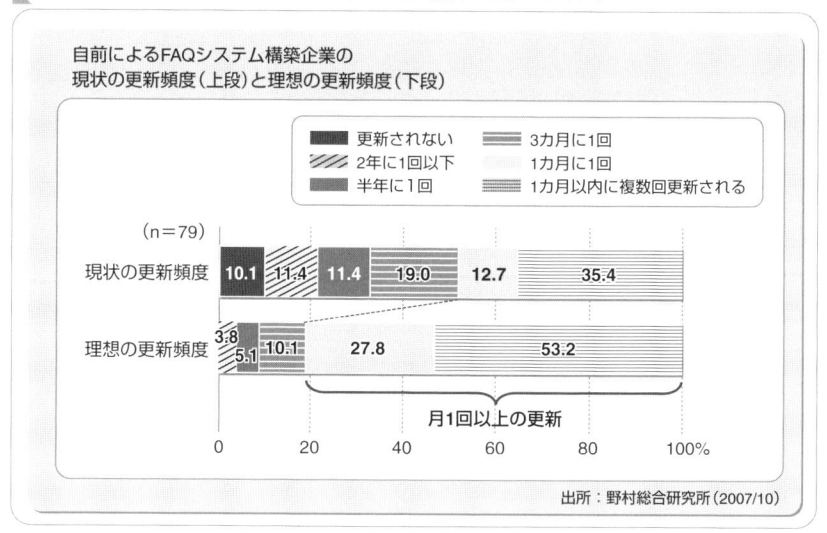

自前によるFAQシステム構築企業の現状の更新頻度(上段)と理想の更新頻度(下段)

凡例：更新されない／3カ月に1回／2年に1回以下／1カ月に1回／半年に1回／1カ月以内に複数回更新される

(n=79)

| | 更新されない | 2年に1回以下 | 半年に1回 | 3カ月に1回 | 1カ月に1回 | 1カ月以内に複数回更新される |
|---|---|---|---|---|---|---|
| 現状の更新頻度 | 10.1 | 11.4 | 11.4 | 19.0 | 12.7 | 35.4 |
| 理想の更新頻度 | 3.8 | 5.1 | 10.1 | 27.8 | | 53.2 |

月1回以上の更新

出所：野村総合研究所 (2007/10)

2-2　FAQによるナレッジシステムの落とし穴

### 図2-2-12　パッケージ・ASP利用での更新頻度、現状と理想のギャップ

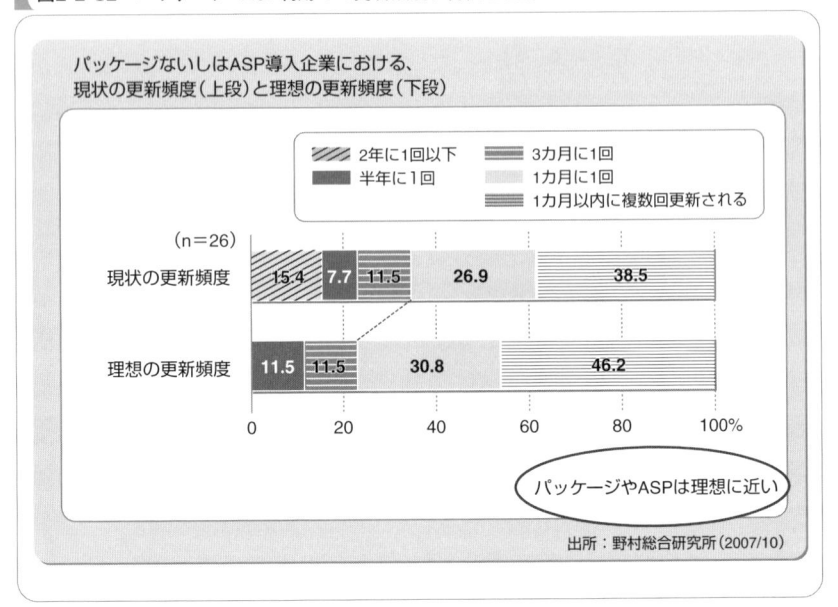

パッケージないしはASP導入企業における、現状の更新頻度（上段）と理想の更新頻度（下段）

凡例：
- 2年に1回以下
- 3カ月に1回
- 半年に1回
- 1カ月に1回
- 1カ月以内に複数回更新される

(n=26)

現状の更新頻度：15.4 / 7.7 / 11.5 / 26.9 / 38.5

理想の更新頻度：11.5 / 11.5 / 30.8 / 46.2

パッケージやASPは理想に近い

出所：野村総合研究所(2007/10)

　業界を筆頭にFAQシステムの導入は進んでいるが、その多くは汎用的なアプリケーション基盤を活用し、手軽に自社開発したもの。このため、検索機能が弱く、コンテンツの網羅性、新鮮さを保つ仕組みも実装されていないことが多く、ユーザーは不満を抱いている。これこそが、FAQシステムにおける"落とし穴"なのだ。

　もちろん、十分なコストをかければ、自社開発でも満足度の高いFAQシステムは構築できるだろう。ただ費用対効果を考えるなら、FAQに特化して機能進化を続けているパッケージ・ASPを利用する方が合理的である。

# 2-3
# FAQの あるべき姿とは？

## 1 3つのランクがあるFAQシステム

　前節では、コールセンターの応対業務にFAQシステムを構築している企業の実態から、検索についてコンテンツの網羅性や更新頻度などにおける課題を浮き彫りにしてきた。では、どのようなFAQシステムを構築すると、顧客対応力を高めることができるのであろうか。ここでは、FAQシステムの"あるべき姿"を見ていこう。

　一口にFAQシステムと言っても、機能に格段の差があり、大きく3つのランクに分けられる（**図2-3-1**参照）。

　ランクCは、FAQ検索がシステム化された段階である。紙媒体のマニュアルよりも検索や更新がシステムで管理できるようになったものの、機能性に乏しく、次第に利用者も少なくなっていく。

　ランクBは、多くのFAQシステムが属するランクである。当初の利便性は高

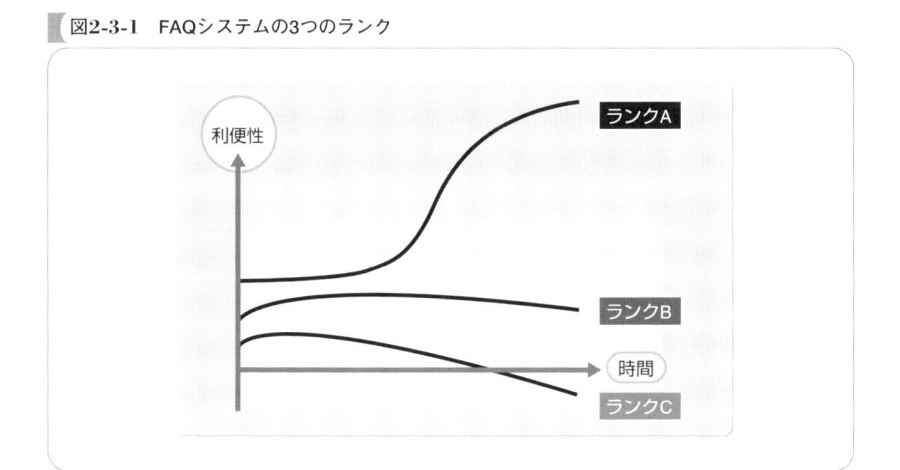

**図2-3-1　FAQシステムの3つのランク**

図2-3-2　FAQシステム構築は"あるべき姿"を目指す

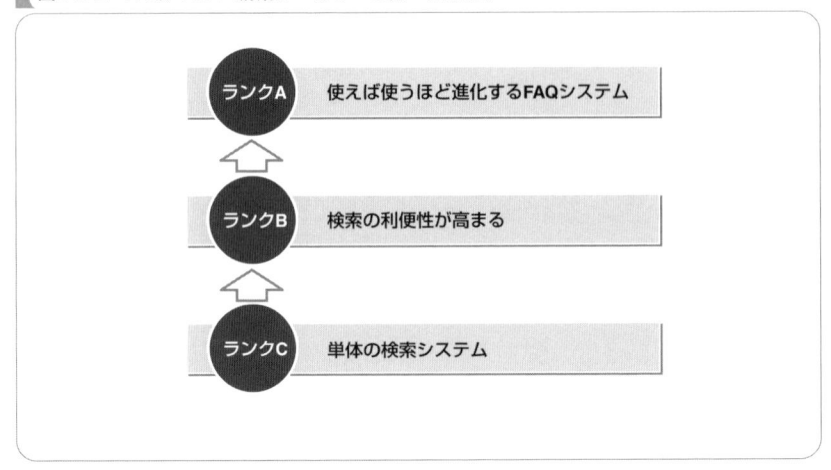

- ランクA　使えば使うほど進化するFAQシステム
- ランクB　検索の利便性が高まる
- ランクC　単体の検索システム

いものの、コンテンツの更新頻度が滞りがちになっていく。徐々に誰も管理・利用をしなくなってしまう傾向にあり、今一歩、目的としている効果が見出せないシステムである。

ランクAは、利用されるに従って、利便性が高まっていくランクである。

なお、これはFAQシステムを段階的に成長させるべきである、という議論ではない。これからFAQを構築する企業なら、最初からあるべき姿を目指した、FAQシステムを構築すべきであろう(**図2-3-2**参照)。

## ●ランクC：単体FAQシステム（簡易データベース）

ランクCは、FAQシステムとして最低限の機能を実装したものといえる(**図2-3-3**参照)。実態調査では、企業が導入したFAQシステムの7割がMicrosoft AccessやIBM Lotus Notesなどを活用して自社開発したものだったが、多くはこの段階だろう。

まず、ランクCのFAQシステムは検索の機能性に乏しい。「キーワード検索」「文字列一致検索」など単純な検索機能しか持たず、オペレータにとっての検索における使い勝手は悪い。ユーザーインタフェースも汎用的な電子掲示板

■ 図2-3-3　ランクCのFAQシステムとは

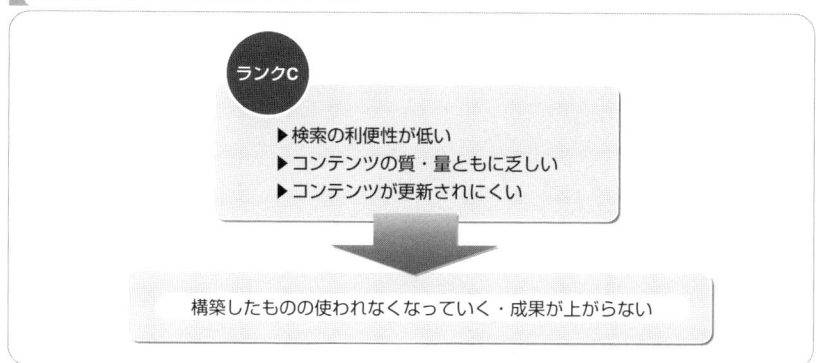

**ランクC**
▶ 検索の利便性が低い
▶ コンテンツの質・量ともに乏しい
▶ コンテンツが更新されにくい

↓

構築したものの使われなくなっていく・成果が上がらない

というケースが多い。

　また、ランクCのシステムに掲載されているFAQのコンテンツについての特徴を見てみよう。この段階のコンテンツは、応対履歴を精査しないまま流用しているケースが多い。そのため、記述に省略が多く分かりにくい内容であったり、適切な回答か否かオペレータが判断しにくい内容であったりする。また、更新頻度が高くないので情報として古い、といった問題を抱えがちだ。

　ランクCのFAQシステムは結局、検索がしづらい、コンテンツのクオリティが低いという理由から、期待した効果が生まれにくいのだ。実態調査で、現状のFAQシステムに不満が多かったのも頷けるはずである。

　コンテンツのクオリティの維持には、SV（スーパーバイザー）やFAQ管理担当者が人海戦術的にメンテナンスを行う必要がある。また検索機能については、改善を行うことが難しいため、コンテンツのキーワードの精査といったテクニックを要する。

## ● ランクB：検索のしやすさの向上

　ランクBは、入念に仕様設計をした自社開発のFAQシステムや、簡易パッケージ・ASPなどのFAQシステムである（**図2-3-4参照**）。

　ランクBになると、オペレータの検索の利便性はランクCのシステムと比べ

て高まる。まずは、検索対象である。1つのFAQシステムでFAQ、さらに添付資料、関連するURLなども検索できる。場合によっては、応対履歴データベースなど、複数のナレッジを横断検索することができるようなシステムもある。

検索機能もバリエーションが増えている。いくつか検索しやすいよう、カテゴリー分類がなされ、カテゴリーごとの検索ができるようになる。AND検索だけでなく、OR検索などでも検索できる。加えて、辞書登録などが可能なシステムもある。いわゆる同義語の対応表である。「価格」と「値段」というように記載内容と検索する際に用いたキーワードが異なったとしても、同じものとして検索ができるため利便性はがぜん高まる。

コンテンツ面でも個々のFAQの記述が洗練されるほか、図表、画像を使ったリッチコンテンツが増え、直感的に内容を把握しやすくなる(なお、システムによっては、HTMLなどの知識がないとコンテンツを更新できないものもあるので注意が必要である)。オペレータは最新情報を応対業務に活かせるようになる。

ランクBになると、検索における使い勝手は高まるが、多機能になる分、使いこなしが難しくなるケースがある。例えば、カテゴリー検索を活用するには、どこにどのような情報が登録されているのか、あらかじめ頭に入れて

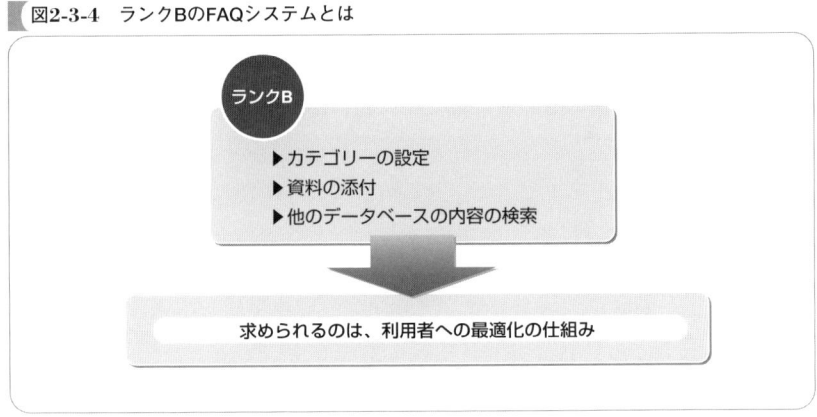

**図2-3-4　ランクBのFAQシステムとは**

ランクB
- ▶カテゴリーの設定
- ▶資料の添付
- ▶他のデータベースの内容の検索

↓

求められるのは、利用者への最適化の仕組み

おく必要があり、新人オペレータがすぐに使いこなすのは難しい。

また、コンテンツや辞書の更新、チューニングが手動であり、メンテナンス負担が重いという面がある。そのため、導入直後のサービスレベルを維持できず、徐々に使い勝手が悪くなるケースも見られる。

● ランクA：進化するFAQの仕組み

ランクAこそが、あるべき姿のFAQシステムといえる（図2-3-5参照）。

その特徴を端的に言えば、使えば使うほど、コンテンツの質と量、検索の使い勝手が高まるという仕掛けを内包しているものだ。このレベルになると、自社開発はかなり難しく、パッケージ・ASPの適用が現実的だろう。

具体的な仕掛けとしては、自然文検索、レコメンド（推奨FAQ）表示、辞書チューニングなど各種の自動機能が搭載され、メンテナンスにそれほど手間をかけずとも、使い込みながら検索ヒット率を高められる。

自然文検索というのはキーワードで検索するのではなく、文章を検索ボックスに入力する。すると、入力された文字に類似した内容を参照することができる検索である。AND、OR検索やカテゴリー指定の検索と異なり、検索前に「どのような内容で検索するべきか」という思考を必要としない。つまり、電話の内容を聞きながら、検索キーワードを連想しなくていいのだ。顧客が

図2-3-5　ランクAのFAQシステムとは

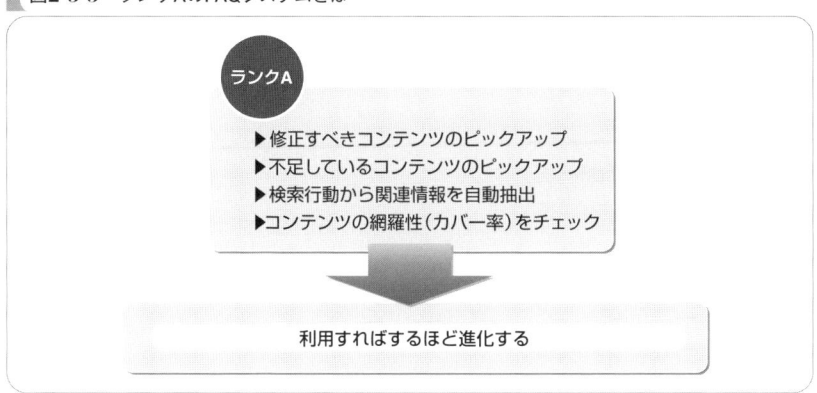

**ランクA**
- ▶修正すべきコンテンツのピックアップ
- ▶不足しているコンテンツのピックアップ
- ▶検索行動から関連情報を自動抽出
- ▶コンテンツの網羅性（カバー率）をチェック

↓

利用すればするほど進化する

電話口で話した質問内容を復唱しながら、その復唱内容を文章のまま打ち込むような検索行為が可能になる。

　必要に応じて、カテゴリー検索・絞り込みと絡めることで、オペレータはスピーディに検索することができるようになる。辞書においても、単純な手動登録との違いが見られる。実際に顧客やオペレータが検索した内容や、場合によってはコールセンターの応対履歴、Eメールの内容から、辞書に登録すべき内容をピックアップし、辞書に含めることができる。そうすることで、FAQ作成者側が想定している表現と、実際に顧客やオペレータが検索に用いる表現の乖離を埋めることができるのだ。

　ランクAになると、コンテンツをチューニングし、クオリティを高めるのも容易になる。例えば、個々のFAQが実際の顧客応対にどれくらい役立ったのかをオペレータが評価できる「評価アンケート」だけでなく、アクセスログなどを集計・分析できると、どのFAQを修正すべきなのか、どのようにFAQを修正すべきか、が見える化される。これなら現場の実態に近づくコンテンツへと修正・反映しやすいだろう。また、必要とするFAQに辿り着けなかったケースの検索内容をチェックすれば、必要なコンテンツを的確に補充できる。「カバー率チェック」と呼ばれる方法で、ユーザーが必要としたFAQのうち、既存コンテンツでどれだけ充足させられているのか、分析する機能を持つ場合もある。

　承認フローをきちんと管理しているレベルもこのランクAである。有識者に承認を求め、適宜修正・管理してもらう承認・運用フローをきちんと採ることで、より高品質のFAQをオペレータに提供できるようになる。

　オペレータ用のFAQシステムと、インターネット上で顧客に利用してもらうWeb-FAQシステムを両方同時に管理できていることも重要なポイントだ。どうしても、Webとオペレータ用を別個で扱うと情報内容に乖離が発生する。かといって全くの同内容であると、オペレータに対しての情報量が不足しがちである。両方同時に管理しつつ、Webで公開して良いか否かで区分を設けるなどの効率的な管理を行うこともできる。

もちろん、SV（スーパーバイザー）やFAQ担当者の存在が不要になるというものではない。しかし、その管理コストは大幅に削減できるだろう。

● 導入効果が大きいランクA

実際、ランクAのFAQシステムを活用している企業は、コールセンター運営において、次のような目立った導入効果を得ている（**図2-3-6**参照）。

例えば、コンテンツの更新頻度である。コンテンツ更新頻度を、従来の半年に1回から、毎月随時更新できるようになった企業がある。同時に、管理コストは半減している。エスカレーション率については、ある企業の導入時の実験によると、FAQシステムの利用者と未利用者では30％のエスカレーション率の差が生じている。

回答に直結するコンテンツへの検索ヒット率を見ると、2カ月間で20％から70％へアップしている企業も見られる。ランクAの特徴である、使えば使うほどコンテンツが進化している証明とも言えるであろう。

図2-3-6　ランクAのFAQシステムの導入効果の例

|  |  |
|---|---|
| コンテンツ更新頻度 | 半年に1回から毎月随時、コストは半減 |
| エスカレーション率 | FAQシステムの利用者と未利用者では30％の差 |
| 検索ヒット率 | 2カ月間で20％から70％へアップ |
| オペレータの平均通話時間 | 15％短縮 |
| コール処理（応対履歴入力）時間 | 約30％短縮 |
| 満足度 | CSアンケートにて、FAQシステム導入前後で5％向上 |
| 新人デビューに要する期間 | 6カ月間から1〜2カ月に短縮 |
| 検索速度 | 添付資料を含めた検索も20分の1に短縮 |
| 応対率 | 1時間当たりの応対率1.5倍 |

オペレータの平均通話時間が15％短縮したり、応対履歴入力の時間をFAQを有効利用することで約30％短縮している企業もある。

　満足度の向上を図るために実施されるコールセンターのCSアンケートにおいて、FAQシステム導入前後で5％向上したケースや、第1章でも述べたが、現在研修にあまり時間がかけられない企業が多い中で、新人デビューに要する期間を、従来半年かかっていた内容を1〜2カ月に短縮できた企業の事例は目を見張るものがある。

　検索速度はオペレータにとって生命線といえるが、検索時間が1秒以内、添付資料を含めた検索も20分の1の時間に短縮しているケースや、FAQ構築によって1時間当たりの応対件数を1.5倍に高めた企業のケースも注目に値する。

　このような高い導入効果は、どのようにして生み出されているのだろうか。以下、検索・コンテンツ管理の観点から詳しく見ていこう。

## ② 検索のポイント

### ● 電話の相手は待ってくれない

　検索機能はFAQシステムの要である。その使い勝手により応対業務の品質と負荷は変わり、顧客と従業員の満足度に影響を与える。

　コールセンターには、さまざまな状況におかれた顧客から電話がかかってくる。その中には当然、急ぎのコールも多く含まれる。例えば、交通事故など突発のトラブルに見舞われた人、仕事の合間のわずかな時間を使っている人、機器が壊れてビジネスや生活に支障が出ている人――営業・業務支援ヘルプデスクでも、まさに顧客と接する最中の社員、代理店から急ぎの問い合わせもあるだろう。

　こうした顧客は基本的に余裕がなく、待ってくれない。もしFAQ検索の使い勝手が悪く、回答するのに時間がかかったとしよう。まず、その検索・回答までの準備時間は、待たされる時間に比例して不満を深めていく。FAQが見つからなかったとして、別の担当者へエスカレーションされ、またイチから

説明しなくてはならないとなると、さらに不満は高まる。FAQが見つかったと思っても、顧客の状況と少々異なっているとなると、また別の情報を検索する必要が発生し、その繰り返しで回答に手間取ると応対時間は長引き、それによりコールセンターの応答率が悪化すれば、他の顧客にまで不満は波及していく。そして、そもそもコールセンターの電話がつながらないという不満も引き起こす。

さらに悪いことに、こうした状態は従業員（オペレータ）の満足度も下げる。電話応対をしながら端末上でFAQ検索を行うのは、想像以上に大変な作業である。検索ワードやカテゴリーを何度選び変えても、目当てのFAQがなかなか見つからず、その間にも電話を通して顧客のイライラ感が伝わってくるので、ますます慌てる。これはストレスも溜まるはずだ。

この"負のスパイラル"を断ち切るために、まず十分な情報・コンテンツがデータベースに格納されていると前提を置いた時、FAQ検索の使い勝手を高める方法を検討する必要がある（十分なコンテンツの作成については後述する）。実際、既存の仕組みをランクAのFAQシステム（パッケージ）に置き換え、検索の利便性を高めることで成果を上げた企業もある。次のような事例である。

● 事例1：ヘルプデスク運営事業者A社

A社では、ヘルプデスクを運営している。FAQ構築部署では常時約40席ほどで応対を行っている。端末の操作方法や商品内容・規約、事務処理方法などの問い合わせを1日600件ほど対応している。

従来は、Notesをベースに自社で開発したFAQシステムを構築し、オペレーションを行っていた。ランクCからランクBの中間といったところであろう。発生していた課題としては、検索条件を入力してから検索ボタンを押した後、結果が返ってくるまでの時間がかかっていることであった。検索の処理スピードがそもそも遅く、通常のFAQコンテンツで約3〜4秒、添付ファイルを含むケースであると約20秒ほどかかっていた。約20秒というのは実際に電話を

### 図2-3-7　ヘルプデスク運営事業者A社概要と改善内容

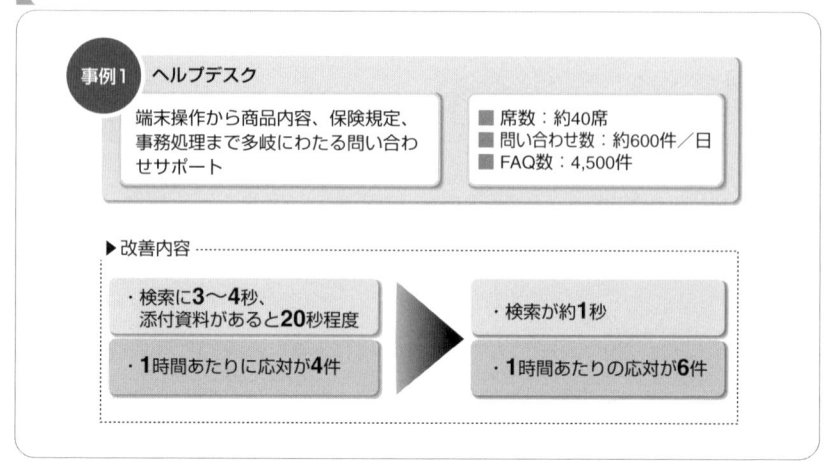

**事例1　ヘルプデスク**

端末操作から商品内容、保険規定、事務処理まで多岐にわたる問い合わせサポート

- 席数：約40席
- 問い合わせ数：約600件／日
- FAQ数：4,500件

▶改善内容

・検索に3〜4秒、添付資料があると20秒程度 → ・検索が約1秒
・1時間あたりに応対が4件 → ・1時間あたりの応対が6件

---

している間は相当に長く感じるものである。この検索時間をそもそも短縮するには、当時の自社開発FAQシステムでは限界があったようだ。応答時間は1通話当たり約15分もかかっていた。

その後、新たにFAQシステムを構築した（**図2-3-7**参照）。

まず、そもそもの検索スピードが格段に上がり、添付ファイルを含んだコンテンツでも約1秒以内に検索結果が戻ってくる。この結果、オペレータの生産性が約50％増し、応答時間は1通話当たり10分に短縮されるようになった。

● 事例2：食品メーカーB社

B社には、国内販売する商品の「お客様相談センター」がある。約20人体制で月間約4000件のコールを受けている。

当初は、Microsoft Wordで作成したFAQ集約1万2000件を印刷し、冊子としてオペレータへ配布していた。このFAQ集は、カテゴリー分けされ、階層構造になっている。このカテゴリー分け自体は悪いことではない。実際、この階層構造が頭に入ったベテランのオペレータは検索しやすい。しかしながら、不慣れな新人はまず、検索する際に、どこに該当するのか、その階層

### 図2-3-8　食品メーカーB社概要と改善内容

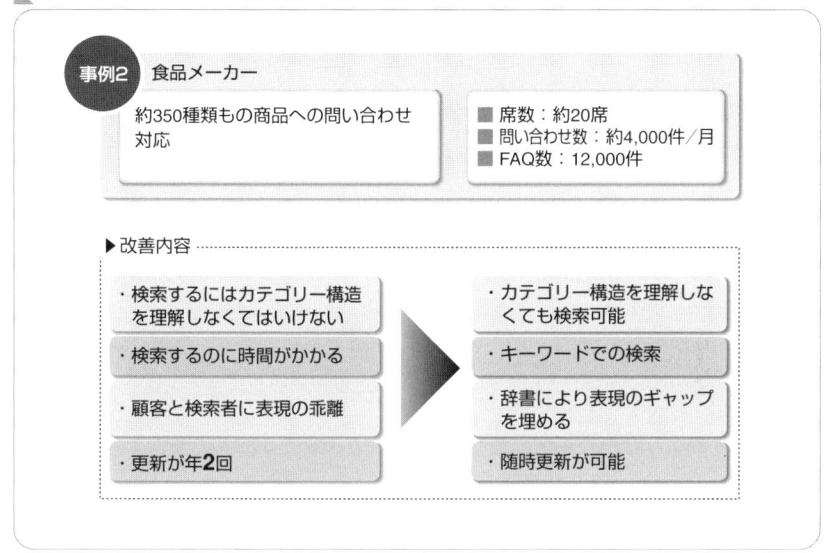

**事例2　食品メーカー**
約350種類もの商品への問い合わせ対応

- 席数：約20席
- 問い合わせ数：約4,000件／月
- FAQ数：12,000件

▶改善内容

| 現状 | 改善後 |
|---|---|
| ・検索するにはカテゴリー構造を理解しなくてはいけない | ・カテゴリー構造を理解しなくても検索可能 |
| ・検索するのに時間がかかる | ・キーワードでの検索 |
| ・顧客と検索者に表現の乖離 | ・辞書により表現のギャップを埋める |
| ・更新が年2回 | ・随時更新が可能 |

---

構造を意識して検索しなくてはいけないので、検索に手間取ってしまう。また、そもそも階層構造を頭に入れてからでないと検索ができないため、活用度に格差が生じていた。また、そもそも紙媒体なので、検索するのに時間がかかるという課題、及び情報の更新が大変であるといった問題も存在した。

そこで、B社では新たにFAQシステムを構築した(図2-3-8参照)。

新FAQシステムでは、Microsoft Wordで作成した時と同様、階層構造でコンテンツを登録した。システムなので、検索キーワードなどを利用することで、新人でも短期間でFAQを使いこなせるようになる。同時に、徐々にカテゴリーを利用して絞り込みをかけていくことができるため、柔軟な検索が行えるようになった。当然ベテランのオペレータも従来の階層構造を引き継ぐことができるため、従来の利便性は損なわずに運用が可能である。

もう1つ顕著だった効果は、「顧客と企業の使用する言葉の乖離を埋めることができた」ことである。顧客の表現と、企業側の表現が異なるものは多々ある。顧客の表現で検索しても、なかなかお目当てのFAQをヒットさせるこ

とは難しい。そこで、辞書のチューニングや、FAQの記述を消費者の言葉に近づけることにより、検索ヒット率を高めつつある。

また従来の紙媒体の運用とは異なり、システム化されたことで、随時更新・管理することができるようになったことは、新商品が軒並み発売されるメーカーにとっては非常に重視される効果である。

● 検索の利便性を高めるシステム

2つの事例に見られるように、FAQシステムもランクAになると検索機能の使い勝手が格段に上がり、業務効率は確実に高まる。その検索機能でキーとなる技術は「テキストマイニング」である。

テキストマイニングによって、検索ワードやFAQコンテンツ内のテキスト（群）中の単語の出現頻度、単語間の構文上の関係、及び相関関係などを集計・分析し、テキストに埋もれた意味を浮かび上がらせる。

つまり、自然文テキストを大量登録するFAQシステムでも、テキストマイニング技術を組み込むと、検索の使い勝手が断然に高くなる。FAQを適切にインデックス化したり、単語・単語列（FAQ）の類似性を自動分析するアルゴリズムを埋め込んだりできるからだ。

では、検索におけるいくつかの方法を列挙していこう。

① キーワード検索

Googleなどの検索エンジンと同様の「キーワード検索」である。特定単語（キーワード）を含むFAQをモレなく掬い上げられる。「AND」「OR」などの条件検索を活用することにより、検索結果をどんどん絞り込めるのも同様である。

とても馴染みやすい検索方法ではあるが課題もある。キーワード検索の場合、送り仮名の表記の違いなどによって、検索精度は大きく異なってしまう。例えば、「振り込み用紙」と「振込用紙」などである。これらはランクCのシステムに多く見受けられる悩みである。このような課題をクリアするには後の自然文検索や辞書のチューニングなどが必要になってくる。

②自然文検索

　一般にキーワード検索では検索候補が大量表示され、条件設定で絞り込んでいくのもテクニックが要る。その点、自然な文章から検索する、候補を関連度順に表示する「自然文検索」が可能であれば、目的のFAQへ速く辿り着けるだろう。自然文検索ならオペレータが問い合わせ内容を復唱しながら検索文を入力できる利点もある。

③辞書機能

　検索で検索者をイライラさせる内容は同義語の問題。前節で紹介した実態調査でも多くの回答者が述べた「キーワードの入れ方が難しい」という課題だ。これは、この同義語の問題に起因する。

　同じのものを指す場合にも、一般・専門、個人によって違いがあることが多い。例えば、「PC」「パソコン」は同じ意味を持つが、コンピュータが認識する単純な文字列一致検索ではまったくの別物として扱われてしまう。よって普通は違う検索結果となる。そこでオペレータは、最初に「PC」と入力して内容を見た後、もしFAQが見つからなかった場合には、「パソコン」と入力しなくてはならない。OR検索ができればよいが、「PC」AND「CPU」などの複雑な検索をする際に、OR検索は盛り込めないためなかなか悩ましい問題である。ちなみに「CPU」も「Central Processing Unit」や「中央処理装置」などの場合もあるため、組み合わせを考えただけでも頭が痛い。そこで、ユーザーが検索機能の辞書へ「PC」と「パソコン」を同義語として登録できれば、どちらで検索しても同じ結果が得られる。

　1つひとつ入力してもよいが、上記のパターンは随分多く存在するであろう。そこで理想は、オペレータが検索した内容やFAQのコンテンツなどから、同義語辞書に登録すべき内容をシステムが提示してくれる仕組みがランクAである。このあたりも使えば使うほど、使い勝手が増すようになっている。

　では、実際の検索例を見てみよう(**図2-3-9**参照)。

　この自然文検索ボックスには、「ワードで作った表をexcelに取り込む方法は？」と入力されている。しかしこのシステムに登録されていたFAQは、

【図2-3-9　FAQシステムの検索例】

「Wordで作成した表をExcelに取り込みたいのですが、方法はありますか」となっている。通常のキーワード検索だと、「excel」「ワード」「取り込む」などのキーワードを打ち込まなくてはいけない。しかし、FAQには「ワード」を「Word」、「取り込む」を「取り込み」にしないと、このFAQは検索できないことは容易に想像できるだろう。

自然文検索では類似文章を抽出してくれるので、多少表記が異なるFAQでも該当し、検索者に検索結果を返してくれる。

④カテゴリー検索

FAQのカテゴリーを絞り込んで目的のコンテンツを探すのが「カテゴリー検索」。FAQの分類構造が頭に入っていると、単純なキーワード検索や自然文検索よりもヒット率は高まるだろう。実際にベテランのスタッフはカテゴリー検索の方が早いケースもある。

カテゴリー化するうえでのポイントは、重複カテゴリー登録をできるようにすることである。実は、FAQにカテゴリーを登録する作業を行う際に、1つ

のカテゴリーにしか登録できない場合、そのFAQをどちらのカテゴリーに登録するかの判断が難しく、管理者と利用者の間に認識の齟齬が生まれやすい。その結果極端に使い勝手が悪くなってしまう。紙媒体であると複数のカテゴリーに含めるという行為は非常に難しい。また自社開発のFAQシステムだと、仕様・制約上難しい場合があるので注意が必要だ。

やはり理想とするのは、FAQシステムに複数のカテゴリーを持たせられることである。なお、FAQ作成者は、どのカテゴリーに登録すべきか悩んだり、登録モレが発生したりする場合があるが、テキストマイニング技術によって、FAQに含まれる単語・単語列とカテゴリーとの関連性を自動判別し、カテゴリー（複数カテゴリーにわたる場合もあり）をアドバイスしてくれる支援機能もある。

⑤応対履歴の検索

ランクBやランクAのFAQシステムは"ナレッジ管理システム"となり、FAQのほか、応対履歴（事例）から関連文書（添付ファイル）まで、1つの検索画面から検索できるようになっていると利便性が高まる。複数種の大量コンテンツを対象とした検索でも、テキストマイニング技術を上手く活用することで、検索の速度・精度を維持できる工夫が重要であろう。

⑥ナビゲーション（レコメンド）機能

ランクAのFAQシステムには、ユーザーの検索をナビゲーションする機能が盛り込まれる。例えば、大手ネット書店「Amazon」のレコメンド機能「この商品を買った人はこんな商品も買っています」のように、特定のFAQと関連してよく参照されているFAQを自動表示させることは非常に利便性が高い。選んだFAQが期待外れだったり、さらに詳細な情報が必要になった場合、再検索しなくても、レコメンドされている内容から関連度の高いFAQを即座に参照できるようになる。

過去に同じような検索をしたオペレータの検索履歴が残っているため、それを参考に、再検索を極力回避しながら目的のコンテンツを参照していくことができる。

実は、これには副次的な効果もある。それは新人オペレータの教育である。検索結果のFAQを見るだけでなく、関連するFAQを参照することで、新人オペレータの教育効果が非常に高まるのだ。個別のFAQを1つひとつ見て知識を習得していくよりも、関連する項目や質問内容を合わせて理解する方が教育効果は高い。4択式の正誤問題で正解の解答の説明文だけでなく、誤った選択肢の説明文を読むことで、4倍もの教育効果を生む学習法と同様である。

これらの関連FAQの表示に、マイニング技術を利用することで、オペレータの集合知が、使えば使うほど形成されていき、より使い勝手の良いFAQシステムへと進化させることができるといえよう。なお、スペック表や比較表、価格表のように、よく参照するコンテンツは、各オペレータがブックマーク機能で個別に登録できるようになっていると便利だろう。

## 3 コンテンツ管理のポイント

### ●クオリティの維持は至難の業

どれだけ検索性に優れたFAQシステムがあっても、元となるFAQのコンテンツのクオリティが低ければ、その効果は半減してしまう。それどころか、コンテンツ自体が古くなってしまっては、誰も参照しなくなるわけで、使われない検索システムとなってしまう。そのため、FAQシステムには、コンテンツのクオリティを維持し、さらにそのクオリティを高める仕掛けが求められる。

ただし、クオリティの高いコンテンツを作成し、そのクオリティレベルを維持するのは至難の業である。次のような理由が考えられる(**図2-3-10**参照)。

まず、企業と顧客のギャップである(**図2-3-11**参照)。

顧客が"知りたい内容(質問)"と、企業が想定する"顧客が知りたい(と思われる)情報(質問)"の間には必ずギャップが発生する。製品の作り手、サービスの提供者としての企業は、どうしても企業視点で質問を列挙する。一方で、顧客と一口に言っても実態は多様である。知りたい情報(質問)にも幅

**図2-3-10　クオリティ維持の3つの課題**

① FAQを想定しきれない　　企業視点と顧客視点のギャップ

② 人によって、前提知識がマチマチ　　FAQ作成者はベテラン

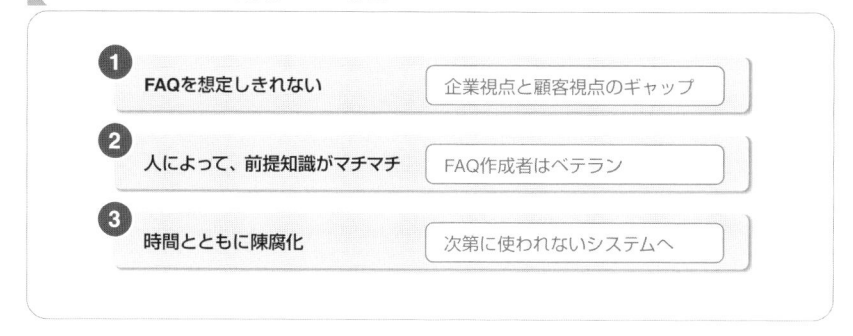

③ 時間とともに陳腐化　　次第に使われないシステムへ

**図2-3-11　顧客と企業のギャップ**

[想定] 企業：AのようなケースではBを行う。Cは未考慮

[実態] 顧客：Cのようなケースではどうしたらいいの？

がある。また、利用用途も異なるであろうし、置かれている環境も異なるであろう。それらをモレなく想定するのは不可能に近い。そのため企業側の想定で列挙された質問に対しての模範解答（FAQ）では、単に机上で考えられた「想定問答集」に終わってしまうケースも非常に多い。このギャップはなかなか埋まらないだろう。よってオペレータは、「このようなケースではどうしたらよいのか？」と顧客から電話で聞かれるのであり、FAQには掲載されていないからSV（スーパーバイザー）に確認する。そして、SVが社内で確認し回答するというステップを踏む羽目になっているのだ。

　一度FAQを作れば「それで終わり」と思っている担当者は少なくない。インタビューでコールセンターを訪問すると、「なかなか最初に作ったFAQを誰

**図2-3-12　FAQ作成者と利用者のギャップ**

FAQ作成者（ベテラン）:「AのようなケースではまずBを確認してからCを実施して、最後にDを行う」

FAQ利用者（主に新人オペレータ）:「Cはどのようにすればよいのだろうか？」

も使うことなくてねぇ」という声をよく耳にする。それを受けて、筆者らが、「それで、その後FAQは更新しているのか？」と尋ねると、「半年に1回ほど」であるとか、「商品・サービス内容に変更が生じたタイミングで」という返答も多い。結論を言おう。「FAQは作ったら終わり」ではない。FAQを作ってからが始まりなのだ。

次に、FAQ作成者とFAQ利用者のギャップである（**図2-3-12**参照）。

FAQコンテンツに掲載されているクオリティは、それを読み取る人によっても左右されることを忘れてはならない。FAQを実際に参照するオペレータのスキルや経験にはバラツキがある。ベテランやある程度経験あるオペレータにとっては理解できる、十分なクオリティのFAQであったとしよう。しかし別のオペレータ、例えば経験の浅いオペレータや新人オペレータにとっては、情報が不足しているケースや、分かりにくい表現が多いケースが発生し、最終的には「役に立たない」ということはざらにある。回答内容の中に、さらにオペレータにとって不明な内容が含まれている場合、その不明な内容を並行して調査しなくてはならないのだ。

このギャップも、企業と顧客視点のギャップと同様、発生するのは必然である。なぜなら、FAQ作成者はベテランのスタッフであるケースが多いからだ。ベテランのスタッフ、つまりその業務知識にある程度長けたメンバーの前提知識と、新人オペレータの前提知識には自ずとギャップが発生してしまう。

どのスキルレベルを基準とするかによって、コンテンツのクオリティは変わってくる。本来のFAQ構築・運用の目的は、一部のベテランのための検索システムではないであろう。どちらかと言うと、応対業務の標準化や熟練度の低いオペレータを戦力化することにあるのであれば、コンテンツは多くのオペレータ、とくに新人オペレータや経験の浅いオペレータにとって「役立つ」と評価されるものでなければならないことは自明だ。

最後の理由は、FAQ作成時と利用時の状況のギャップである。時間の経過やイベントにより、顧客の知りたいことはうつろうということである。ある時点では役立っていたコンテンツであっても、新商品の投入、サービスの変更、あるいは外部要因（競合他社の動き、社会的な事件や事故など）により、顧客の"知りたい情報"とのマッチング率が急に下がることがある。つまり、コンテンツのクオリティは常に時系列によって変化する。そして、維持する工夫を凝らさなければ、クオリティは時間の経過とともに下がっていく。

これらの理由により、FAQのクオリティを高めることや、それを維持するのが難しくなっているといえよう。

● 悩み続けているコンテンツ管理者

一方、コンテンツの管理者には、管理者なりの悩みもある。その理由は主に3つある（図2-3-13参照）。

管理者が「コンテンツのクオリティに問題がある」と感覚的に認識できたとしよう。しかし、「どのような分野のFAQが不足しているのか？」「オペレータはどう評価しているのか？」「個々のFAQのどこが悪いのか？」といったこと

図2-3-13　FAQコンテンツ管理者の3つの悩み

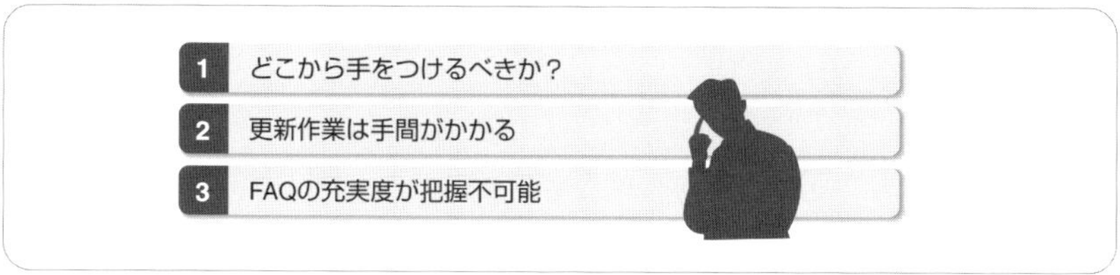

| 1 | どこから手をつけるべきか？ |
| 2 | 更新作業は手間がかかる |
| 3 | FAQの充実度が把握不可能 |

を具体的に列挙することができない。つまり経験と勘に頼ってFAQを追加作成したり、FAQを更新したりせざるを得ない。この作業は現状のFAQの不足事項を、定量的、定性的に見ていないと、何からコンテンツ改善に手をつけてよいのか、どのようにコンテンツ改善に取り組めばいいのか、非常に判断に迷うのだ。

　そのため、「数打てば当たる」式にFAQ件数を増やそうと試みる管理者もいる。コンテンツ量を増やすこと自体は悪いことではないが、副作用の方が多いようである。例えば、余計にオペレータの理解度が低下したり、同じ質問に対する回答ばかりが増えていった結果、オペレータが混乱してしまう。また、前節で述べたように、検索の利便性が高くないシステムにおいては、オペレータが目当てのFAQを探し当てるのが難しくなるという逆効果を生んでいるケースも見受けられる。よって、FAQ件数をむやみに増やしても、コンテンツのクオリティは上がらないのだ。

　コンテンツのリッチ化により、オペレータの理解を助けることもできる。しかし、この作業はあまり簡単なものではない。これが管理者を悩ませる2つ目の原因である。確かに、より新人オペレータが分かりやすいような工夫はいくつもある。例えば、手順を示した画像ファイルを添付し、顧客への回答を円滑にする方法もあるだろう。また、価格表やスペック、部品の対応機種など見やすい図表を用意してあげることで、視覚性を高める方法もある。また「手続き書類」や「カタログ」などを添付ファイルとして用意してあげるとオペレータの利便性は高まるであろう。参考情報のURLを文字列に埋め込んだりすると、前提知識がベテランと比べて乏しい新人オペレータには、非常に助かるであろう。これらのコンテンツ作成の作業は、通常それなりのスキルを要するようである。普通は、ITの専門家でないコンテンツ管理者にとっては、できない作業ではないが、負担が非常に重い。そもそもランクC、ランクBのFAQシステムは、その仕様・制約上、管理者が直接コンテンツを更新できなかったりするケースもあるので注意が必要だ。

　また仮にスキルを持ったFAQ作成者だったとしても、少々時間がかかる。

既出の「FAQは作ったら終わり」と考えているケースの場合だと、FAQ更新の工数が用意されていない。このため、極力短時間でFAQを更新できないと、そもそもが非常に困難なのだ。

　では、FAQの追加作成やFAQの修正の作業は、いつまでに実施すべきなのだろうか？　これがFAQ管理者を悩ませる3つ目の課題である。実はFAQの追加作成作業や修正作業には終わりがない。顧客の質問にすべて回答するというのは理論的には難しいであろう。よって、FAQの充実度の目安を設けて運用していくことが現実的である。例えば、量だ。これは業種業態にもよるのだが、「顧客の問い合わせの50％の内容はFAQシステムに掲載されている」であるとか、「顧客の問い合わせの80％の内容をカバーできるようFAQの数を追加しよう」というゴールの設定が理想である。また、質については、FAQの理解度・貢献度・満足度などを設定し、合格ラインを設けるという方法もある。

　さて、理想としては上記のような指標を設けていくことであるが、ここで1つ課題がある。それは上記のようなカバー状況が「見える化」されていないことである。よって、通常は目標設定しようにも、立ち位置を把握することができない。顧客の"知りたい情報"とコンテンツの間にどれだけのギャップがあるのか（どれだけカバーできているのか）、把握するすべが必要なのである。

　実は、以上の課題はいずれも、筆者らがコールセンターのナレッジマネジメントのコンサルテーションを行う中で発生してきた課題でもある。どのカテゴリーのFAQから手をつけるべきか把握しにくいし、ゴールの設定もできない。回答はクライアント企業にお願いをするのだが、スキルを持ったメンバーをアサインできないという企業も多くある。自前でFAQ検索システムを構築した企業では、ほぼ共通と言っていいほど、導入後3カ月や半年後、このような課題が挙がってきている。

● システム導入で品質向上を実現した事例

　結局のところ、コンテンツのクオリティを維持し、高めていくには、作成・運

用・評価・改善という地道なプロセスを回していくしかないのだが、ランクAのFAQシステムになると、こうしたコンテンツ管理を支援する機能も盛り込まれるようになる。実際、それにより状況を一変した事例もある。

● 事例3：C社ヘルプデスク

　C社では、求人媒体の制作を手がけ、求人広告にまつわる法規制や媒体ルールに応じた「表記規定」を統括管理するヘルプデスクを運営している。また、営業・制作スタッフからの表記規定に関する問い合わせにも応対している。月間約6000件の問い合わせに10人ほどのスタッフで対処していた。

　従来は紙の規定集を数十冊配備していた。この規定集を引き慣れ、内容もある程度頭に入って初めて業務を遂行できるようになる。このためオペレーションはベテランのオペレータを中心に業務が回されていた。新人オペレータにはまず規定集の理解・記憶からスタートし、半年間のOJT（オン・ザ・ジョブ・トレーニング）が必要であった（図2-3-14参照）。

　そこで、FAQシステムを構築し、規定集の"FAQ化"に踏み切る。しかし、当初、800件用意したFAQのカバー率は20％しかなかった。ここで言うカバ

図2-3-14　C社ヘルプデスクの概要と改善内容

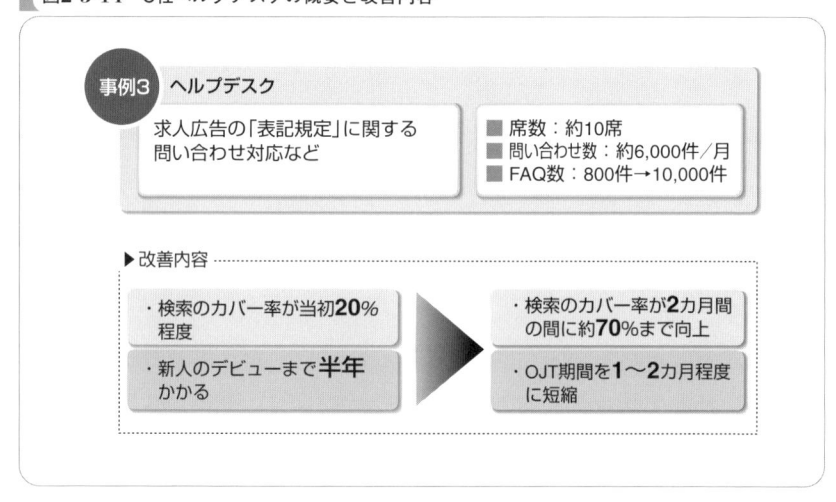

事例3　ヘルプデスク

求人広告の「表記規定」に関する問い合わせ対応など

- 席数：約10席
- 問い合わせ数：約6,000件／月
- FAQ数：800件→10,000件

▶改善内容

- ・検索のカバー率が当初**20%**程度
- ・新人のデビューまで**半年**かかる

→

- ・検索のカバー率が**2カ月間**の間に約**70%**まで向上
- ・OJT期間を**1～2カ月**程度に短縮

ー率とは、問い合わせの総件数に対して、FAQを見て回答できた件数の割合を示している。

　FAQシステム構築後、オペレータの理解度・貢献度が低いFAQコンテンツの分析を行った。また、検索実行後、ヒットしなかった事象の洗い出しを図った。その分析結果をもとに、足りないFAQを追加したり、記述内容を見直したりした。その結果、カバー率を短期間で20%から70%までアップした。FAQが問い合わせ業務へ十分通用するようになったことで、新人オペレータのOJT期間も半年から1カ月～2カ月程度に短縮し、新人中心のオペレーションが可能になっている。

　前項の事例2で紹介した食品メーカーB社でも、随時更新が可能になった。では、果たして更新のための管理コストが増加したかというと逆である。管理コストは半減している。

## ●テキストマイニングが有効

　C社ヘルプデスクの場合、FAQシステムの評価アンケート機能や、検索キーワード分析機能を活用し、FAQのカバー率を上げることに成功している。ランクAのFAQシステムが備えるコンテンツ管理機能——FAQの作成・運用・評価・改善という一連のプロセスを支援する機能——の1つを利用したわけだ。

　では、コンテンツ管理機能に欠かせない要素とは何だろうか。ここでも検索機能と同様にテキストマイニング機能が1つのキーになり得る。

　例えば、評価アンケート機能を装備したFAQシステム（パッケージ・ASP）は多いが、それを単純集計するだけでもそこそこ効果はある。しかし実際にどのような改善を図ると評価が高まるのだろうか。それはオペレータが書き込んだコメント（テキスト）と関連づけて分析することにより、オペレータ評価をより深く精査し明らかにできる。例えば、「画像が不明瞭」であるとか、「対応表に掲載されていない機種が多い」などの改善要望を汲み取り、FAQを改善することができるのだ。

**図2-3-15　テキストマイニングで問い合わせ傾向を分析**

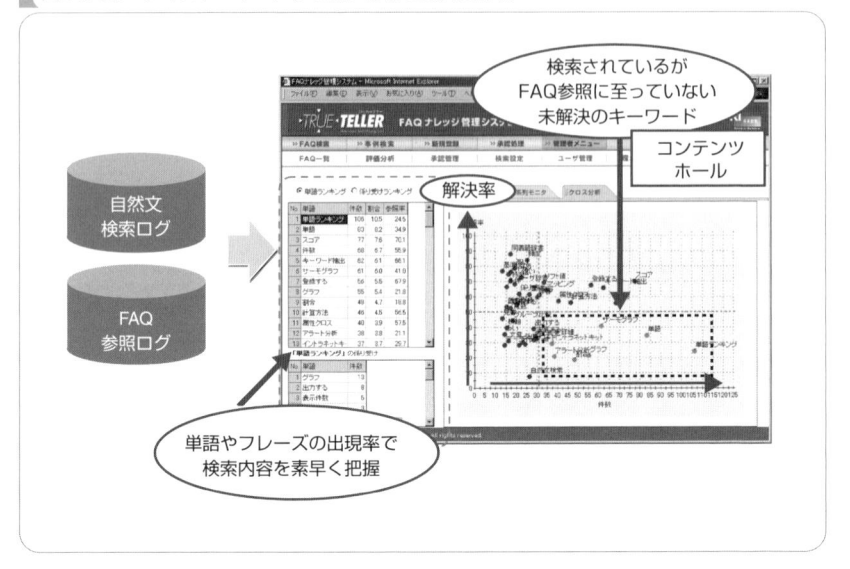

FAQシステムにテキストマイニング機能が実装されていれば、検索ボックスに入力された文字列（キーワード、自然文）を収集・分析でき、最近どのような問い合わせが多いのか、傾向を「見える化」してくれる（**図2-3-15**参照）。

単純な検索ワードランキングだけでなく、その後の検索行動履歴（ログ）と絡めることによって、不足しているFAQを発見できる。具体的には、検索した文字列に対応したFAQが実際にあったのか、なかったのかを調べるとしよう。すると、FAQにモレている質問、いわゆる"コンテンツホール"を発見、「見える化」することができる。そのコンテンツホールに対応した新規FAQを作成することで、効率よくコンテンツを拡充していける。

また、オペレータのFAQ参照履歴を調べると、ある問い合わせに対して1回のFAQ参照で済んでいるのか、複数のFAQを参照しているのかも把握できる場合もある。後者のような検索状況を「見える化」し、1回目に参照されたFAQの記述に足りないものは何か、1回で必要な情報が得られるよう複数のFAQを統合するといったヒントが得られる。こうした観点からも個々の

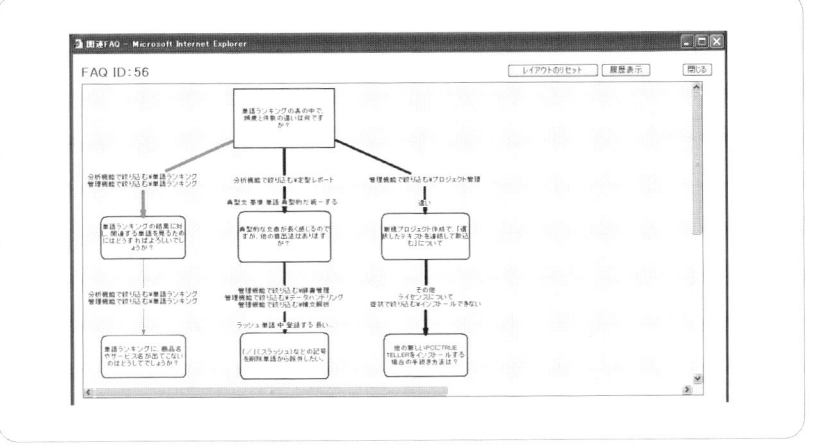

図2-3-16 FAQ参照履歴を分析し洗練度を上げる

FAQをブラッシュアップしていける(図2-3-16参照)。

　テキストマイニングによる「見える化」の対象は、FAQシステム内部のコンテンツや利用履歴だけではない。外部データの分析もコンテンツの新規・追加作成に活用できる。

　例えば、コールセンターの応対履歴システムには、生のログ(テキストデータ)が膨大に蓄積されている。これをテキストマイニングにかけると、ある問い合わせに対して、どのような回答がよくなされているのか、問い合わせと回答の組み合わせの実績が「見える化」される。これをヒントにFAQ化していけば、応対業務の実態に合わせてコンテンツを拡充できるのである。要するに、テキストマイニング機能を実装したFAQシステムでは、質と量の両面でコンテンツのクオリティを高めやすくなるわけだ。

　また、時間とともに、そのクオリティが陳腐化していく傾向にある。そこで、定期的に「現在のFAQで問い合わせ内容の何割をカバーできているのか？」をチェックすることも「見える化」可能である。業種によって異なるが、FAQの量の目安としても用いることができる。

　ランクAのFAQシステムは、忙しいFAQ管理者のFAQの作成・展開作業

■ 図2-3-17 カテゴリー別にFAQカバー率を分析

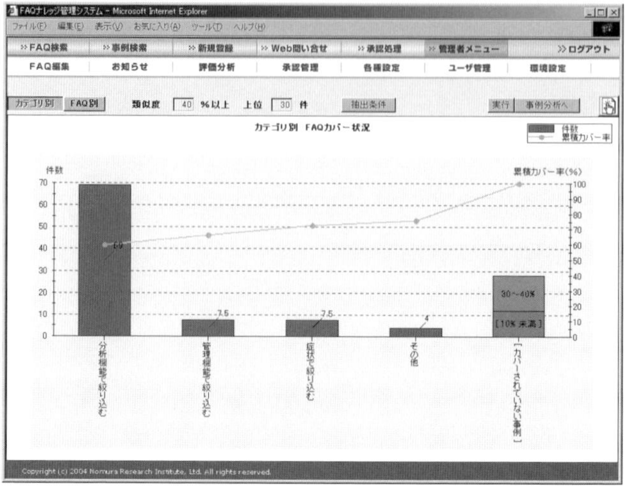

を強力にサポートする。WebベースのFAQシステムでは、FAQがWebページとして記述されるが、Webページの記述言語であるHTMLの知識がなくても、Wordなど一般的なワープロソフトのような感覚で使える専用エディターが用意されている。誰もが簡単に図表の貼り付け、画像ファイルの挿入・添付、リンクの埋め込みが行え、コンテンツをリッチ化しやすくなる。

さらに、後述するがグループ作業を支援するワークフロー機能があれば、なお便利である。オペレータからコンテンツ管理者へFAQの作成・修正を依頼したり、コンテンツ管理者が上長にFAQ公開の承認を得るなど、一連の申請／承認作業をシステム上で一元管理し、効率化できるからだ。

以上のようにランクAのFAQシステムになってくると、検索の履歴やコンテンツ評価アンケートなどが蓄積されるにつれ、次第にFAQシステムの利便性が高まることがイメージいただけるであろう。FAQの性質である「時間とともに陳腐化」を防ぎ、使えば使うほど成長していく仕組みが、ランクAのFAQシステムの底力である。

## 4  FAQマネジメントの勘所

　これまで見てきたように、FAQシステムにおいては、「検索」と「コンテンツ管理」が基本機能の二本柱となる。とくにテキストマイニング技術を実装し、「検索状況」や「コンテンツの内容」を「見える化」できているか、いないかによって、オペレータが高品質な応対をできるか否か、大きく左右してくるといえよう。また、システムのランクによっては、時間の経過とともにその差は歴然となってくる。ここに注目してFAQシステムの構築ないしは、パッケージ・ASPの選定を行うとよい。

　さらに、FAQの活用方法は、企業によって異なる場面もある。各企業の利用実態に合わせた個別の、効率的なFAQ運用を考えるポイントを本項では検討してみよう。

● 社内版FAQを公開サイトで流用

　どの企業でもコールセンターにかけられるコストは限られている。コール増加に合わせ、設備やオペレータ数を単純に拡張していくのは困難を極める。かと言って、何も手立てを打たないと応答率は下がってしまう。適切な対応ができないばかりか、そもそも電話がつながらないという不満を招いてしまう。

　そこで多くの企業では、運営コストを抑えながら、同時に応対品質を維持するための手立てとして、常時稼働の公開Webサイトを利用した、顧客セル

**図2-3-18　公開FAQの導入効果**

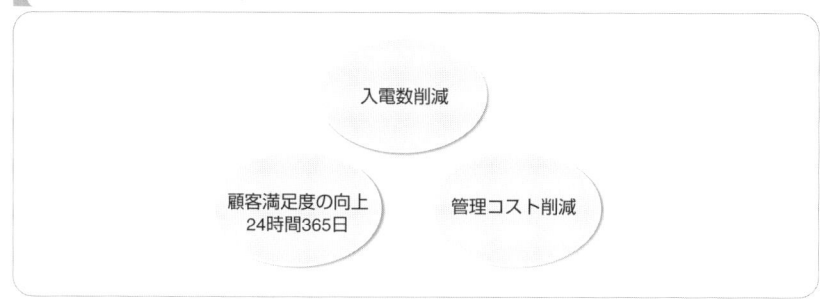

- 入電数削減
- 顧客満足度の向上　24時間365日
- 管理コスト削減

フサービスを推進しようとしている（**図2-3-18**参照）。

　顧客セルフサービスの中心は、Web上で顧客自身が問題を自己解決できる「公開FAQ」だ。自社で構えるWebサイトの中に組み込む企業もあれば、別サイトを構築して運営する企業もあるが、いずれも狙いは顧客にWebで自己解決を促すための仕組みである。顧客が戸惑うようなケースを列挙し、FAQコンテンツを充実させ、そして検索しやすくすることが、顧客の自己解決を促進させる。仮にコールセンターに電話してつながらない場合でも、このような公開FAQサイトを見て問題が解決したならば、不満もさほど募らないだろう。そもそもネットを使い慣れた顧客は、問題解決の一次手段として公開FAQを選ぶ傾向も強い。このようなネット中心ユーザーの利便性や満足度を高めるだけでなく、入電数の削減も実現できる。

　さらに、Web上の公開FAQサイトを通じて、取扱説明書やカタログ、手続き書類などをダウンロードできることは、顧客の満足度を高めることができる。例えば、平日は窓口などにカタログや手続き書類を取りに行けない顧客にとっては、夜間などにダウンロードできると利便性は非常に高まる。つまり顧客は24時間365日のサービスを受けられるようになる。

　このようにWebを通じて公開FAQサイトを構築することは、企業側にとっても顧客にとっても利便性が高い。しかし、これまでは、コールセンターのオペレータ用のFAQのコンテンツ作成とシステム管理、そして社外向けの公開FAQのコンテンツ作成とシステム管理を別々の部署が実施しているケースも多かった。これは非常に効率の悪いことで、近年では、コールセンターの応対業務に利用する社内FAQを公開FAQに展開、両者のFAQを一元管理し

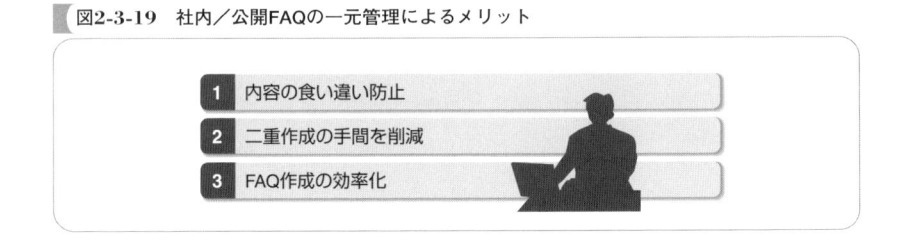

**図2-3-19　社内／公開FAQの一元管理によるメリット**

1. 内容の食い違い防止
2. 二重作成の手間を削減
3. FAQ作成の効率化

たいと考える企業が増えている。その特徴は大きく3つある(図2-3-19参照)。

1つ目は、内容の食い違いを防止でき、顧客の混乱を回避することができることである。顧客がサイトを見て質問している状況と、オペレータがFAQを見て回答している内容に大きな乖離が発生すると、顧客は混乱する。しかし、別の部署で管理を行っていると、更新時期がずれているケースなども多く、このような事態が発生しやすい。両者のFAQシステムを一元管理できれば、このような混乱、内容の食い違いを回避できる。

2つ目のメリットは、二重作成のコストを削減できることである。社内版と公開版をバラバラに作成・運用するよりも非常に効率がよい。

また、3つ目の特徴は、オペレータの検索状況だけでなく、社外の顧客が検索した内容をもとに、コールセンター内のFAQを充実させることができる。これまでFAQ管理者が経験と勘で作成していたFAQは、ランクAなどのFAQシステムを用いると、オペレータの検索状況を「見える化」して、FAQの充実が図れると前項では説明した。その「見える化」の範囲を、オペレータの検索状況だけでなく、顧客に拡大することができるため、より広範囲のFAQ構築が可能になる。

しかし、注意も必要だ。社内利用を想定して作成したFAQというものもある。例えば、社内の関連部署名を記したものや、社外秘にしている内容もあるだろう。このようなコンテンツはそのまま流用することはできないため、一元管理する際は、社外公開・非公開区分などを設けることで、公開できるFAQを選び、内容を公開向けに改訂する一連の作業をスムーズに行う機能や運用体制が必要になる。

ここで、公開FAQサイトの例を見てみよう(図2-3-20参照)。

これは企業の製品サイトである。この製品「SPIDER PRO(スパイダープロ)」は株式会社PTPが開発・販売している。PTP社の「SPIDER PRO」は、約1週間分のテレビ番組やCMを複数チャンネル同時に自動的に録画し、録りためた映像を保存・検索ができる製品。フリーキーワード検索で露出シーンを検索できるということで、企業のプロモーションや、広報のリスク管理など

150社に用いられており注目度が高い。そのため、各方面からの問い合わせも多い。この問い合わせ対応を効率的かつ、高品質に対応するために、PTP社では自社の製品サイトに公開FAQページを設けている。

このサイトの右上にある「よくあるご質問」をクリックすると、社外公開FAQサイトが立ち上がる(図2-3-21参照)。

こちらで検索することで、24時間365日、誰でも知りたい情報を検索できるのである。

図2-3-20　「SPIDER PRO」(PTP社)の製品サイト

図2-3-21　「SPIDER PRO」の公開FAQ

● アクセスコントロールで情報を統制

　情報漏えい事件があとを絶たず、どの企業でも情報管理の強化に乗り出している。そのため、社内の各種システムの利用は、適切にチェックされなくてはいけなくなってきた。これは、FAQシステムにとっても例外ではない。アクセスコントロールは正規社員以外が利用するケースも多いFAQシステムにも不可欠な機能となりつつある。

　ここで言うアクセスコントロールとは、利用者の職務権限や所属部署・グループに応じてアクセスできる情報種別と、その用途（編集・参照・コピー・削除・印刷など）をシステム側で自動的に制御することを指す。

　FAQシステムが管理するコンテンツは、さまざまなレベルの情報で構成され、その中には機密情報が含まれているケースもある。これまで説明してきたように、とくにランクAやランクBのFAQシステムのメリットは、応対履歴や社内文書など複数ナレッジを一元的に検索できることだが、それを有効活用

図2-3-22　職務権限によるアクセスコントロールが必須

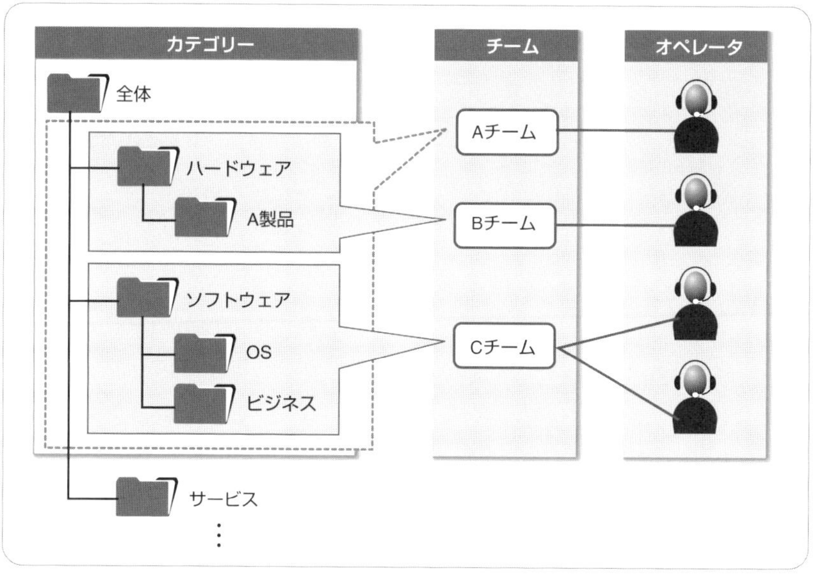

すると、検索に引っかかる機密情報のレベル、量とも増す。一方、前項までに指摘した通り、コールセンターは9割が非正規社員で構成され、外部会社を活用した運営形態が増えているという特殊事情もある。正規社員、非正規社員、外部会社という属性の違い、各人の職責に応じて、アクセスできる情報種別とその用途を区別する必要があるのだ。

FAQシステムのパッケージ・ASPを選ぶ際も、アクセスコントロール機能が備わっているのは当然として、管理が簡単かどうかも重要になる。人の入れ替わりが激しいコールセンターでは、管理作業が煩雑になることは、ご想像いただきやすいであろう(図2-3-22参照)。

● ワークフローでコラボレーション支援

コールセンター部門だけでFAQコンテンツのクオリティを高め、維持していくことが難しいケースもある。専門的な内容のFAQは、担当部門や社内の有識者が作成したり、チェックしたりすることが必要なケースは非常に多い。

また、アウトソーシングでコールセンターを運営しているケースなら、アウトソーサーのスタッフのみでFAQを作成・管理するケースは非常に珍しく、通常はすべてのFAQコンテンツについて発注企業のレビュー・承認を得るのが当然であろう。

しかしながら、多くの企業の実態を見てみると、FAQの作成依頼やレビューの申請などの一連の承認プロセスを紙ベースの管理表で行っているケースが多い。またExcelシートなどを多用してEメールでのやりとりに止まっている。すると、管理がずさんになりがちになる。どこで承認が滞っているのか、最終決定者は誰なのか、一切「見える化」がされていない。結果、FAQの展開の遅れや、担当部門の意見がFAQへ正確に反映されないといった問題を数多く引き起こしている。

その点で、FAQシステム構築の際には、共同作業を支援するワークフロー機能を備えたFAQシステムが便利である。FAQ展開のプロセスを電子化されたワークフローとして柔軟に組め、設定した申請・承認ルートでFAQ案を

閲覧していける。きちんとその過程の記録を残し、部門間、担当者間で"言った・言わない"の食い違いも回避することができるであろう。コンテンツ管理者も進捗状態が見えてくる。FAQ展開がスピードアップし、担当部門の知見がスムーズに、そして確実にFAQ化されるようになる。

● パッケージとASPのどちらを選ぶか

　以上が各企業のFAQ構築形態によって求められてくる重要なポイント、"勘所"である。繰り返すが、このレベルのFAQシステムを自社開発するのはそれなりのコストを要するであろう。テキストマイニング技術による「見える化」と、きちんと要件に合わせた仕様設計が重要になる。

　そのような背景もあって、最近ではパッケージやASPを利用する企業も増えてきている。では、本章の最後に、パッケージとASPの違いを簡単にまとめてみたい。どちらを選べばよいか、それぞれが持つメリットとデメリットを十分に踏まえて選択するべきであろう。

　まず、手軽に導入・運用したいのなら、FAQシステムのアプリケーション機能を"サービス"として受益するASPが向いている。インターネットに接続できるネットワークPCさえあれば、コンテンツは別にしても短期間で環境が整う。同時に、サーバーを調達したり、運用したりする手間が省けるため、システム管理者が不要になる。よって、コールセンター部門だけでの判断も可能になる企業もあるだろう。

　コストについては、アクセスする利用者数、データ容量、利用時間といった諸条件によって変動してくるので、一概にどちらが望ましいか言及することは難しい。①初期投資だけで極力その後の運用コストを抑えたいのであれば、パッケージでの構築、②初期投資を極力抑えたいというのであれば、ASPは一定条件なら一定料金で利用できる。

　本格的にFAQシステムを全社のナレッジデータベースとして運用していくのであれば、パッケージの方が適している部分も多い。ASPと比べて社内の他システムとの連携やカスタマイズが実装しやすい。とくに、応対履歴シス

テムと連携するなど、パッケージで構築した自前システムの方が機能を拡張しやすくなる。

　以上のメリット／デメリットを考えると、さまざまなパターンが考えられる。初期段階できちんと今後のシステムの拡張性、連携を考慮してパッケージでFAQシステムを構築するケースもある。また、ASPを利用し、早期に、かつ安価に顧客との応対品質を高めることを重視するケースもある。

　特殊なやり方として、これから試験的にFAQシステムの構築に取り掛かろうとしている企業であれば、試験段階でASPを利用し、ノウハウを蓄えて本格運用に踏み切る際にパッケージに切り替えてもよい。この場合、留意すべき点としては、1つの製品でパッケージ・ASPの両方に対応し、パッケージでもWebベースが理想である。ASPからパッケージに切り替えても操作方法や運用手順が変わらず、移行がスムーズになる。しかもWebベースならば、各PCにソフトウェアをインストールし、メンテナンスをする必要がなく、離れた拠点からもFAQシステムへ容易に接続できるからだ。

# 第3章
# リスク管理力を高める苦情対応戦略

**3-1**
いかに対応するか？ 昨今の苦情事情

**3-2**
業種特化型「苦情対応システム」とは

# 3-1

# いかに対応するか？
# 昨今の苦情事情

　コールセンターにおけるリスク管理力は、寄せられた苦情の中に潜むリスクを、早期に掴み、きちんと根本原因の究明や報告を行うセンサーとしての力を指している。本章では、リスク管理力としての苦情対応の仕組み、及び現状、さらに求められるシステムについて詳しく述べる。

## 1 苦情"対応"とは？

### ●コールセンターで苦情と認識されるもの

　苦情とは、いったい何であろうか。JIS規格を調べてみると、「製品又は苦情対応プロセスに関して、組織に対する不満足の表現で、その対応又は解決が、明示的又は暗示的に期待されているもの」とある。少し分りづらいが、つまり「不満足」であれば、何であっても苦情となるのが一般的である。

　それでは、コールセンターにおける、いわゆる「苦情」として扱われるものは一体何であろうか？　顧客からの「不満的な声」「対応や言動のまずさから発生する苦情」「お怒りや不満を誘発したそもそもの事象」「難詰系の質問」に加え、「強い要望」もあり、実にさまざまである。

　その中における「苦情」は、本当に「クレーム」や「苦情」と認識される狭義のものと、「不満」「要望的なもの」を含めた広義な意味合いのものに大別することができる。これら狭義、広義の区分は、いわゆる企業においての観点、捉え方の違いであり、「苦情」に対する企業の認識、及び姿勢が反映される。第1章で述べた、企業の存続を脅かすようなリスクを察知する「リスク管理力」も、この「苦情」の捉え方により、大きな位置を占める。

● 製造業とサービス業での苦情の違い

　さらに、業界によって「苦情」と認識されるものの性格や意味合いは異なってくる。製造業などで「苦情」と言われる場合は、製品に関する「品質の問題」が多い。「この製品は買って半年だが、調子が悪く、しょっちゅう止まる。この不良品をなんとかしてくれ」「購入した製品をマニュアル通りに操作しても思ったとおりに動かない」「そもそもこのマニュアルは複数製品をまとめているので、どの機能が本当にあるのかわからない」など、言葉尻だけだと、修理依頼にも聞こえる。声のトーンや顧客の感情が表れると、実際に苦情と判断される類のものである。

　一方、サービス業的な業界では、有形の製品というものがないことから、「思った通りにならないこと」、ちょっとした「事務的なミス」なども広義での「苦情」に分類され得る。同じ内容でも、対応する人や顧客特性によって単なる「依頼」になるものと「苦情」になるものに分かれてしまうのだ。

● 苦情対応の現場

　苦情は実際、さまざまな現場で発生する。いわゆる誰でも知っているナショナルブランド系の製造業者の場合、顧客が主に接触するのは販売業者の店舗であり、物を作っている製造企業とは直接対面しない。そのため、苦情が発生し、顧客が最初に訴えてくる場所は、実際に買った店舗の売り場である販売業者（家電販売店、自動車販売店、スーパーマーケット、コンビニエンスストアなど）が圧倒的に多い。

　販売業者は、顧客の苦情からきちんと内容を把握し、ある時は製造元と一緒になって対応を行うべきである。製造元は、顧客からの直接の苦情、もしくは販売業者経由の苦情に関わらず、苦情に対して真摯に対応し、顧客を納得させる必要がある。

　しかし、販売業者や製造業者はさまざまであり、製造業者の対応に問題がなくても、販売業者の対応に問題があったため、苦情対応が長引いたり、悪

化させたりすることがままある。また、その逆もあり得る。さらに、両社の力関係が交錯している中で、どちらかの企業に責任が押し付けられる傾向もある。このように、苦情が複数企業間にまたがった場合は、状況の把握が困難になりやすく、1つの企業内で完結した苦情対応ができないという難しさが発生する。

　サービス業の場合、売り場そのものがその企業の顔であることが多いため、苦情対応の方法はより一貫して対応しやすい環境にあるといえる。とはいえ、売り場が多拠点に分散していると、コールセンターのような集約型ではないため、苦情対応のサービスレベルを統一・維持することが難しいという問題もある。

　では、反対に顧客と接する現場が少ない方が苦情対応はより楽になるかといえば、そうとも限らない。通販業者などのダイレクト販売系の企業の場合、顧客接点がコールセンターのみであることが多いため、苦情窓口の一元化、対応レベルの統一・維持が比較的しやすい環境にあるといえる。とはいえ、苦情対応は電話や手紙などで完結できないケースもあり、最後は人が訪問し、その誠意でもって終了する場合もある。そのため、現場の従業員を持たない

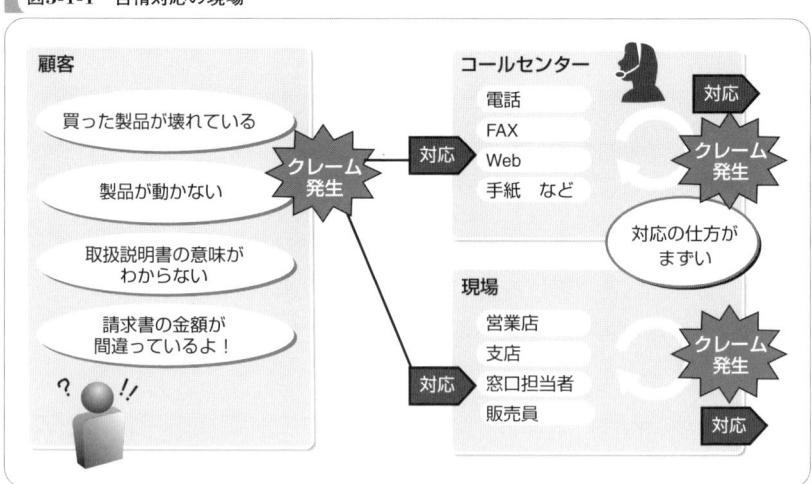

図3-1-1　苦情対応の現場

企業は、その解決方法が取りづらく、結果として苦情対応を完了しづらい状況にもなり得る。

● 苦情発生後の対応は？

　苦情発生後、苦情を受けた現場やコールセンターなどは、顧客に対して誠意を持って、真摯に対応することは当然である。しかし、当初きちんと対応できても、現場の対応のまずさ、時間がかかってしまった、顧客の表情から苦情と認識できなかったなど、事後的に苦情に発展する場合も少なくない。とくに、コールセンターで一番多いのは、そもそも電話がつながらない、たらい回しされる、電話応対者が顧客の意図を把握できないなどで、事後苦情となってしまうことである。電話がつながらないなどは企業の設備投資の多寡、サービス時間の設定、対応者の人数と対応品質レベルの向上などが要素となり、一朝一夕には改善できない。顧客満足向上の観点で顧客対応をきちんと行う意思がある企業は、その辺りを十分に認識し、かつ、必要な投資を行っているであろう。

● 苦情は個別対応で終らず、再発防止策が必要

　では、苦情発生後、顧客にとって対応が完了すると感じるまでのプロセスには何が必要か？　まず、苦情が発生した時、顧客は基本的に怒っているのであり、不満を持っている状態である。そのため、顧客に対してきちんと誠意を持って、企業が回答し、対応しなければならない。これが1つの、そして重要な「対応」の仕方である。

　次に、苦情発生の原因調査と、その解決に対する「対応」が非常に重要となる。苦情発生は、偶然その人だけに起こった事象か、あるいは今後も含めて別の人にも発生し得るか、という「見極め」が必要となる。そして、その苦情に対して、原因を調査したうえで、対応策、いわゆる「再発防止策」を、きちんと検討しなければ、苦情を発した顧客は満足しない。

　このように、「苦情」というものは、そもそも顧客に対して「すみませんでし

た」と謝罪し、「今後このようなことが二度とないように致します」と言うだけではなく、今後企業としてどう対応すべきか、このような苦情が二度と発生しないようにするにはどのような対策を立てるべきなのか、というアクションも、きちんと考えねばならない。顧客に対して、その場しのぎの苦情対応処理だけで終わらせてはいけないのである。もちろん、単なる「事務ミス」的なものは、人間が処理する仕事の中では必ず発生し得るし、これに対応策を打つということ自体が難しい場合もある。しかし、それらの中にも、やはりきちんとした再発防止策が検討できる部分があるはずであり、そのようなものも含めての対応を「苦情対応」と考えるべきではないだろうか。

　また、強い要望や意見も、苦情とは別に扱わず、顧客の不満要素の解決を図るべきものとして「苦情対応」に含めるべきであろう。なぜなら、要望や意見が出てくるということは、顧客がその企業に対して、企業そのもの、企業のサービス、製品といったものに何らかの不満を持っていると捉えることができるからだ。顧客の不満を解消するための対応策というものは、企業として考えなければならない必要不可欠なことなのである。

● 通常の苦情とクレーマーの苦情

　少々余談になるが、「通常の苦情」と「クレーマーの苦情」について話そう。

　これまで述べてきた説明は、いわゆる「通常の苦情」への対応である。しかし、世の中には「クレーマー」と分類される人たちがおり、この種の人々への対応には労力が伴い、その苦情に対応する組織は非常に疲弊しやすくなる。このため、クレーマーへの対応については、まず相手がクレーマーかどうかという判断を適切に行い、その後は、クレーマー用の対応マニュアルを適用した、クレーマー専門の担当部署が対応するのがよいとされる。このような体制を持った企業は昔から存在するが、最近になって多く見られるようになった。

　とくに一般顧客向けの製品を販売している製造業では、専門のクレーマー対応チームを用意している企業が多い。そのチームには、警察出身者や弁

護士などの法曹関係者、体力的にも屈強なメンバーを揃えていると言われる。クレーマー対応専門部署というのは、通常の苦情対応をする部署よりも基本的に表に出ていない特殊な部署、部隊である。

「クレーマーの苦情」は行過ぎたものが多く、結果として物品や金銭を暗然と要求してくるものである。最近はインターネットなどで、どの企業に対して強く言えば譲歩を引き出せる、との情報が駆け回り、一般の人でもクレーマー的な要望をすることが多いと聞く。このような苦情対応については、企業組織として毅然とした対応で臨まなければいけない。「クレーマーの苦情」は、内容的に通常の苦情とは基本的に違うものであるので、対応方法については明確な切り分けが必要である。

## 2 苦情対応の標準規格

苦情、及び、その対応に関する一般的な説明をしてきたが、苦情対応には規範としての標準規格が存在する。ここでは、苦情に関する規格を紹介する。

### ● 品質マネジメントシステム ISO 9001とISO 9004

ISO 9001（JIS Q 9001）は主に、品質管理を体系化し、維持するための品質マネジメントの国際規格であり、製造業などではよく利用されている。品質マネジメントシステムの一要素として、顧客とのコミュニケーションを図るうえで、苦情を含む顧客からのフィードバックを重視しており、かつ、品質に関わる問題（苦情を含む）が発生した場合、継続的改善を行う必要があることを明記している。そのための是正処置として、以下の手順を確立することが求められている。

　（a）不適合（顧客からの苦情を含む）の内容確認
　（b）不適合の原因の特定
　（c）不適合の再発防止を確実にするための処置の必要性の評価
　（d）必要な処置の決定及び実施

(e) とった処置の結果の記録

(f) 是正処置において実施した活動のレビュー

さらに、ISO 9004(JIS Q 9004)は、品質マネジメントシステムのパフォーマンス改善の指針として、顧客満足度の測定及び監視を重視しており、その情報源として顧客からの苦情は、大きな役割を占める。顧客の苦情や顧客との直接のコミュニケーションであるコールセンターの対応履歴、アンケート情報などを利用して、品質改善にいたる是正処置を行うのである。

是正処置を行うにあたり、分析の手段として、テキストマイニングツールのような日本語を分析できるツールを利用する企業が最近増えている。顧客からの問い合わせや要望、不満など、日本語で記述された情報を定量化(数値情報として加工)し、統計／解析技術を駆使して、顧客属性に紐付く傾向を読み取るのである。大手製造業(自動車、家電系メーカー、精密機械業、日用品メーカーなど)や金融業(主要銀行や生命保険、損害保険、クレジットカード業界など)では、顧客の声分析は品質管理の常套手段として位置づけられている。

● ISO 10002品質マネジメント──苦情対応のための指針

もうひとつの国際規格ISO 10002(日本における同等の規格はJIS Q 10002)は、同じ品質マネジメントであっても、『−顧客満足−組織における苦情対応のための指針』として、実質的に苦情対応マネジメントに特化した標準規格として成り立っている。

この規格は、苦情に対応する組織と苦情を申し出る顧客、及びその対応プロセスについて明文化され、苦情対応プロセスを通じて、製品やサービスの改善につながることを意図する。さらに、苦情発生時には顧客からの評価が低くても、適切に苦情に対応し、かつ顧客が苦情を申し出やすい環境であると認識されれば、組織に対する顧客からの信頼感及び評価が高まり、CS向上に結びつくことも可能である。

JIS Q 10002では、「1. 適用範囲」の以下の事項において、同様の意図を

伝えている。

(a) フィードバック（苦情を含む）を積極的に受け入れる顧客重視の風土を作り、受け取ったさまざまな苦情を解決し、組織が製品及び顧客サービスを改善する能力を高めることによって、顧客満足を高める
(b) 要員の教育・訓練を含む経営資源の十分な確保と活用についてのトップマネジメントの関与及びコミットメント
(c) 苦情申出者のニーズと期待とを認識し、対応する
(d) 苦情申出者に対して、公開され、効果的で、利用しやすい苦情受付方法を設ける
(e) 製品及び顧客サービスの品質を改善するために、苦情を分析し、評価する
(f) 苦情対応プロセスの監査を行う
(g) 苦情対応プロセスの有効性及び効率についてレビューを行う

図3-1-2　苦情対応に関わるISOシリーズ

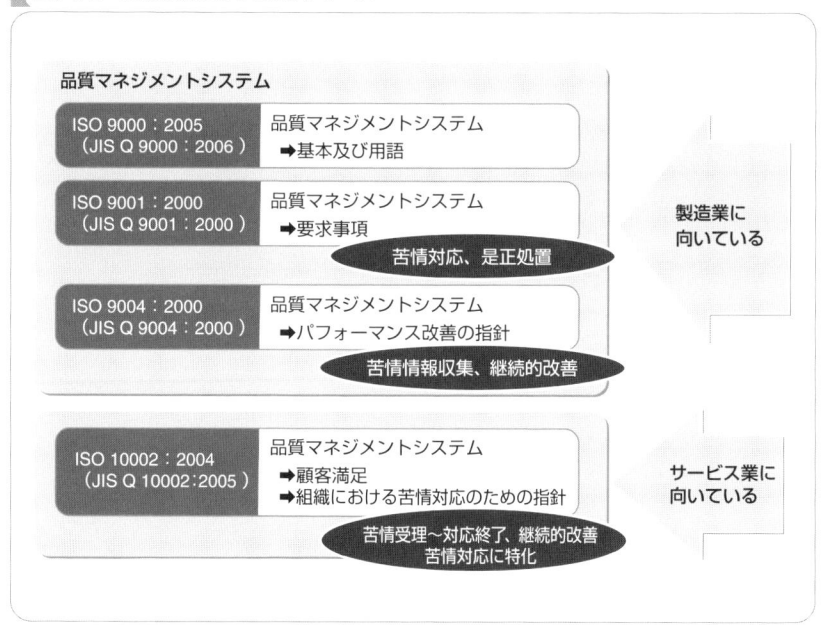

**品質マネジメントシステム**

- ISO 9000：2005（JIS Q 9000：2006）
  品質マネジメントシステム
  ➡基本及び用語

- ISO 9001：2000（JIS Q 9001：2000）
  品質マネジメントシステム
  ➡要求事項
  　苦情対応、是正処置

- ISO 9004：2000（JIS Q 9004：2000）
  品質マネジメントシステム
  ➡パフォーマンス改善の指針
  　苦情情報収集、継続的改善

製造業に向いている

- ISO 10002：2004（JIS Q 10002：2005）
  品質マネジメントシステム
  ➡顧客満足
  ➡組織における苦情対応のための指針
  　苦情受理〜対応終了、継続的改善
  　苦情対応に特化

サービス業に向いている

JIS Q 10002においては、『基本原則』『苦情対応の枠組み』『苦情対応プロセスの実施』『維持及び改善』の4つの重要な要素から成り立っている。
　苦情対応の『基本原則』は以下の9項目からなるが、その中の4項目について、詳細を述べる。
①公開性
②アクセスの容易性
③応答性
④客観性
⑤料金
⑥機密保持
⑦顧客重視のアプローチ
⑧説明責任
⑨継続的改善

　「②アクセスの容易性」については、苦情を伝えるべき場所や手段が顧客にとって容易に判明しない、顧客に提供していない場合などを考慮している。企業に対し、問い合わせや苦情を積極的に受入れ、窓口を広く公開することを述べている。

　「③応答性」については、苦情受付がなされ、かつ、その緊急度やリスク度、重要度において、企業内の緊急対応プロセスが稼働するかにかかっている。緊急対応意識が低い場合、2008年初頭に勃発した冷凍食品の殺虫剤混入事件のように、数カ月間も関係者で共有されながら、抜本的な対策をとらず、かつ公表しないような事態が生まれてしまう。結果、重大問題に発展し、製品販売の中止／撤退にまで追い込まれてしまう事態となる。

　「⑦顧客重視のアプローチ」と「⑨継続的改善」については、この苦情対応が顧客側を向いたアプローチとなっているかを重視する。ともすれば、企業の立場では、苦情対応を手早く処理することを重視しがちである。反対に顧客の立場では、「困っている」「被害を受けた」「なんとかしてほしい」などの訴えとなる。顧客の気持ちを汲んで、単なる対応処理ではなく、顧客の気持

ちを回復させること、発生原因の報告、今後発生しないための企業としての行動、誠意を持った対応が重要となる。さらに、同じ問題を組織として発生させないような継続的改善が必要となる。

4要素の『苦情対応の枠組み』では、組織のトップマネジメントの役割を最重要視している。トップマネジメントが苦情対応に関する方針を明確に示し、目標を制定する。苦情対応プロセスが机上の空論ではなく、苦情対応方針に従って、計画、設計、実施、維持及び継続的に改善されることを確実にしなければならない。そのためには、レビューを行い、必要に応じて経営資源を配分することを厭わない。

『苦情対応プロセスの実施』及び『維持及び改善』では、組織としての苦情対応における各役割を持つ人の動きや、各プロセスの実施内容とその手順、苦情対応終了後の継続的な改善のアプローチが明記されている。

● サービス業に向いているISO 10002

ISO 9001とISO 10002の大きな違いは、対応業種の適応性である。

ISO 9001は、製造業をはじめとする物理的に物を作っている業種に向いており、製品の品質問題という観点で、苦情が発生することへの対応に適している。また、品質管理マネジメントにおいて、苦情対応は含まれてしまうため、別途ISO 10002に対応する根拠に乏しいことも挙げられる。

これに対し、ISO 10002は、サービス業だけに特定されるわけでは全くないが、感覚的には、有形の製品に対する製造業よりは、無形のサービスという商品を顧客に提供する業種／業態の企業が目指すべき方向性として検討されることが多い。

昨今、苦情対応という面で話題となっているのは、損害保険業界と食品業界である。保険金の未払い問題では、保険商品オプションの複雑さや、販売手法や手段の潜在的な問題点もあり、金融庁の契約者保護方針とマスコミの報道も相まって、苦情件数が飛躍的に伸びてしまった。

また、製造業に近いような位置づけにある食品業界では、ＨＡＣＣＰ

(Hazard Analysis and Critical Control Point)のような衛生管理システムは普及しているが、実際に品質問題が発生したときの対応処理方針が不明確な面もあった。HACCPの仕組みがあっても、現場の責任において不正がまかり通っていたこと自体に問題の根源があるが、一度発覚した問題は、顧客に身近な商品であり、分りやすい基準(賞味期限や消費期限、再使用の問題など)のため、マスコミなどから集中報道された。このような問題を教訓とし、業界ではリスクマネジメントとして、ISO 10002を改めて検討し、苦情対応プロセスに準拠すべく組織体制や業務の見直しに積極的に取り組んでいる企業が増えている。

JIS Q 10002の規格では、苦情対応の方針を明確化して、苦情対応プロセスの各手順が明確に定義づけられている。苦情対応マネジメントを遵守するためには、現場の担当者や管理者、本社、または監督する立場の人、監査の人、マネジメント層のそれぞれが、どのような役割を演じ、対応すべきなのかなどが決められている。

ISO 10002は、苦情対応業務としての役割が網羅的に記述されているので、この規格に沿えば、苦情対応方針が決定し、全社的に標準的な苦情対応プロセスを実施でき、苦情対応の品質維持が可能となる。実際には、苦情対応プロセスを実施するための組織や業務の見直しが発生するため、十分な検討期間とトップマネジメントの実行力、意志力、遂行力が必要である。

この規格はISO 9001と異なり認定ではなく、自己適合宣言という扱いであるため、苦情対応マネジメントの指針にきちんと合致しているかどうかは、企業が自らの判断で行うことが求められる。指針に合致していれば、それを顧客にアピールするという意味合いで、自己適合宣言をするという形式をとる。

JIS Q 10002は認証機関が認証すべきものではとくにないが、企業にとっては、あえて認証機関に第三者認証をしてもらったり、リスクコンサルティング系企業から、JIS Q 10002準拠のための方針決定、組織／体制作り、業務フローの策定、実際の苦情対応をも含めたコンサルティングサービスを受け、規格の要求事項や適合性を満たすことを確認してもらうケースもある。

## 3　近年の苦情対応

苦情対応の規格について述べてきたが、ここでは、世の中の苦情の実態や、昨今の苦情続出の背景など、現場の様子を紹介する。

### ●企業不正に対する顧客の関心

顧客からの直接的な苦情という意味合いではないが、最近の社会的な傾向として感じられるのは、企業不正に対するマスコミ報道の急増である。背景としては、利用者／使用者としての顧客の無言の声が考えられる。ある企業が問題を起こした時、報道と相まって、その業界や企業に対して集中的に関心を示す。

2003年頃から食品業界における賞味期限や消費期限の改ざん問題が多発してきた。例えば、とある老舗和菓子店の賞味期限の改ざん事例では、新聞の記事を普通に読む限りは、企業としての問題意識の低さと対応のまずさを公にしており、「なぜ今までこのようなことをしていたのだろう」と不思議に思えるほどである。顧客にとっては美味しく提供されていたものであっても、実際に賞味期限という問題が絡むと、社会的に問題視される結果となった。さらに、経営者の記者会見での答弁が顧客の不信を解消できず、より苦情を発生させているという従来の苦情発生とは異なる展開となった。

### ●顧客意識の高まり

苦情対応や企業不正、クレーマーの存在がクローズアップされる中で、顧客が求める満足度のレベルが非常に上がりつつあることと、顧客の自意識が高まっている傾向が最近感じられる。

米国で製造業の存続が難しいとまで言われてしまうのは、米国が典型的な訴訟社会であり、懲罰的な罰金を課す判決が出てしまう可能性もあることが背景にある。それに近いことが、今の日本でも消費者意識の高まりとともに進行しているようにみえる。「この企業は不正を起こした。事後対応もなってい

**図3-1-3　昨今の苦情背景**

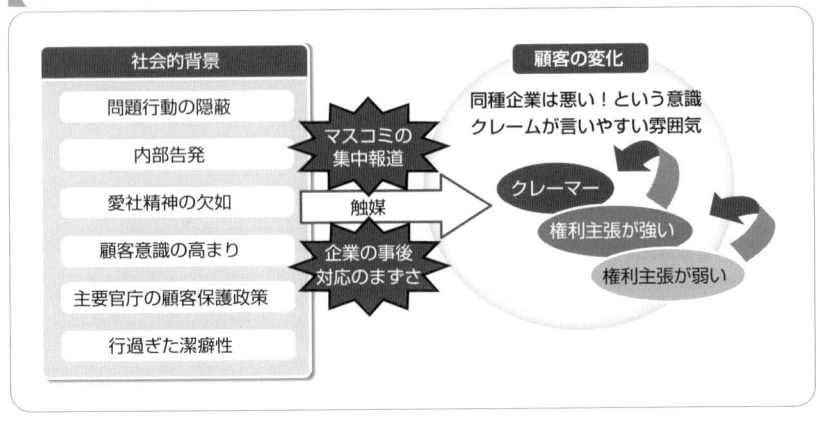

**社会的背景**
- 問題行動の隠蔽
- 内部告発
- 愛社精神の欠如
- 顧客意識の高まり
- 主要官庁の顧客保護政策
- 行過ぎた潔癖性

マスコミの集中報道
触媒
企業の事後対応のまずさ

**顧客の変化**
同種企業は悪い！という意識
クレームが言いやすい雰囲気
- クレーマー
- 権利主張が強い
- 権利主張が弱い

ない」という意味合いでの報道がなされると、その商品を買った消費者も買っていない一般の人も、報道されたその企業に対して厳しい批判の目を持ってしまう。

同様に、他の企業でも「同じような不正があるのではないか」と、強い口調で発言をしてしまう。強い顧客意識を持っていなかった人の中でもそのような意識が芽生えてしまうこととなる。

● **製造業での事例**

製造業の場合、製品のトラブルが発生した時に、その事実を公表しないことが重大な問題に発展する場合がある。ある大手自動車メーカーでは、部品不良によるリコール問題を隠蔽していたため、その他の問題もほぼ同時に噴出し、企業存亡の危機にまで陥ってしまった。家電業界でも、同様な事態があったが、そもそも人に危害を与えてしまうような品質不良の情報を企業内部だけで持ち、公開しないことは許されないことである。このような問題や情報が、偶然の産物であり、他では起こりえない種類かどうかを即座に判断することが重要である。そのうえで、普遍的なトラブルとして認識される場合は、すぐに正式発表し、リコールを表明し、すべて回収・修理するまで対応

する、企業としての判断力・速断力が求められる傾向がより高まってきている。

　松下電器産業における石油ファンヒーターのリコール問題は評価すべき良い事例である。顧客が石油ファンヒーターの不具合が原因で死亡したという事実をいち早く発表した。実際はタイムラグがあったが、発表後の対応は、10年以上前の販売商品にも関わらず、最後の1台まで回収することを内外に示した。クリスマス商戦期にも関わらず、その他製品のプロモーションを止めさせてでも製品回収に全力を注ぎ込んだのである。莫大な回収費用がかかるため、企業体力がないと難しい行動であるが、企業が即座に責任の所在を明らかにして処置を取らなければ、ブランドも信頼も維持できないという強烈なリスク認識と、その迅速な対応の好事例である。

## 4　金融業界における苦情対応

　苦情の実例は、その社会的背景と相まって年々高まっている。とはいえ、業界ごとに対応の仕方も、顧客感度も異なる。ここでは、金融業界について述べる。

### ●金融業界に特化した問題

　銀行をはじめとする金融業では、他の業界とは異なり、取り扱うものが「お金」とそれに付随する「サービス」という性質上、顧客からのクレームは金銭に関するものが多くなる。しかし、常に発生しうる金銭にまつわる苦情に対し、これまでの金融業界、とくに銀行におけるCS（顧客満足）意識は他の業界と比較するとそれほど高くはなかった。それは、貸付や借入という金融業と顧客との関係が、他業界とは異なるためかもしれない。とはいえ、苦情に対する対応は、歴史的に見ても、金融業界ではきちんと実施してきている。

### ●金融業界での動向

　最近の大きな変化は、契約者保護という観点での政策が増えたことである。金融庁は金融業界に対し、顧客に対しての適切な説明責任を求めている。

さらに、顧客が不満に思ったり苦情が発生した時には誠意を持って対応すること、苦情対応の報告義務、苦情自体の件数の把握、それへの対応策を実施しているかどうかなど、細部にわたり金融庁が指導・監督している。また、ガイドライン、検査マニュアルなどで詳細にわたり、苦情対応について記述しており、金融業界に関して見れば、金融庁が先頭になり、契約者の保護を謳い、世の中のCS意識の高まりを意識した行政になりつつある。他の政策官庁においても、同様であるが、とくに金融庁が目立っている。規制業界であるので、銀行業や保険業は、金融庁のガイドラインを非常に意識した行動や対応を実施している。

規制業界での金融庁の権限は、製造業と経済産業省の関係を大きく超えたものを感じる。他の業界と比較すると、金融業界の企業数はあまり多くないため、金融庁の指導が比較的浸透しやすい。規制業種という法律に縛られている部分もあるが、契約者保護の観点で、具体的な示唆や指示があると、金融業全体が共同歩調を取る傾向がある。そのため、金融庁が契約者保護の観点や、苦情対応に関する明確な指針を文書化すると、金融業全体の方向性が一斉に変わる。とくに銀行業務向け、または保険業界向けなどの金融検査マニュアルで記述されているものに関しては、指導効果は非常に大きいものがある。

実際、筆者らは多数の企業にヒアリングをした結果、CS意識については、非常に意識が高い業界とそうでない業界に二分されることが分かった。指標としては、「顧客の声を頻繁に取得している、蓄積している」「顧客の声を分析する手段を持っている」「顧客の声を分析する専門部署がある」「顧客の声の分析結果を活かしている」などを参考にしている。

コールセンターの応対記録データは、顧客の問い合わせをはじめ、不満、要望などの苦情に分類されるものが多数ある。そのデータを活かして商品開発や改善、苦情処理の減少、顧客満足度の向上を実現する。顧客の声の分析手段としてのテキストマイニングツールの導入が多数の企業で進んでいる。

金融業界でのテキストマイニングツールの導入は、ここ1～2年、増加する

傾向であり、他の事象と同様に金融業界は、他社の導入を知ると、連鎖的に導入が進む傾向にある。

　銀行業は、金融再編に伴い、店舗の統廃合やシステム統合に絡めて、コールセンターを設立したところが多かった。しかし、設立当時も、顧客からの問い合わせや苦情対応に関しては、証拠保全という意味でボイスロギング（音声通話録音）はするが、顧客の声を活かそうという意識はさほど高くなかったようである。

　損害保険会社は、金融業の中でも苦情につながる明示的な案件が多いため、顧客対応意識や苦情管理意識が高く、テキストマイニングツールなどの分析手段の導入も早期から行われている。損害保険という商品が短期売買であり、契約期間が短いこともあり、生命保険会社とは違った動向を見せている。

　ISO 10002への対応企業は、銀行業よりも損害保険業に多い傾向がある。これを鑑みても、顧客接点の長さと、顧客満足度維持が業績に強く反映する業界の特徴を表している。

# 3-2
# 業種特化型「苦情対応システム」とは

## 1　CRM／応対管理システムでの苦情対応の限界

　ここまで、苦情の社会的背景、実態などをつぶさに見てきた。実際、コールセンターにも、問い合わせ以外の苦情の受け付けは多い。苦情対応の複雑さや程度の深さを考慮すると、苦情対応を完了することに対して、通常のコールセンターの問い合わせ対応と同じシステムで十分なのだろうか？　その答えは否である。

● コールセンターの応対管理システムでの限界

　企業に寄せられる問い合わせや苦情は、製造業ではコールセンターが一元窓口として受け付け、対応することが多いが、サービス業などは通常、各現場でも受け付ける場合が多い。
　通常の問い合わせの場合は、電話やEメールなどで受け付け、基本的に顧客の質問に回答する形式である。その場で速やかに回答できない場合は、回答できる者にエスカレーションして対応する場合が多い。専門部署などへの2段階程度のエスカレーションが実施されることがよくある。
　苦情対応の場合は、通常の問い合わせと異なり、企業としての対応に関する是非の判断が入ったり、またはその苦情の主担当部門の判断が入ったりするため、エスカレーション基準や承認が複雑になる傾向がある。
　苦情対応の場合、通常の問い合わせとは異なる行動や承認／回覧フロー、業務フローが発生するので、コールセンターが通常利用する応対管理システムだけでは、実は対応できない場合が多くなる。また、苦情内容は千差万別であり、問題を的確に把握するため、詳細なヒアリングを行って多くの情報を

取得する。このような場合、コールセンターの応対管理システムにおいて、通常の問い合わせ業務の内容よりも入力／蓄積すべき情報量が多くなるため、苦情対応に関する情報を管理しきれない状況になる。

　それ故、苦情に関しては、応対管理システムから分離し、別管理するケースが多い。苦情対応の業務フローが通常応対業務とは異なるため、二重管理にはなるが、苦情は別の仕組みで管理しなければ、コールセンターの運営がスムーズに回らないのである。

● 全社共有の一元管理

　苦情はコールセンターだけではなく、すべての現場に寄せられる可能性があるため、現場でも入力できる苦情登録／受付システムが望ましい。そのようなシステムの導入は大きな困難を伴う。これは技術的に難しいというより、コストの問題である。コールセンターの応対管理システムは、ライセンス数、即ち利用ユーザー数によって価格が上がる体系をとっていることが多く、苦情のように件数があまり多くない業務に対して、現場全員にライセンスを広げるには、コストが見合わないという問題点がある。全員にシステムが行きわたったとしても、次に、全社共有の一元管理が問題として残る。

　金融業界において、金融庁の検査マニュアルで指摘が多いのは、現場（営業店など）で起こった苦情や問題が、その企業の本社部門で情報共有できているか、把握できているか、という部分である。現場の日誌や日報を確認し、何か重大な問題を発見した場合、一元管理できているかどうかを確認するために、発生した日時や記録を確認する。現場だけで処理し、苦情対応が完結してしまっている場合は、データの共有化ができておらず、一元管理されていないと判断される。企業全体としての一貫した対応が不可欠であり、その苦情対応が上手く機能していない場合は、金融庁の指摘改善項目になる。一元管理することによって本社は速やかに情報を入手することができ、苦情対応のためのタイムラグも解消される。本社に苦情を報告する必要がないという現場判断の是非を、本社部門でチェックできる仕組みが求められる。

● 苦情の解決まで

　苦情は、顧客に対する一連の苦情処理対応が終われば、業務完了ではない。その種の苦情を今後発生させないようするための再発防止策の検討が必要である。苦情の一連の対応と、その発生原因を根本から絶つ再発防止策はセットで考えるべきであるが、通常の業務では分断されてしまうことが多い。例えば、全社横断的な苦情に対する改善委員会のような会議が開かれるとする。問い合わせや苦情対応の結果から目立った重要なものをピックアップし、再発防止の必要性を認識することが必要となる。このような会議は、非常にアナログの世界であり、苦情対応の管理の仕組みやシステムとはあまり紐付けられないのが実情である。それ故、苦情対応と再発防止策はセットで考慮されず、同種の苦情の再発に悩むことになる。

● 新たなシステムへの期待

　苦情件数が少ないからといって、苦情対応システムをMicrosoft Excelやグループウェア（IBM Lotus Notesなど）で簡易に作成しようとすると、苦情対応業務の承認／回覧ルートの管理や、種々の担当者の介在もあり、難しくなる。また、事後に苦情原因の分析、再発防止策を検討しようとしても、データ保存形式が簡便すぎるため、集計や分析の目的に合わない状態となりやすい。

　とはいえ、現在のCRMの顧客管理システムや、コールセンターの応対管理システムでは、一連の苦情対応を行おうとすると、どうしても先に述べた限界がある。理由としてまとめると、

　　・現場を含めた一元管理を考慮した設計ではない
　　・複雑な業務フローや承認／回覧フローを実現できない
　　・多数の入力項目を制御できない
　　・苦情対応後の再発防止を検討する仕組みがない
　　・苦情件数は少ないが、業務フローが複雑

などの課題が多い。そのため、苦情対応に応じたITシステムへの期待が大

図3-2-1 苦情対応システムに求められる機能

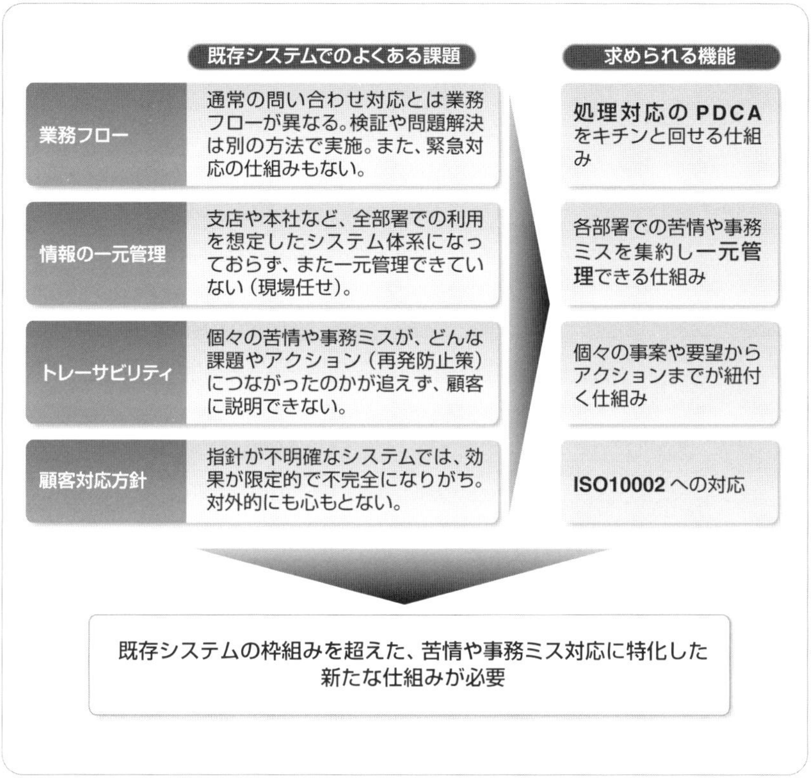

| 既存システムでのよくある課題 | | 求められる機能 |
|---|---|---|
| 業務フロー | 通常の問い合わせ対応とは業務フローが異なる。検証や問題解決は別の方法で実施。また、緊急対応の仕組みもない。 | 処理対応のPDCAをキチンと回せる仕組み |
| 情報の一元管理 | 支店や本社など、全部署での利用を想定したシステム体系になっておらず、また一元管理できていない（現場任せ）。 | 各部署での苦情や事務ミスを集約し一元管理できる仕組み |
| トレーサビリティ | 個々の苦情や事務ミスが、どんな課題やアクション（再発防止策）につながったのかが追えず、顧客に説明できない。 | 個々の事案や要望からアクションまでが紐付く仕組み |
| 顧客対応方針 | 指針が不明確なシステムでは、効果が限定的で不完全になりがち。対外的にも心もとない。 | ISO10002への対応 |

既存システムの枠組みを超えた、苦情や事務ミス対応に特化した新たな仕組みが必要

きくなる。

## 2 なぜ苦情対応システムか？

　このように、コールセンターを通しての苦情管理は扱いづらいが、そのニーズを満たしたシステムはまだない。代用として、コールセンターの応対管理システムやCRMの顧客管理システムを利用している例が比較的多い。苦情件数が問い合わせ数に比べて、総じて10％未満のため、苦情対応に特化したシステムのニーズがあまり強く認識されていなかったのだ。

　しかし現在、社会的な背景や顧客意識の変化、CSRを考慮した企業体制

の整備などを鑑みると、苦情などの顧客の不満を一元管理して、かつその対応策を考えるような新たな仕組みが必要ではないだろうか。苦情件数自体は多くないが、企業にとってのリスクは非常に高く、苦情対応を誤ると、場合によっては経営にも大きな影響を与えてしまうからである。

## ● 初期リスク評価の重要性

　先に述べた苦情対応は応対システムを超えた機能が必要であるが、その必須要素は何だろうか？　例えば、リスク通知機能である。

　家電業界では、とくに重大な苦情や問題が発生した時、本当にすぐに経営マネジメント層まで達するのであろうか。このような問題が発生した場合、リスク管理の観点からも、経営マネジメントの判断が入ったうえで、速やかに対外発表をしなければならない。しかし、発表のタイミングが少しでも遅れてしまうと、発表すること自体がリスクというジレンマとなる。基本的に重大な問題が発生し、すぐに正式発表するためには、どのような業務プロセスを実現しなければいけないのだろうか。リスク管理の観点で、このような業務をサポートするシステムが必要だろうと考えられる。

　このような問題発生時、苦情や問題の初期リスク評価は非常に重要であり、リスク度合を現場が認識し、かつ本社が確実にそのリスクを把握して、即座に判断ができるかという点にかかっている。そのため、問題発生時に重大と判断すれば、電話で現場から本社に一報を入れるという業務ルールを制定している企業もある。

　この業務ルールをもう少しシステムとして実現することを検討しよう。例えば、通常の苦情に関する詳細情報すべての入力に20分程度は必要な場合、細部まで入力をする前に、初期の段階で問題発生の件名とリスク度合の入力に項目を絞り、約1分程度で一報を上げる。このような仕組みがあれば、本社部門で即座に対応できる準備が整う。この苦情のリスク度合がより高いものであれば、さらに経営層にエスカレーションしていく。

　最初に緊急情報を上げ、その後詳細情報を上げるステップを踏む。この二

段階報告というプロセスを確立することが非常に重要である。このようなスピーディな対応ができないと、苦情対応終了後にリスク度合いの高い問題が見つかり、慌てふためく状態になる。まず問題が起こったタイミングで速やかに、非常に簡便な形で報告を上げ、必要に応じて本社の主担当部門や経営マネジメント層の足を留める。出張に行く予定や退社する場合であっても、アラートを上げることができるシステムとなる。

　また、苦情発表のタイムラグを短くするという部分にも効果的であり、それによって企業がより迅速な対応ができることになる。現場だけで苦情対応を終了させてしまう問題ではないという認識を高め、本社や本部対応の必要性、判断まで含めての苦情対応プロセスが、本来の意味でのリスクマネジメントに近いものになるのだ。

● 担当者自身による苦情報告の難しさ

　しかし、ここで新たな課題として、実際に苦情を起こした担当者が苦情報告を上げることができるかという問題がある。自分自身の評価にとってマイナスになるため、入力／報告しない方がいいのではないかという、モラル上の問題が発生する。ITシステムとしては、このようなインセンティブ的な観点でのサポートは通常難しい。

　これを克服するため、苦情報告を上げること自体に、高い評価を与える必要がある。それに加え、苦情を起こしたことに対するマイナス評価とは別のものであるという認識が必要である。例えば、Aさんが顧客へ間違った説明をしてしまい、苦情を発生させてしまったが、その時すぐに苦情報告をすることで高評価とする。Aさんが苦情を起こしてしまったことは低い評価になるが、発生と報告の評価を総合すれば、ある程度相殺される。

　これに対し、Aさんが問題を起こしているにも関らず、自身のマイナス評価を恐れ、何ら報告を上げないとなると、重大な問題を引き起こしたことと合わせ、発覚時に二重のマイナス評価となってしまう。苦情報告を上げる／登録するプラス評価と、発生原因者に対するマイナス評価は異なるものなので、

それらを総合的に評価する仕組みをシステム的に組み込むことで、担当者が苦情を上げやすい仕組みが実現する。

● 苦情対応の完了から再発防止策の検討へ

　苦情は、初期リスクを評価し、対応進捗状況を入力するだけでは終わらない。次に強調したいのは、苦情発生後、顧客に謝罪し、対応処理して終わりというわけではない。ISO 10002の規格でも規定されているが、顧客が最終的に満足しているか、企業の苦情対応に納得しているかという観点も、重要な要素である。もちろん、企業が顧客の満足度を逐一把握し、管理するのは難しい。通常、1件の苦情に対して対応終了という業務の区切りが管理上にある。ただし、顧客はこの苦情対応に納得しているのか、満足しているのかという面のチェック程度は可能であり、管理項目としてできるだけ押さえることだ。例えば、顧客が最終的に解決策を示してくれるまで満足しないのであれば、顧客に対して追加報告をすべきである。苦情対応に関しては、管理上、一度終了した報告であっても、継続的な対応策を展開していくべきものである。

　顧客が苦情対応を事後追跡できるシステムも必要である。これにより、顧客の要望に応じて、何らかの形式で、再度事後報告を案内することが可能となる。苦情というものは、そもそも発生しないようにするべきものだが、事務ミス的なものは人間が行う作業の中で必ず発生してしまう。しかし、発生した原因をきちんと調査し、その発生原因を特定すれば、今後解決すべき1つの課題となる。課題を解決するための方策を練り、最終的に再発防止策としてのアクションができる。そのアクションを実行するための適用プランができていれば、現場を含め、全社で適用するステップを踏むことになる。これで苦情発生から、対応終了後に課題化を行い、アクションを実施するまでの一連の業務が完了するシステムが浮かび上がる。

● 苦情発生からアクション実施までのトレーサビリティ

　苦情対応は、顧客に対して一回、または複数回実施して、一度終了する。

その後、その苦情報告に対して、原因を調査し、問題点を課題化し、アクションプランを策定して、再度終了する。その苦情とアクションが紐付けできることが重要である。この苦情は最終的にどう再発防止策として対応するのか、今後同種の苦情を発生させないためにどのような対応を行ったのかがわかる。これは食品業界でいうトレーサビリティの仕組みの応用である。苦情発生報告において、対応から最終的なアクションまでを追うことが可能となり、苦情からもアクションからも追跡調査できる。

また、以前発生した苦情であり、既にアクションプランが実施された後、同種の苦情が再度発生した場合、問題が改善されていないため、アラートを発生させる仕組みが必要である。苦情発生予防の水平展開がこの仕組みにおいて可能となる。アクションプラン実行後、問題となる苦情がすぐにゼロになることはないが、苦情件数の増減推移を含めて把握できる仕組みも苦情対応システムには重要だ。トレーサビリティの実現により、これらの重要な要素が可能となるのである。

● 苦情対応マネジメントに即したシステム基盤

ISO 10002に即した苦情対応プロセスは理想だが、実際それに対応するITシステム基盤は、先に述べたようにまだ見受けられない。苦情対応マネジメントを実効化するためには、ISO 10002に即したITシステム基盤が求められるのではないだろうか。そのITシステムの仕組み自体は、苦情対応プロセスにおけるISO 10002のエッセンスを強力にサポートでき、このITシステムがあることによって苦情対応プロセスJIS Q 10002の自己適合宣言がよりしやすくなるものでもある。

同様に、金融業界にとっては、金融検査マニュアルの項目として、『苦情処理態勢』の整備が存在する。内容は、ISO 10002に近い部分もある。金融機関に即した検査項目であることは言うまでもないが、ISO 10002に準拠することで、検査マニュアルにおける苦情処理態勢の整備がほぼ網羅されるものと考えられる。このような観点からも、ISO 10002(JIS Q 10002)に準拠するの

は、1つのシステム指標として望ましいといえる。

### ● CS向上の観点でのシステム

　苦情対応は、単なる事後処理や敗戦処理ではない。苦情発生を通して、顧客がその対応に納得し満足すること、つまり消費者に対する新たなCS向上のチャンスとして、この機会を意識した行動を取れるかどうかが非常に重要である。つまり、苦情1件ごとの発生とその顧客に対する対応の仕方が、即企業への顧客反応へつながる。現在では、苦情1件のみの発生であっても、顧客と企業との関係が簡単に悪化してしまう。苦情という好ましくない事態に発展してしまったが、最終的に「御社の対応は素晴らしかった」というようなプラス評価につながるかどうかが、今後企業の将来を左右するといえる。

　苦情対応は、初期段階では人が対応処理するものではあるが、対応の仕組みをシステマティックにできる部分も多々ある。苦情に対する企業の対応方針において、苦情対応終了後も、企業として継続的に再検討し、次の再発防止策を考えていくことが重要である。また、その再発防止策がいつ適用されるかを顧客に報告するアフターフォローも必要だ。単なる苦情対応だけではなく、企業として1件の苦情に取り組んだ姿勢を見せることが、顧客の満足度をマイナスからプラスへ、不満から満足へ転換させることになる。このような観点からも苦情対応システムは重要な位置を占めているのである。

## ③ システム化の難しさ

### ● 苦情対応業務は各現場に根付いている＝標準対応化の困難さ

　苦情対応は、業務遂行上、多数の組織や担当者が携わり、対応内容に対して本社への事後確認や承認／回覧が発生する複雑な業務である。そのため、果たして標準的なシステムを構築し、苦情対応の業務を適用することができるのであろうか。企業ごとに、さらに苦情内容によって、対応は千差万別であり、また対応する組織や担当者によって均質な対応ができない場合もある

だろう。ISO 10002ではこのような苦情対応プロセスを標準的な形式として網羅しているが、ITシステムとして、その業務を支える基盤はまだ存在していない。

● 円滑な導入と違和感のない仕組みの重要性

　前述したように、苦情対応を行うための基盤としてのITシステムは、使用頻度は決して多くないが、利用者数が非常に多くなる。いわゆる苦情対応システムを導入しようとしても、現場でのスムーズな受け入れがなされるのかという問題点もある。たまにしか使わない仕組みであり、今までの苦情対応の業務をとくに変えたくないと考える企業にスムーズに導入できるようなシステムが果たして可能なのか悩ましいところだ。

　苦情対応後、その再発防止策を検討するプロセスは重要であり、システム化には必須である。その防止策をきちんと適用／実施し、同種の苦情は発生させないという認識が、現場の各担当者を含めて全員に必要である。しかし、そのようなITシステムの仕組み作りは相当に難しい。また先に述べたトレーサビリティという機能もシステム化が困難な分野だ。

　苦情は1件ごとに再発防止策を通常検討するが、一部は同種や同原因の苦情をまとめて1つの問題として課題化していく。苦情対応後は、その課題を解決する施策を実施する必要があるため、システム的な処理と比較するとアナログ的な部分が残る。

　課題解決には、全社的な仕組みが必要である。いわゆる問題対策会議などを開き、一件一件の課題にどう対応するかを決めて、その後の進捗管理を行う。求められるITシステムとしては、その課題発生から、対策会議、進捗管理、再発防止策実施までの全部をIT化するわけではなく、課題解決をより実効化し、最終的に再発防止策を適用／実施する業務を支援する機能が現実的ではないかと思われる。企業が扱っている種々の製品やサービスに対して、顧客から日々苦情や不満などが挙がってくる。苦情対応後にその原因を調査し、課題として抽出する時には、課題解決に向けて、関連組織や関係

者が多く、業務の見直しやシステム投資などが必要となる場合が得てして多い。課題に対する関係者を集めて会議し、侃々諤々議論するのは、時間的にも、コスト的にも、組織的にも現実的ではない。それ故、このような会議体を支援する機能として充実させ、運用しやすい仕組みの構築が重要といえる。

## ❹ 求められるシステム機能（苦情対応PDCA）

これまで、苦情対応の現状や苦情対応を行うためのITシステム、求められるシステム基盤、システム化の困難さを述べてきた。ここでは、その困難さを克服し、求められるシステム基盤としての苦情対応システムのあり方、及び具体的な機能イメージについて説明する。

### ●苦情対応のPDCAサイクル

苦情対応においては、ISO 10002にもあるように、顧客重視の苦情対応方針を明確に設定し、それを実現するための苦情対応プロセスと目標を設定するべきである。プロセスは、苦情対応業務フローそのものであり、目標は苦情対応のあるべき指針と位置づけられる。苦情対応は、苦情発生からその対応処理を実施することで終了ではない。明確な苦情対応方針に基づき、あらゆる苦情を受け付け、苦情対応プロセスに則り、目標達成を目指すべく対応することが必要だ。この目標には、例えば苦情発生直後からの対応ルールや対応期限の設定などが含まれる。苦情対応プロセスは苦情対応として、各組織と担当者が、明確な役割と業務に沿って、進捗を確認し、終了まで遂行するのである。その後、苦情の発生原因を調べ、問題を抽出し、その問題を解決するべき抜本策の検討を要する。最後に抜本策としての再発防止策を適用し、同種の苦情を二度と発生させないようにすることが重要である。この一連の苦情対応業務の流れは、PDCAサイクルであり、これがきちんと回ることで、苦情対応が円滑に遂行でき、かつ、より問題解決が図れ、最終的には苦情発生から転じてCS向上に結びつける方策となるのである。

図3-2-2は、苦情対応に関する理想的なPDCAサイクルを表している。

図3-2-2　苦情対応のPDCAサイクル

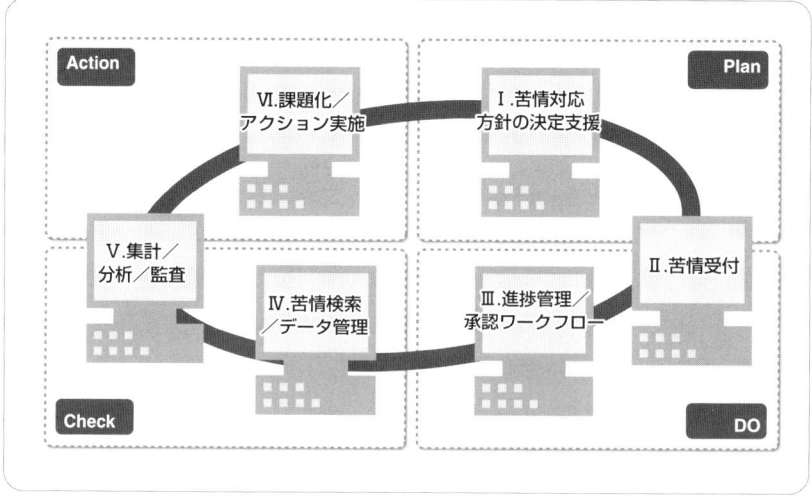

図3-2-3　苦情対応システムの業務フローイメージ

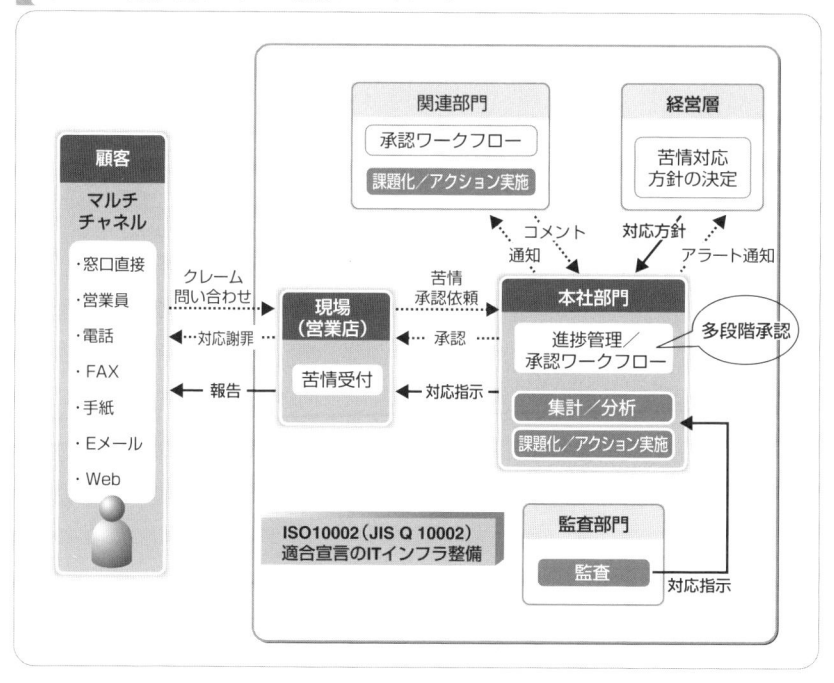

3-2　業種特化型「苦情対応システム」とは

PDCAサイクルにおいて、苦情対応業務の流れのみならず、PDCAを実現するシステム基盤としての機能も網羅させている。全部で6つの主要分類に分かれるが、個別に詳細を説明する。

● 苦情対応方針の決定支援

　企業としての明確な苦情対応方針の下、システムに組み込む部分は、苦情対応プロセスにおける目標値の設定にある。例えば、苦情発生後の1次対応から本社承認／回覧までの期間を2営業日以内とか、苦情対応後の原因調査や課題設定は1カ月以内など、期限を過ぎるとアラートを上げるようにする。一見、管理項目的な内容にも思えるが、苦情対応業務を円滑に処理し、かつ顧客フォローをより充実させるためには、必須の機能となる。苦情対応業務が順調にいくと、よりスピードアップさせるために、目標値を変更し、対応を促すことも可能となる。

　目標数値以外の機能として、承認／回覧ルートの標準的な設定を行うことも重要である。苦情対応は現場での対応の限りではなく、必ず本社の主担当部門、関係部門、最後はマネジメント層まで回る。多段階の組織に順番に連携される必要があればあるほど、最終的に終了するまで時間がかかり過ぎ、苦情件数が少なくても累積で件数が蓄積されていき、苦情対応や承認／回覧

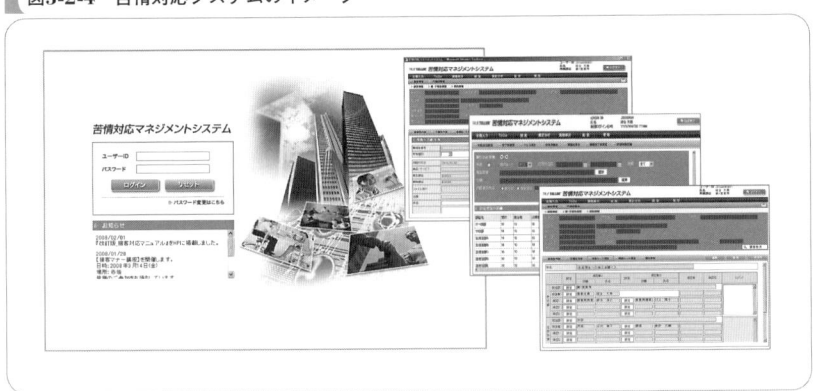

図3-2-4　苦情対応システムのイメージ

業務に時間が取られ過ぎてしまう。そのため、そのような直列的な承認／回覧ルートだけでなく、並列的な回覧ルートを設定したり、現場と本社の回覧ルートを変更したりと、企業個別の業務ルートを設定できることが望ましい。

## 5　苦情入力から承認フローへ

### ●苦情受付と入力画面

　コールセンターの応対管理システムやCRM系システムのように、苦情情報を入力／登録する機能は必須である。通常の問い合わせ対応と異なるのは、苦情は顧客を必ず特定する必要があり、かつ、その詳細情報をきちんと把握して記録し、対応者が謝罪を行って顧客を納得させ、その後のフォローまでをカバーすることである。さらに、苦情対応は通常1回の対応では完結しないため、追加報告としての記録も必要となる。これらの一連の情報を入力するための項目欄、及び画面設計が重要である。

　入力画面は、通常多項目にわたる入力項目が並べられることで、画面が複数にわたり、対応者に入力を萎縮させる場合が往々にしてある。詳細情報を入力しない限り、情報を共有できないのはもちろんだが、現場の苦情対応者が入力しやすいインタフェースで、可能な限り定型内容で収まるものは選択

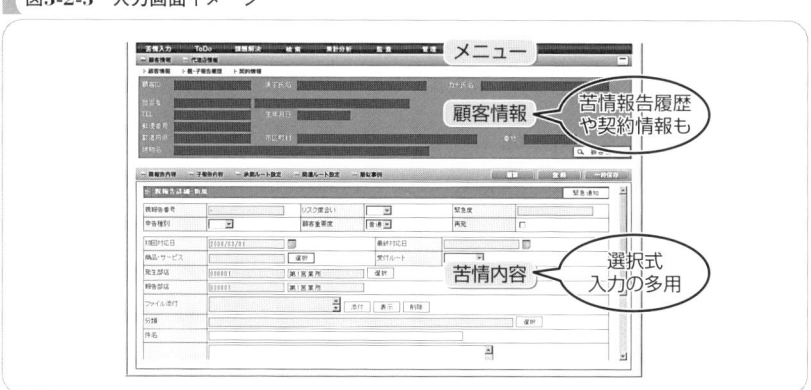

**図3-2-5　入力画面イメージ**

式にし、入力モレがあれば通知してくれるような画面設計が望ましい。また、入力内容に迷うような項目はなるべく避けたり、入力例などのヘルプ情報を充実させたり、インタフェースの簡易さは重要な要素である。

### ●苦情発生時の緊急通報制度

通常の苦情対応ルールでは、重大な苦情と現場が判断すれば、まず電話などで本社の主担当部に緊急連絡としての一報を上げることが多い。しかし、緊急連絡を上げるルールがそもそも守られなかったり、主担当者が不在で取り次ぎされず放置されたり、重大な苦情としての判断にブレがあって緊急連絡を怠ったりと、業務ルールとして機能しにくい分野でもある。この苦情発生の緊急連絡制度のルールをシステムとして実現するための機能として、初期リスク評価機能が有効である。

企業の業務特性により異なるが、1件の苦情発生に対し、苦情情報をすべて入力して本社へ上がるのは、対応後数時間から数日を要する。しかし、本社に上がってきてから、緊急対応すべき苦情と認識されても、既に手遅れで

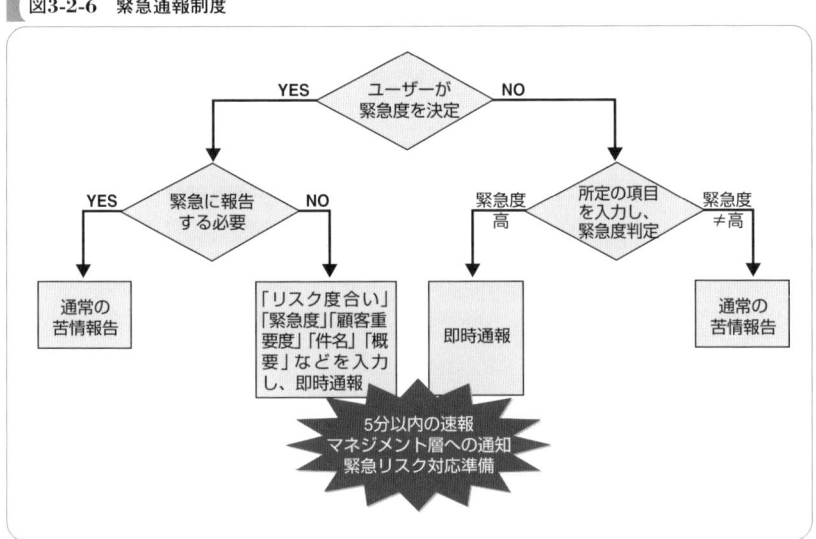

**図3-2-6　緊急通報制度**

ある。そのため、苦情発生後、数分以内で簡易入力し、一報を上げさせる仕組みを要する。簡易入力項目は、苦情発生の簡単な内容、リスク（影響）度、緊急度、顧客重要度などが考えられる。リスク度や緊急度の判定を現場にさせることでブレが発生するのを嫌う場合は、必要な項目を選択式で簡易に入力させ、計算ロジックでリスク度や緊急度を判定させる方法もある。

この仕組みは、現場に緊急通報を意識させずに、一報を上げさせることができるため、リスク管理としての意味合いが大きい。初期リスク評価機能の実現により、緊急度やリスク度の高い苦情発生が、本社やマネジメント層に即座に伝わり、相応の体制が取れ、企業としてのリスク対応がより洗練されることとなる。

● 苦情対応報告の承認や回覧を行う

苦情対応方針の決定支援において、承認／回覧フローの標準設定について述べた。ここでは、より具体的な機能について言及する。苦情の一次対応後、今後の対応などに対して企業としての回答に問題がないかを精査するため、現場の上司や組織長、次に本社／本部の主担当部や関連部門への承認

図3-2-7　承認フロー例

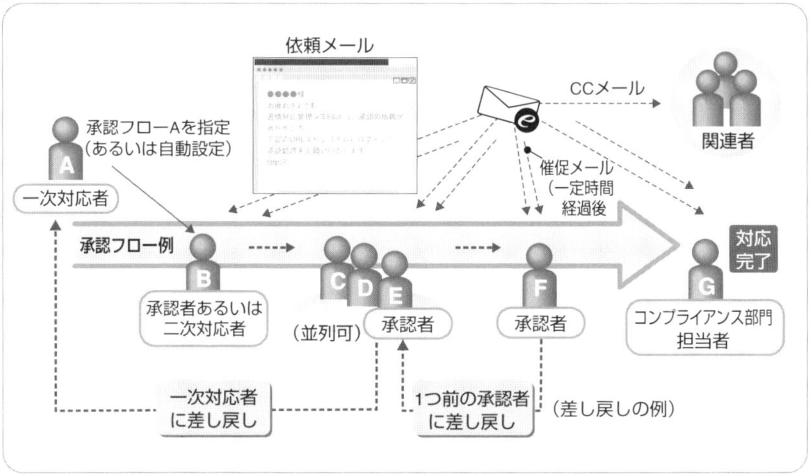

や回覧が発生する。主要な要素として考えられるのは、個別の苦情対応報告の承認者や承認組織の設定を管理することである。承認者がやむを得ない事情で処理できない場合に備えて、代行承認者を設定したり、承認者自体を変更したりすることも円滑に承認／回覧処理をするためには、重要な機能である。

また、並列的に関連部門に苦情対応報告を通知したりする設定も、同様に必須である。承認／回覧処理は、最後の承認者の承認が終わると、苦情対応の終了処理に結びつく。

### ●苦情対応の終了の仕方

苦情対応の終了の考え方は、企業としての対応終了が基本であるが、ISO10002に言及しているように、顧客にとっての終了状態は別である。従って、管理上、苦情対応は終了しても、顧客がさらにその後のフォローを求めている、再発防止策の検討結果の報告を待っているなどがあれば、きちんと情報を残し、顧客にとっての終了ステータスを別途管理すべきであると考える。

### ●苦情対応の進捗を管理する

苦情対応は、実際に対応する現場のみならず、その上長や本社／本部の主担当部、関連部門など、多岐にわたる組織や人が、対応内容の承認や回覧を行うことで関わってくる。そのため、苦情発生件数が比較的少なくても、関わる組織が多く、承認／回覧ルートの設定次第では、苦情対応完了までの時間がかかり、結果として累積で未了の苦情件数が多数蓄積される。つまり、進捗をきちんと管理しない限り、個々の組織の担当者は、承認や回覧処理で業務が溢れ、見落としたり、誤った対応方針を示したりと、問題を誘発しやすい環境となってしまう。

このような問題を回避すべく、個々の担当者や所属組織が抱えている承認／回覧すべき苦情対応報告を管理する進捗管理機能が重要となる。つまり、システムにログインした時に自分がどの苦情報告を承認／回覧すればよいのか一覧で表示され、進捗タスクを管理したり、自身が報告した苦情が今

図3-2-8　苦情対応の進捗管理イメージ

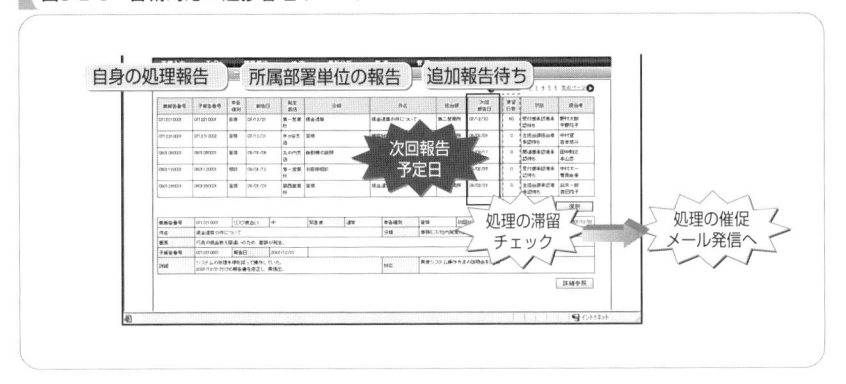

どのあたりに回覧されているかを確認したりすることができる機能だ。意外と多いのが、個々の担当者に苦情対応承認が紐付くため、その担当者が休暇や異動で対応処理が遅れたり、対応ができない状態になったりすると、業務が滞ってしまうことである。その場合は、組織として業務の滞りをなくせる代行機能や、承認者の変更機能も必要となる。

# 6 データ管理とパフォーマンスチェック

### ●現場や本社の苦情対応データを一元管理

　苦情発生は、原則企業内のどこにでもあり得るため、現場や本社で共通画面での入力が望ましいことは既に述べた。現場の傾向としては、軽微なものや具合が悪い苦情は、あえて報告をしないことがある。また、現場の自由な管理に任せると、自由なフォーマットでの苦情対応情報や対応品質レベルの違いが発生しやすくなる。これらの問題を回避するためにも、共通画面で、かつ、データベースとして苦情対応報告を一元管理することが重要である。

　一元管理にはさまざまなメリットがある。必ず現場に入力させる業務ルールを構築することで、軽微な苦情として現場対応で終了し、本社に上がってこなかった苦情報告の内容を事後精査し、件数を把握することができる。部

署間や時期による比較により、苦情発生傾向や問題箇所の把握がしやすくなる。さらに、現場や本社に共通の検索基盤を提供できる。過去の同種の苦情事例などを検索し、対応方法として参考にすることも可能だ。

## ●苦情内容は個人情報であり、機密情報

　苦情情報は、企業にとって個人情報や機密情報がふんだんに含まれており、取り扱いに注意が必要な代物である。全ユーザーが同じ条件で苦情情報を閲覧する必要はないし、すべきではないため、苦情データの検索機能において、利用ユーザーごとに不必要な情報を参照できないようにアクセス制限をかけることが必要となる。権限に応じて、苦情対応報告の詳細情報の全部か一部を閲覧できる仕組みでよいと考える。内容によっては個人情報をマスクしなければならないケースもある。

## ●苦情対応の監視と監査の違い

　ISO 10002にも明示されている監視と監査の機能も重要である。日々発生する苦情は、業務ルールに則って対応しなければならない。進捗管理機能として、各ユーザーがきちんと承認／回覧フローを回しているかを注視するのが監視機能である。苦情対応方針に則って、例えば、2営業日放置されれば、催促メールが飛んで警告を出したり、強制的に承認者を変更させたりする機能が備わっていることが望ましい。

　日々の監視レベルは、主に苦情対応の承認／回覧フローの進捗管理となるが、もう一段大きな視点で見て、組織レベルでの苦情対応がどうなっているかを管理する監視もある。方針で決められた3日以内の一次対応処理が100％終了しているかどうか、部門別に比較分析を行う。これらは、苦情対応の処理パフォーマンスの集計管理としての位置づけともなる。

　監視と異なり、監査は企業のコンプライアンス部門が、苦情対応の終了後、改めて別の視点で対応に問題がなかったかをチェックすることである。ただし、監査の意味合いは、企業の考え方に依存している。ちなみに、ISO

10002では、一連の苦情対応プロセスがきちんと行われてきたか、想定通りか、想定と異なって見直しすることはないかなどを監査として定義している。

● 苦情対応の進捗パフォーマンスモニタ

　チェック機能としての集計／分析機能の重要性は、日々の苦情対応を総合的に概観できることにある。現場の店舗別に苦情対応の進捗パフォーマンス状況を監視する。例えば、店舗ごとの直近1カ月の苦情発生件数、対応中の苦情件数、苦情対応の完了までの平均日数と分散（平均値に対応日数が集中している傾向なのか、対応日数が長いものから短いものまでさまざまでその平均が平均値となっているのかを図る指標）、前1カ月との比較などが挙げられる。同様に、苦情内容の種類ごとに細分化してみると、より綿密な分析も可能となる。

　集計／分析を行うための基本的な属性項目は、時間軸（週単位、月単位、前月比較など）、発生現場軸（現場の部署、店舗、支店など）、苦情の種類軸（事務ミス、クレーム、不満／要望、ご意見など）、苦情の発生原因軸（製品、サービスなど）の4つである。この4つの指標を柔軟に縦軸、横軸に配置し、苦情件数を把握する。これら実績件数をもとに、表やグラフ描画を行ったり、さらに詳細な分類軸に深掘りし詳細件数を見たり、実際の苦情詳細を参照し

図3-2-9　苦情対応の進捗パフォーマンスモニタ

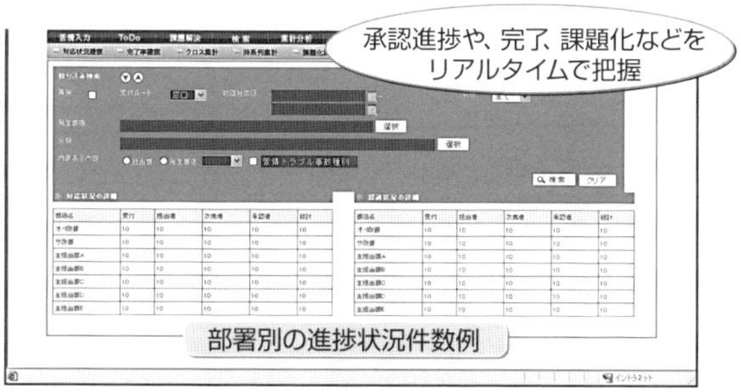

たりすることができるようになる。苦情対応のパフォーマンス状況を全社レベルで把握できるだけでなく、件数の増減や多寡の傾向から、苦情発生原因の問題点を時間や発生場所、商品やサービス単位で抽出すれば、その問題を解決するべき課題として認識することができる。

　PDCAサイクル構築の一貫として、さらに集計／分析では、苦情と課題解決を結びつけた状況監視も行う。毎日の苦情対応終了に伴い、苦情ごとに発生原因が把握される。その原因を取り除くべく、または苦情を再発させない取り組みを検討するために、実施すべき事柄を『課題化』していく。苦情発生原因の調査から判明した問題点を課題化すると、後に述べるが、最終的に再発防止策を検討し、その全社適用までを実践するフローとなる。そのため、対応完了の苦情から課題化に結びついた比率を知ることは、苦情対応のトレー

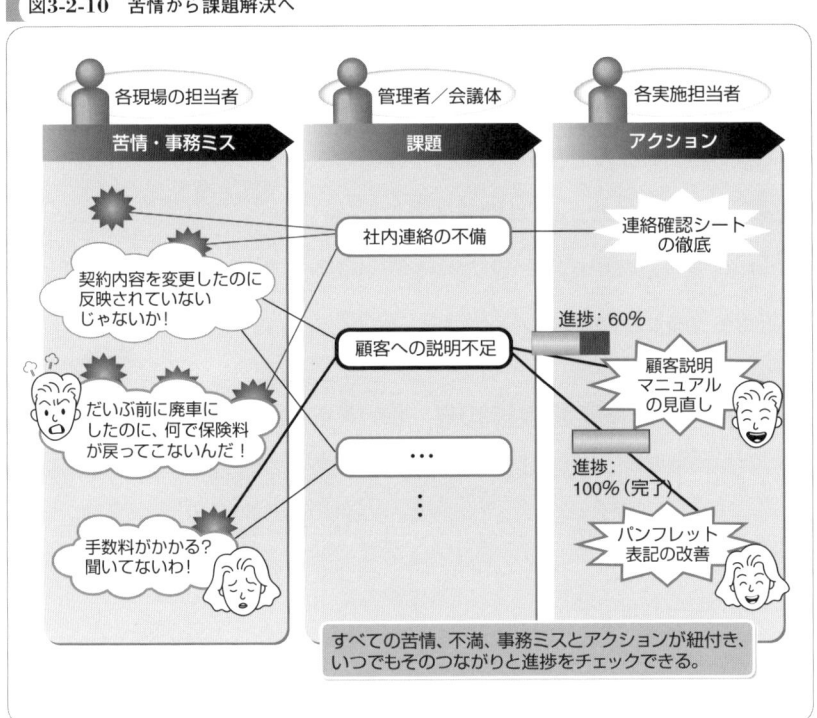

**図3-2-10　苦情から課題解決へ**

サビリティ機能としては重要な要素である。

また、発生した課題に対しては、再発防止策の適用までを完了とすると、その完了率や完了までの日数、滞留状況などを課題対応のパフォーマンス状況監視として実現することが望ましい。苦情対応ばかりを確実に行っても、今後、二度と同種の苦情を発生させない意思を持った企業であれば、再発防止策の適用までの完了も確実に行っているかが重要指標となる。

## 7 苦情の原因を取り除く課題化の意義

### ●『課題』の上げやすさ

苦情対応完了後、その原因を調査したうえで、解決すべき問題点が発覚する。その問題点を『課題』と考えるが、苦情完了から課題化に円滑に進むには、課題の上げやすさが重要である。『課題』化には、自動的に抽出する方法

図3-2-11　自身の課題管理（My課題）

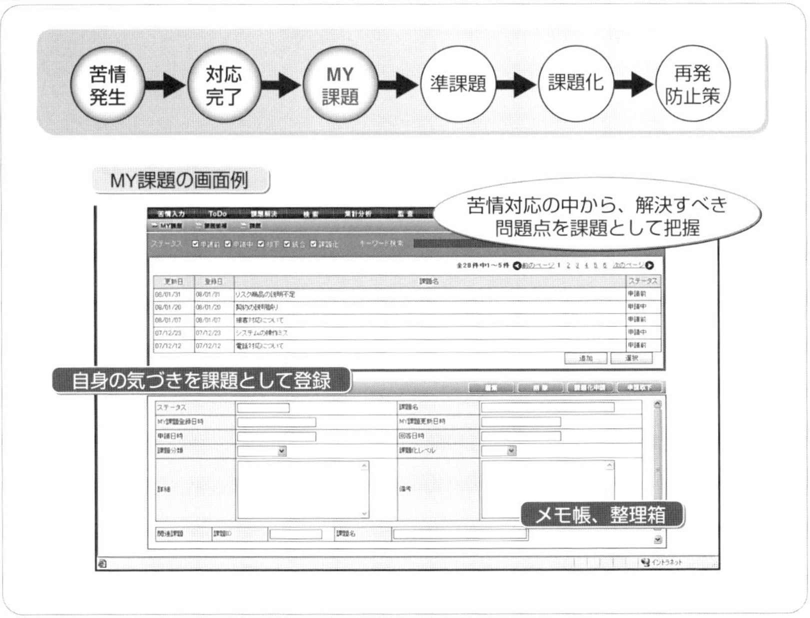

と担当者が考えて手動で抽出する方法の2つのやり方がある。どちらの方法にしても、苦情対応完了から、『課題』化につなげやすくないと、次の再発防止策まで策定できず、毎回場当たり的な苦情対応となり、業務改善につながらないこととなる。

　通常は、現場業務の改善を担当する部署や実際の苦情対応者が、改善項目としての『課題』を考えることとなる。苦情発生の原因調査を行ううえで、苦情対応の実情を調べ、現在の業務や商品／サービスなどの問題点と制約事項を把握し、問題点を浮き上がらせ、改善すべき『課題』として上げる。その際、この課題の上げやすいことが肝心である。

　とくに、その改善項目としての『課題』解決が、自部門の対応だけでなく、他部門の原因による対応まで拡がる場合、日本企業の特色として、どうしても遠慮がちになり、お互いの領域を侵犯しない暗黙の了解の下で、課題化させないこととなってしまうことも少なからずあるだろう。これでは、いつまで経っても企業としての苦情の根本解決にはならず、顧客は場当たり的な対応しかしない企業に対して満足度を低下させ、その企業の商品やサービス提供を受けたくないと思うのは明らかである。そのため、システム上のみならず、業務運用上の観点で、『課題』化を促すルール作りと仕組み作りが肝要となるのである。

　自動的な『課題』抽出の方法としては、苦情内容の詳細情報をテキストマイニング的に分析し、統計的に多数の苦情内容から半自動的に課題抽出を行う仕組みが考えられる。この種の機能を利用するためには、苦情内容の分類がきちんと定義され、かつ細分化され、言葉の要素と上手く紐付いて自動分類できるかが大切な要素となる。

● 『課題』のレベル感を統一させる

　収集した課題は、まず解決されるべく表面化させる。しかし、課題を上げることが可能な人数が多くなると、課題の上げやすさと二律背反するが、課題自体にすぐ解決すべき重大なものから、単なる注意で終わる軽微なものま

図3-2-12 課題のレベル感統一

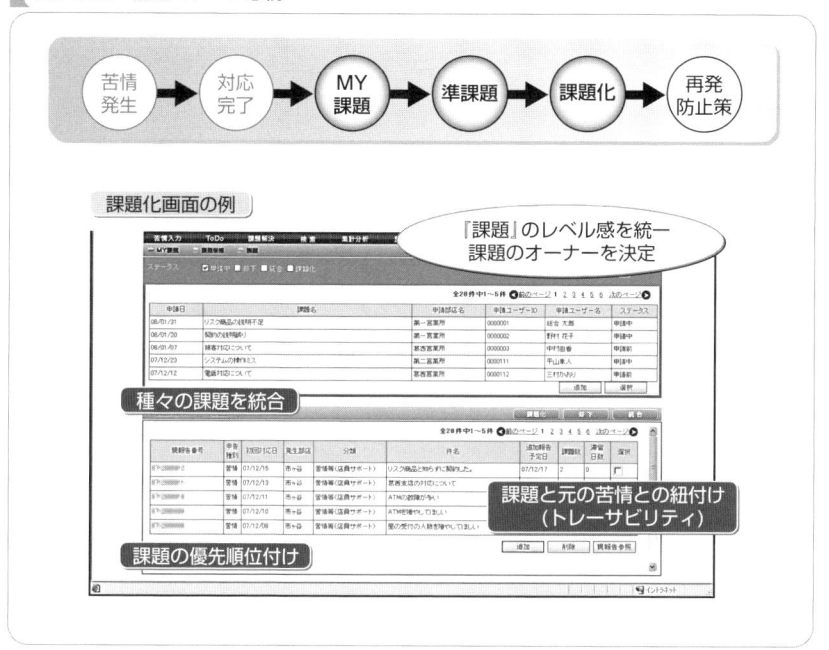

『課題』のレベル感を統一
課題のオーナーを決定

種々の課題を統合

課題と元の苦情との紐付け
（トレーサビリティ）

課題の優先順位付け

で、レベル感がまちまちとなりやすい。課題解決に取り組む認識レベルが課題ごとに異なると、何を優先してよいのか、対応しなくてもよいレベルなのかの判断がつきづらく、得てして「この課題はレベルが低いから解決までのアクションは不要だな」という流れを生み出さないとも限らない。結果的に、すべての課題解決に重要度を見出せなくなってしまうことになる。また、同種の課題がたくさん出たり、以前に解決した課題が出されたりするなど、課題の洪水となることもある。こうなると、本当に対応すべき課題がわからなくなり、使われないシステムとなりがちだ。

そのため、課題の上げやすさのメリットを残し、かつ『課題』のレベル感を統一させ、課題解決の重要性を維持するために、課題の抽出から本当の『課題』化までに内部的に承認や選択、分類を行うステップを踏ませる。つまり、課題が上げられると、即『課題』になるのではなく、一度「課題候補」扱いと

する。その「課題候補」において、同種の課題は統合し、既に解決済みか検討中の課題は既存課題に統合させる。さらに、課題のレベル感を統一するため、解決までに複数部門にわたる課題は単独部門が対応できる内容に細分化したり、小さい課題はまとめあげたりする。このプロセスを実行するには、ある程度同じ問題認識と権限のある担当者群にその実施を集中させることが重要となる。「課題候補」から『課題』化への抽出過程の担当者を絞り、洗練させることで、『課題』の品質を保ち、業務遂行しやすい環境を整えるのである。

● 『課題』のオーナー制度

　レベル感が統一されて、『課題』が決定すると、今度は、その課題は誰（どの部門）が責任を持って、いつまでに解決するのかを決定しなければならない。先に述べた「課題候補」から『課題』化への手順は、絞られた担当者で実施するが、その『課題』自身のオーナーを決め、問題解決までの期限を設定するのは、品質対策会議やサービス改善会議などの名目で実施される全社共通のコンセンサスを取る場で決定する必要がある。そのため、システムには、このような会議体を支援する機能を充実させる必要がある。

　会議体では、1つひとつの『課題』のオーナーを決める。あまりに難しすぎて解決の見込みがない、多部署にまたがる課題というのは、結局、誰も責任を持って解決できず、オーナー不在の状態となりやすい。そこで、課題を複数に分割して部署内で解決できるレベルに落とし込み、各部署が対応しやすいアクションプランに導くことが非常に重要となる。とはいえ、解決まで多部門にまたがっても、解決策検討部署と実行適用部署が上手く役割分担できるのであれば、オーナーとしては1つの部門で責任を持たせる方がよい。次に、『課題』を解決し、実際に適用するまでの期限を決める。アナログ的な会議体であるが、コンセンサスを取ったうえでの決定となり、かつ一度オーナーと期限が決まれば、各オーナーは解決のための実施事項（タスク）と担当者、期間と期限を設定し、進捗管理を行い、責任を持って実施遂行する仕組みが共有されるのである。

■ 図3-2-13　課題解決を管理する

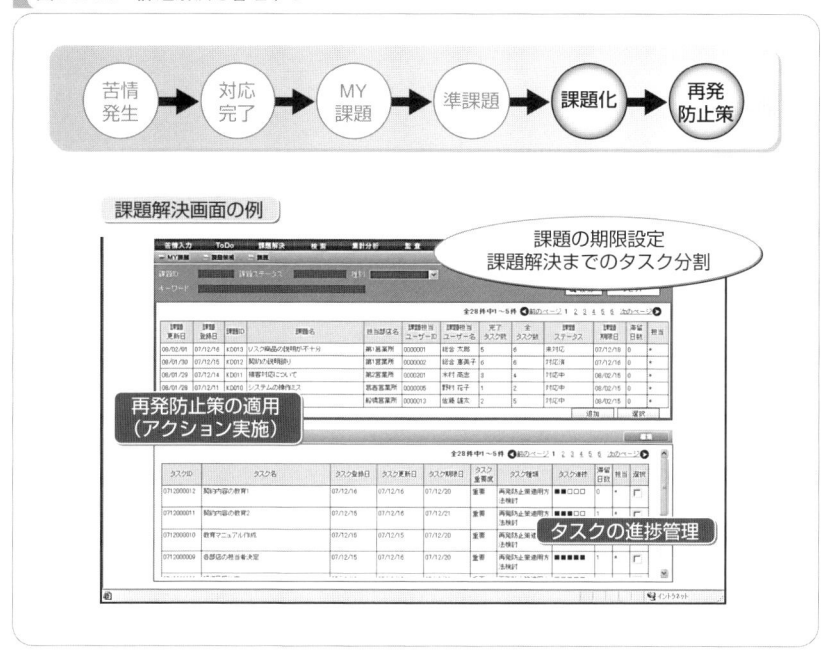

課題解決のための各タスクは、定期的な報告をベースとした進捗管理を行うことで、解決までの道筋がわかり、さらにタスク進捗の予実績を見ることで、タスク実施の困難さや進捗度合い、滞留度合いなどを概観することが可能となる。課題解決が各担当者のタスクとして認識され、日々の業務に組み込まれることで、ルーチン化しやすくなる。課題解決が特別業務として入り込むと、現場の疲弊につながりやすいので、ルーチン化させることが肝心である。最終的には、期限内に課題を解決するために各タスク担当者が動き、オーナーは全体を把握し、解決策を全社に浸透させるアクションプランの実施と適用までを、責任を持って担当するのである。

● 『課題』からアクションにつなげる

『課題』を解決するにあたって、最終的には解決策＝再発防止策を実行す

るための『アクションプラン』を考えなければならない。1つの『課題』に対してアクションプランが複数発生する場合もあるが、そのアクションプランの適用時期や適用手段、方法も課題解決のタスクとなる。そうでないと、最終的にその発生した苦情に対する解決とはならず、同種の苦情が再発することになる。

　アクションが全社に適用されると、理想的には、そのアクションのもととなった苦情は発生しなくなるはずである。実際は、その適用方法に問題があったり、全社展開に時間がかかり、一部の現場では解決していなかったり、時間が経ちすぎてアクションが守られなかったりと、同種の苦情が発生することは十分あり得る。そのため、このような問題をウォッチする仕組みとして、既に解決されているはずの苦情が発生した際は、苦情入力や登録に際し、詳細情報からテキストマイニング的に分析し、アラートを上げる仕組みが重要である。アラートが上げられると、『課題』オーナーにも通知され、さらなる問題解決に向けた取り組みやタスクが発生し、対応することとなる。

　また、アクションとして実施された苦情の発生率や件数の減少傾向を集計／分析で把握し、課題解決が有効であったのかを検証することができるのである。これが、苦情対応から、課題解決に至る苦情のトレーサビリティ機能の重要な要素の1つとなる。

● 『課題』解決ルーチン化による意識改革

　明確なルールをもとに、期限を遵守できない場合はアラートを上げ、課題解決に取り組む。このように、きちんとした業務遂行の流れがないと、苦情対応から課題解決、適用までのPDCAサイクルが回らない。

　企業内で曖昧になりやすい部分である『課題』解決をルール化、システム化し、進捗管理を行うことによって、タスクが明確になったが、日々の業務が大きく変わるわけではない。ルーチン化し、業務遂行しやすい環境作りに徹することが重要なシステム要素となる。

　『課題』内容によっては、企業として制約が多く、費用もかかり過ぎ、対して効果もないのであれば、何も対応しないというアクションもあり得る。しか

し、毎日の課題解決に向けた取り組みがガラス張りになり、経営層を含め全社の責任ある部門がチェックする仕組みは、苦情対応から課題解決に至る企業としての意識を改革し、より顧客本意の対策を実行しようとする意識を全社員で共有することにつながる。誰もが苦情対応に対し真摯に取り組める仕組みとなるのだ。

　以上、苦情対応システムとして、苦情対応PDCAサイクルを基点に、苦情対応方針の決定から、苦情受付、進捗管理／承認フロー、データ検索／蓄積、集計／分析、最後に課題化管理という流れで実現できることを述べてきた。まだITシステム分野としては確立されていない領域だが、今後、苦情対応が企業としてより敏感に対応せざるを得ない状況の中、リスク管理面でのITシステムとしてのニーズはますます強くなっていくであろう。この時、テキストマイニングが、課題候補の抽出や課題化、課題の統合、苦情再発時の速やかな発見などを支援していくツールとなるはずだ。

# 第4章
# 情報発信力を高める VOC活用戦略

**4-1**
なぜ顧客の声（VOC）の活用なのか？

**4-2**
顧客の声の活用における課題

**4-3**
求められる顧客の声マネジメント

**4-4**
顧客の声マネジメント成功のための3大要素

# 4-1
# なぜ顧客の声（VOC）の活用なのか？

## 1 答えは顧客の声の中にある

「顧客の声は宝の山」と言われて久しい。多くの企業が顧客からの苦情や意見に商品・サービスの開発のヒントが潜んでいることに気づいている。

実際、2007年10月1日付の日経産業新聞にも以下のような記事が掲載されている。「調査会社のミック経済研究所（東京・港）によると、2000年前後は年率20％で拡大してきたコールセンター市場は、今では10％前後に減速している。電話応対を超えた高付加価値サービスの創出が各社の課題になっている。コールセンターには不特定多数の生の声が集まる。消費者の意見を集約し、商品開発や販促活動に生かすことができれば有効な武器となる。顧客企業はこれまで消費者の動向を把握するために、個別にアンケートを実施したり、専門の業者に調査を依頼していた。企業側も業務を外部委託する受け皿として利用してきたコールセンターを、情報収集の拠点に位置づけ、市場開拓に利用しようとする意識を持ち始めた。消費者の声という"宝の山"を使って新たなサービスを生み出せるかが、今後のコールセンター生き残りのカギとなりそうだ」とある。

また、次節で詳しく紹介する「顧客の声の活用実態調査（2007/3野村総合研究所）」からも、利用している顧客の声の種類はコールセンターが1位であった。実に回答企業の8割がコールセンターに寄せられる顧客の声を企業活動の中で活用しているのである。

● 顧客の声の正体は？

なぜ、コールセンターの声が"宝の山"になり得るのかを考えるにあたって、そもそも「顧客の声」とは一体何であるかについて考えたい。

### 図4-1-1 顧客の声は"感情"である

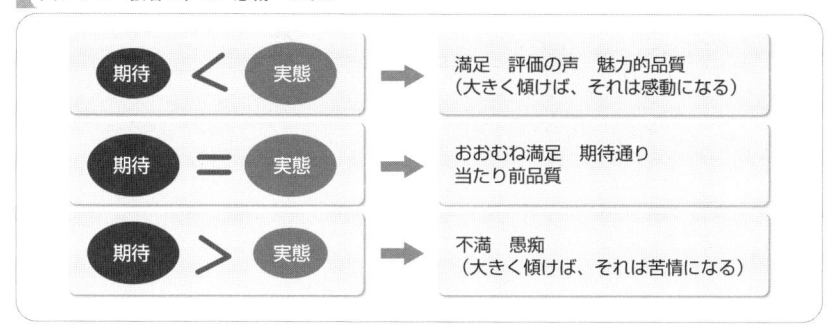

| | | |
|---|---|---|
| 期待 < 実態 | → | 満足　評価の声　魅力的品質<br>（大きく傾けば、それは感動になる） |
| 期待 = 実態 | → | おおむね満足　期待通り<br>当たり前品質 |
| 期待 > 実態 | → | 不満　愚痴<br>（大きく傾けば、それは苦情になる） |

　最近、顧客の声として、ネット上のクチコミ情報やブログなどがたびたび挙げられる。そこには、商品を使用してみての感想（評価、不満）や他人へのアドバイスのほか、日常生活で感じたさまざまな"想い"が書かれている。それは人によって違い、同じ商品やサービスを受けたとしても、ある人は評価し、ある人は「ここが不満だ！」と愚痴をこぼしたりする。つまり、顧客の声とは、その人が感じた「感情」が発せられたものであると考えることができる。感情であるので、人によってニュアンスや表現方法も微妙に異なる。そして、感情の実態は、消費者が商品やサービスに対して持っていた「期待」と、それを利用して受けた「実態」とのギャップであるといえる。

● コールセンターの声から「その瞬間」を知る

　企業は、顧客のより高い期待に応える価値を提供し続けていくことが安心感を生み出し、その積み重ねが信頼獲得につながる。そして、その顧客が感じる価値は相対的なものである。その時は顧客が価値を評価していても、競争相手がより優れた製品・サービスを開発すれば顧客価値は低くなる。つまり、今日の魅力的品質も明日には当たり前品質になってしまうのである。そのためにも企業は、顧客の声から顧客の感情をしっかり把握し、日々適切な品質の商品やサービス、または適切な情報を提供していかなければならないのである。

では、顧客の声が「感情」であるということならば、感情は時間の経過とともに弱くなっていくことに注目する必要がある。そして、最も感情が強いのは、顧客が商品を手に取っている、またはサービスを受けている、まさに「その瞬間」である。企業は、「その瞬間」の感情にいかに接することができるかが、顧客の期待や提供した商品・サービスの実態を知るチャンスとなるわけだ。
　コールセンターに寄せられる顧客の声は、まさに「その瞬間」が詰まっているものと考えることができる。つまり、電話の先にまさに「その瞬間」が存在するのである。問い合わせをしてくる消費者は、企業に何か言いたくて自ら問い合わせてくる。その場を対応するだけではなく、高い期待を提供し続けていくためには、「その瞬間」を、その感情をしっかりと蓄積することが第一歩であり、それを企業活動の中で活用していくことが顧客に選ばれる企業になる近道にもなるのである。一般的に、企業に物申したい顧客は、同じ感情を持っている消費者の数十分の1とも言われており、1つの声であっても、その裏には数十倍の数の顧客がいるのだ。
　このように、コールセンターに寄せられる顧客の声は、企業に対する期待や、提供している商品・サービスの実態を把握する重要な情報であり、かつ「その瞬間」を記録したより生々しい感情が詰まった情報である。それ故、企業にとって貴重な宝であると言えるのだ。
　例えば、トヨタの高級車レクサスの「オーナーズデスク」は、顧客が不満を感じた瞬間に意見できるように、問い合わせの門戸を開放したことで有名だ。車内のカーナビ画面から、24時間365日、いつでもコールセンターと連絡でき、レクサスの操作方法だけでなく、レストランやホテルの予約、リースや保険の質問など、何でも相談できることから利用者の評価も高い。一方、レクサス所有者の相談という形で、不満や意見を吸い上げることができるため、トヨタにとってもメリットは高い。その意味で、オーナーズデスクは、所有者に解決策を提供すると同時に、実情を技術陣に伝えて開発に活かすことができる、顧客の「その瞬間」を共有することができる仕組みなのである。

● 顧客の声は定性的な消費行動の裏づけでもある

　従来から多くの企業の意思決定で使われているPOSデータなどの、いわゆる「売れた・売れない」といった数値情報だけでは、消費行動の要因は見えてこない。数値の実績から見えてくることは"結果"であり、「なぜ消費者はこの商品を購入したのか？」「なぜ購入しなかったのか？」といった「なぜ？」の部分については明確に示してくれない。

　この「なぜ？」の部分、つまり結果をもたらした"要因＝消費行動"を知るための答えが、"顧客の声"の中に隠れているのである。この消費行動自体も、やはり消費者の感情である。企業としては、うつろいやすい消費者の心の中を少しでも把握するために必要な情報であることは間違いない。

● 顧客の声に基づいた改善事例

　コールセンターに寄せられた顧客の声から商品やサービスを改善したという例は枚挙に暇がない。

　ある食品メーカーでは、「量が減ってくるとスプーンが底まで届かない」という消費者の指摘を受け、容器のデザインを変えた。商品開発競争の激しい食品・飲料業界にあっては、この手の顧客の声から改善された商品の事例が後を絶たない。最近のペットボトルでは、外装フィルムに2本のミシン目が付いていたり、2リットルボトルには真ん中の手で持つ部分に以前にはなかった凹みがあることに気づいた方も多いのではないだろうか。

　実は、これらも顧客の要望に応えたものである。外装フィルムの改良は、ゴミの分別が広がる中、ペットボトルの本体からフィルムを剥がす際に、ミシン目がなかったり、あるいは1本だけでは「剥がしづらい」という声が多かったことに基づいている。また、凹みについては、2リットルともなると結構重いうえに「片手で持ちづらい」という苦情を発想にしている。その他、「容器の口が小さくて、取り出しにくい」という声から容器の口を大きくしたり、パッケージ表面に開封方法を記載したり、賞味期限の記載を見えやすい場所に変

図4-1-2　ユニバーサルデザインの7原則

| 1 | 誰でも使えて手にいれることが出来る | 公平性 |
| 2 | 柔軟に使用できる | 自由度 |
| 3 | 使い方が簡単にわかる | 単純性 |
| 4 | 使う人に必要な情報が簡単に伝わる | わかりやすさ |
| 5 | 間違えても重大な結果にならない | 安全性 |
| 6 | 少ない力で効率的に、楽に使える | 省体力 |
| 7 | 使うときに適当な広さがある | スペースの確保 |

ノースカロライナ州立大学(米)ロナルド・メイス氏提唱

えたりしたケースなど、食品・飲料業界のメーカーでは、消費者の声を受けて、容器やパッケージの改善を頻繁に行っている。これらの改善は、いわゆる誰にでも優しいデザインへと進化するユニバーサルデザインの開発である。

ユニバーサルデザインは、1980年代に米国ノースカロライナ州立大学のロナルド・メイス氏によって提唱された。柔軟に使用できる(自由度)、使い方が簡単に分かる(単純性)、使う人に必要な情報が簡単に伝わる(わかりやすさ)など7つの原則があり、メーカー各社は、自社の製品に寄せられる不満や質問、困難の声を直接聞き入れ、顧客参画型の開発を行っている(図4-1-2参照)。

また、これらのメーカーでは、消費者の声を商品改善に活かしていることを対外的に発表している。このような消費者に対する丁寧なコミュニケーションが、今後さらに消費者から声を寄せてもらうための触媒になり、結果として企業と顧客との間で商品改善の好循環を構築することに成功している。

## ② 改善だけではない、コールセンター発の新商品

顧客の声の活用は、先に見たような商品・サービスの改善だけではなく、新商品の企画に活かすケースも増えている。

例えば、ある飲料メーカーでは、商品リニューアルにおいて、商品の特性を徹底的に洗い出し、具体的に消費者の役に立つ情報を抽出するために、

お客様相談室に寄せられる声に注目したという。分析してみると、例えば、もともと低カロリーであった商品に意外にもカロリーに関する問い合わせが多かったり、昨今の食の安全を背景に、着色料についての質問などが増加していることを発見した。そこで、商品のリニューアルでは、消費者の先入観を逆手に取り、CMなどのプロモーションを通じて低カロリーや無着色を全面的に打ち出し、市場全体が伸び悩む中、2割以上の売り上げ増を記録した。これも企業側では気づかなかった訴求点に顧客の声が気づかせてくれたものといえるだろう。

　商品・サービスに寄せられる質問や不満は、その商品・サービスに対する改善要望であることが多い。一方で、発想の転換によっては、現在世の中にはない「あったら便利な」商品・サービスへのヒントであるケースも少なくない。その点に着目し、コールセンターをマーケティングのサポート部隊として位置づける企業も増えている。実際、消費財メーカーである小林製薬では、顧客の苦情を活かした商品開発という課題に取り組むために、お客様相談室に商品開発やマーケティングの経験者を配属。年間5万件に達する顧客の声をもとに新商品を企画し、直接経営陣に提案できる体制を整えている。その中から、のどの乾燥を防ぐ「ぬれマスク」など2品目が既に商品化されており、人気商品を生み出す役割を担い始めている。年間2商品のペースで新商品を生み出すことが当面の目標とのことだ（2007年8月22日付　日経MJより）。

## 3　顧客の声を聞くことをCSRの基本に置く

　最近では、顧客の声に耳を澄まし、企業活動に活かしていることをIR（インベスターズリレーション）の一環として積極的にアピールする姿もよく見受けられる。資本市場の投資家も、CS向上に取り組む企業はより信頼できる（高い投資収益を期待できる）投資先と見なすようになっている。

　従来、顧客重視を経営理念に掲げるのは、顧客とダイレクトに取り引きする通販会社、コンシューマ商品の製造業、接客を命とするサービス会社が中心だったが、最近では金融業界などもCS重視の姿勢を打ち出している。顧客

重視は、社会的な"要請"である。なぜなら、顧客重視の姿勢は、CSR（Corporate Social Responsibility＝企業の社会的責任）、その一要素であるコンプライアンス（法令遵守）の問題とも絡んでくるからである。

CSRの意味は、企業はその顧客や従業員、投資家のみならず、社会全体——地域、国家、はては国をまたいだ経済、文化、人々の生活、環境——に対しても影響を及ぼす存在であり、それを自覚した責任ある行動が求められるということだ。そして、CSR活動の目的が社会全体への貢献だとすれば、まず基本は自分たちの顧客を尊重し、その声を真摯に聞くことだろう。

● コンプライアンス、リスクマネジメントでの声の活用

最近の相次ぐ金融不祥事や製品の品質問題、食品偽装問題などは、企業としての法令遵守（コンプライアンス）と適切な危機管理（リスクマネジメント）が機能していないことを表している。

保険金未払い問題から「顧客保護」という経営課題を課せられた生損保各社は、顧客の苦情や意見を経営改善に活かす体制作りを重視し始めている。生損保各社は、従来より、顧客からの問い合わせ・苦情を受け付ける相談窓口を用意していたが、とくに苦情については、担当窓口や各支店の営業担当者が個別に対応するのが一般的だった。一方で、昨今の未払い問題が相次いだ点を見ると（問題発覚は、主に行政検査や内部告発によるものだが、顧客からの指摘もゼロではなかったはず）、苦情情報を全社的に共有し、組織的に対応する仕組みが十分でなかったという反省がある。そこで、各社は相次いで社長直轄の顧客の声活用専門部署を設置し、顧客の声を一元的に集約・分析して社内へ発信している。

また、エレクトロニクスメーカーでは、顧客の声からいち早く市場の品質問題を発見し、早急な原因究明と回収を含めた経営判断を行えるようなリスクマネジメント体制を整えている。2007年5月からは、「改正消費生活製品安全法」に基づき、品質リスクを発見した場合、10日以内に監督官庁へ報告する義務が課されている。

一方で、商品の多機能化に加え、ユーザーの使用条件もさまざまで、最近はメーカーが想定していないような不具合が増えていると言われている。そうした中で、不具合情報を確実にキャッチするには、コールセンターや修理センターに寄せられるクレームや問い合わせの中から、重大な品質問題に発展する恐れのある「兆し」を抽出する必要がある。「本体が異常に熱いけど大丈夫か？」「変な音がする」といった問い合わせでも、確実に品質管理部門や開発部門に情報が伝わるようにしなければならない。そのためには、リアルタイムで全社的に情報共有できる仕組みの構築が必要であろう。また、大手メーカーの場合は、テクニカルサポートや修理受付などの保守部門は別会社になっているケースが多いので、社内だけでなく、関連会社まで含めたグループ全体での品質管理、リスク情報の共有といったリスクマネジメントの構築が急務であるといえよう。

## 4　顧客の声の「攻めの活用」と「守りの活用」

　これまで見てきたように、顧客の声の活用で期待される代表的な効果は、次の3つだろう。
　①商品・サービスを顧客視点で改善することによるCS（顧客満足度）の向上
　②企業側では気づかない発見による新しい付加価値（商品・サービス）の創造
　③問題の"兆し"から問題を早期発見することによるリスク・品質管理の徹底
　①、②は最終的に企業の利益増につながることから、顧客の声の「攻めの活用」と言え、③は企業の存続に影響を与えるリスクを回避するための「守りの活用」と言えるだろう。「攻めの活用」は、最終的に企業の利益増につながる。それを次の**図4-1-3**で簡単に説明する。

　先に解説したように、顧客の声は感情の表れであり、その感情の実態はCS（顧客満足度）であるといえる。CSが向上することにより、顧客は、企業やブランド、製品に対するロイヤルティが上がる。ロイヤルティとは、ここでは商品・サービスに対して肯定的な「行動」と定義できる。つまり、CS（感情）の高

図4-1-3　企業業績と顧客の声活用の関連性

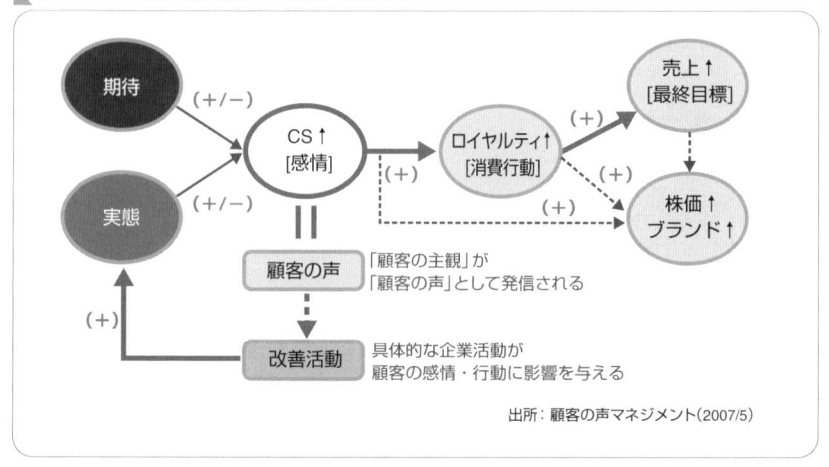

出所：顧客の声マネジメント(2007/5)

まりがあるレベルを超えると、ロイヤルティ（行動）に昇華する。

　企業が利益を増やすためには、結局、自分たちの商品・サービスに対して、ロイヤルティを持つ顧客を増やすか、1人のロイヤルティを深めて、消費行動を活性化させる必要がある。そのためにも、感情であるCSを上げる必要があり、顧客の声に耳を澄ませ、変化する顧客の期待に対して魅力的品質を提供し続けることが、企業の業績アップにつながるのである。

　また、今の時代、不祥事は企業ブランドを一気に失墜させるリスクがある。このことから、より敏感に「守りの活用」も進めていかなければならないことは、改めて説明する必要もないだろう。

## 4-2 顧客の声の活用における課題

### 1 顧客の声の活用実態調査

　顧客の声の活用に取り組む企業が増えている一方で、各企業における活用実態は一体どのような状況なのだろうか。この疑問に応えるため、野村総合研究所では、顧客接点を持つ企業1500社を対象に2007年3月、「顧客の声の活用に対する実態調査」を実施し、約200社の回答を得た。調査は、住宅、エレクトロニクス、自動車、医薬、化粧品、通販、小売、食品・飲料、銀行、生損保など18業界にわたり、CS担当や経営企画、情報システム、営業企画部門などの責任者の方々にご協力いただいた。

図4-2-1　「顧客の声の活用に対する実態調査」概要

野村総合研究所では、日本企業における「顧客の声の活用の状況と課題意識」の把握を目的として、「顧客の声の活用に関する実態調査」を2007年3月に実施した。

**調査対象**
- 1500社のCS担当部門もしくは経営企画、情報システム部門、営業企画部門の責任者
- 業界：エレクトロニクス、小売、食品・飲料、通信、医薬メーカー、消費財、銀行、保険、証券、クレジットカード、外食、住宅、旅行・サービス、自動車、通販、電力・ガス、情報サービス　等

**調査方法**
- 郵送法（回収・発送ともに郵送）により実施

**調査期間**
- 2007年3月

**回収結果**
- 回収数189票

**調査項目**
- 顧客の声の収集状況
  ・収集している声の種類と具体的な内容・収集頻度
  ・顧客の声を収集する目的
  ・蓄積・管理状況の満足度
- 顧客の声の活用状況
  ・顧客の声の活用を推進する部署の有無と種類
  ・最も重視している顧客の声の種類
  ・顧客の声の報告・共有範囲とかかる時間
  ・顧客の声の共有方法
  ・顧客の声を閲覧する頻度
  ・テキストデータの加工手段
  ・顧客の声の重要性とその理由
  ・顧客の声活用の満足度
- 顧客の声の課題と今後の取り組み
  ・収集、分析、共有、人材での課題と重要度
- その他
  ・業界、従業員　等

この調査から見えてきたことは、まだまだ多くの企業では、顧客の声の蓄積・分析・活用において、十分に満足できていないという実態と、そこに共通で抱えている、いくつかの課題が存在するということである。

　図4-2-2の①を見て欲しい。これは顧客の声の活用状況の満足度を回答してもらった結果である（単一回答）。最も多かったのが、「あまり満足していない」（88社、48.9％）であり、「全く満足していない」と合わせると、実に6割の企業で思ったように顧客の声の活用が進んでいない実態が明らかになった。

## ② 企業の課題は、組織、共有、分析、蓄積

　本調査では、顧客の声を活用していくための課題について、「収集上の課題」「分析上での課題」「施策反映上の課題」「組織・人材面の課題」の4つに大別し、顧客の声の活用において目指すべき形にするために、優先的に取り組むべき課題を回答してもらった（単一回答）。その結果が、図4-2-2の②だ。

　最も優先的に取り組むべきテーマとしては、分析や施策反映を行っていくうえでの推進役となる「組織・人材面」（54社、29％）を挙げる企業と、分析した

**図4-2-2　顧客の声の活用状況の実態と課題**

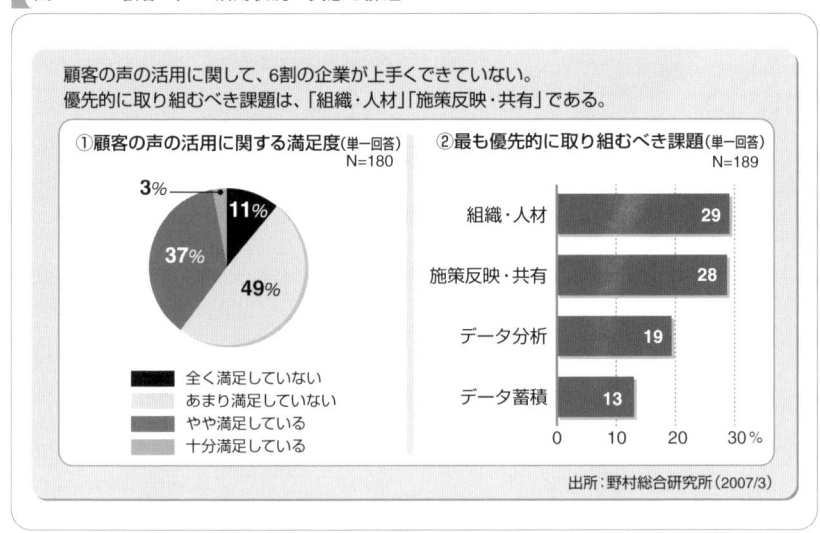

顧客の声の活用に関して、6割の企業が上手くできていない。
優先的に取り組むべき課題は、「組織・人材」「施策反映・共有」である。

①顧客の声の活用に関する満足度（単一回答）　N=180
- 全く満足していない　3％
- あまり満足していない　49％
- やや満足している　37％
- 十分満足している　11％

②最も優先的に取り組むべき課題（単一回答）　N=189
- 組織・人材　29
- 施策反映・共有　28
- データ分析　19
- データ蓄積　13

出所：野村総合研究所（2007/3）

結果を施策に反映するための「共有面」(53社、28%)を挙げる企業が多かった。そして、「データ分析」(36社、19%)、「データ蓄積」(25社、13%)と続いた。

以降、それぞれの課題に対して、その実態を詳細に見ていく。

## 3　顧客の声の蓄積に関する課題

本章の冒頭に書いた「顧客の声は宝の山」という表現であるが、せっかく貴重な意見が寄せられても、それをデータとしてしっかりと蓄積できなければ、残念ながら宝にはならない。その実態を見てみよう。

図4-2-3の①は「顧客の声の蓄積に関する満足度」(単一回答)の結果である。これを見ると、顧客の声の蓄積に関して、「まったく満足していない」と

**図4-2-3　顧客の声の蓄積状況の実態と蓄積上の課題**

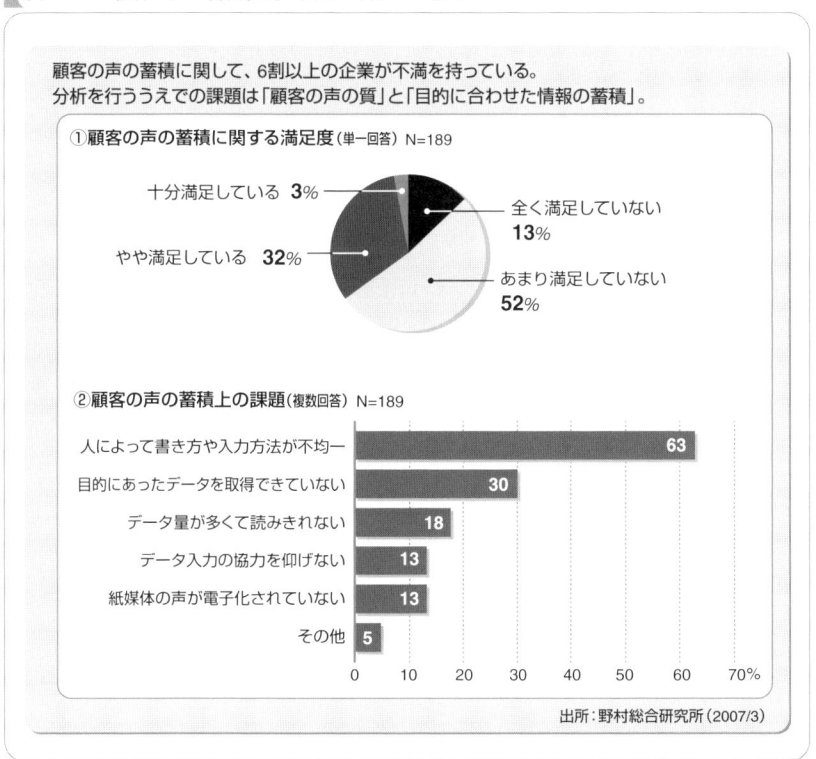

顧客の声の蓄積に関して、6割以上の企業が不満を持っている。
分析を行ううえでの課題は「顧客の声の質」と「目的に合わせた情報の蓄積」。

①顧客の声の蓄積に関する満足度(単一回答) N=189

- 十分満足している　3%
- やや満足している　32%
- 全く満足していない　13%
- あまり満足していない　52%

②顧客の声の蓄積上の課題(複数回答) N=189

| 課題 | % |
|---|---|
| 人によって書き方や入力方法が不均一 | 63 |
| 目的にあったデータを取得できていない | 30 |
| データ量が多くて読みきれない | 18 |
| データ入力の協力を仰げない | 13 |
| 紙媒体の声が電子化されていない | 13 |
| その他 | 5 |

出所：野村総合研究所(2007/3)

「あまり満足していない」を合わせ、6割以上の企業が不満を抱えていることがわかった。一方、「十分満足している」企業に至っては、3％程度しかいないことから、ほとんどの企業が満足のいくような声の蓄積ができていない実態が明らかになった。

では、何が問題で、このように声を上手く蓄積できていないのだろうか。**図4-2-3**の②は、「顧客の声の入力上の課題」（複数回答可）を回答してもらったものである。

最も多く挙げられた課題としては、「人によって、書き方や入力方法が不均一である」という回答であり189社中、114社（63％）の企業で悩んでいることがわかった。次に多かった課題は、56社（30％）が回答した「目的にあったデータを取得できていない」であった。

つまり、収集の後に続く分析・活用に耐えうる「質」を担保できず、満足のいく活用を行うための大きな壁となっているのが明らかになった。声の質を上げていくことは、効率性をKPI（Key Performance Indicators：重要業績評価指標）として定めているコールセンターが多い中で頭の痛い問題であることが多い。社内で活用できる声を蓄積すること自体もコールセンターの重要なミッションの1つであると捉えることが第一歩である。

よく、「データの質が悪いので分析できない」という話を耳にするが、「質を上げること」と「分析を行うこと」のどちらが先かという議論は、"鶏と卵のどちらが先か？"という議論に近い。質を上げるためには、「今のデータで何がわかるか」という現状分析と「何を知りたいのか？」といった利用部門を交えた議論が必要である。つまり、分析を行うことで必要な改善事項が具体的に分かってくるのである。その意味で、トライ＆エラーを行う中で、入力ルールを変更する、入力項目を変更するなど、継続的に質の向上に取り組むことが必要だ。また、社内での活用状況や、顧客の声の位置づけを、コールセンターで声を入力するオペレータに伝え、入力そのものの意義を理解させ、声の蓄積に対するモチベーションを上げるという地道な活動も重要である。全社的に声を活用していくためには、究極的にはやはり現場1人ひとりの意識に

対する動機づけは避けて通れない。

　また、3つ目の課題として挙げられた「データ量が多くて読みきれない」に関しては、テキストマイニングの活用が有効である。従来の人間の読み込みによるマイニングでは限界があり、また検索エンジンなどでは全体像が把握できないなどの課題がある。その点、テキストマイニングでは、全体傾向から問題を発見していく「探索型分析」や、仮説から課題を検証していく「仮説検証型分析」などのアプローチで、効率良く新しい発見につなげていくことが可能となる。

## 4　顧客の声を社内に発信するための課題

　寄せられた声を分析するうえでの課題として最も多かったのが、「分析する時間がない」、次いで「適切な分析方法がわからない」という回答であった。コールセンターに寄せられる顧客の声は膨大な量の文字情報であるが故に、1つひとつ丁寧に読み込んでいくにも一苦労である。ましてや、それを分析しようとすると、従来の手作業では、分類して数をカウントするだけで疲弊してしまい、傾向の読み取りまで進まないという悩みが少なくないのが実態である。また、日々寄せられることからデータの量だけに圧倒されてしまい、手作業の分類にまみれ、そもそもの分析の方向性を見失ってしまうケースも多いようだ。

　その意味で、テキストデータで寄せられた顧客の声はもはや人手で分析するのは非効率であり、本章で紹介するテキストマイニングの活用は必須になってきているといえる。

　続いて、施策反映・共有面に関するテーマの中で多かった課題を図4-2-4にまとめた。最も多い課題は、「結果共有に時間がかかる」(66社、35%)であり、次いで「適切な部署に共有できていない」(55社、29%)、「結果を共有するシステムがない」(44社、25%)であった。これは、消費者の観点からすれば落胆する結果である。せっかくコールセンターに苦情や要望を述べたりしても、結果的に施策の立案・実行する部署までほとんど共有されていないことになる。

### 図4-2-4 施策反映・共有における課題

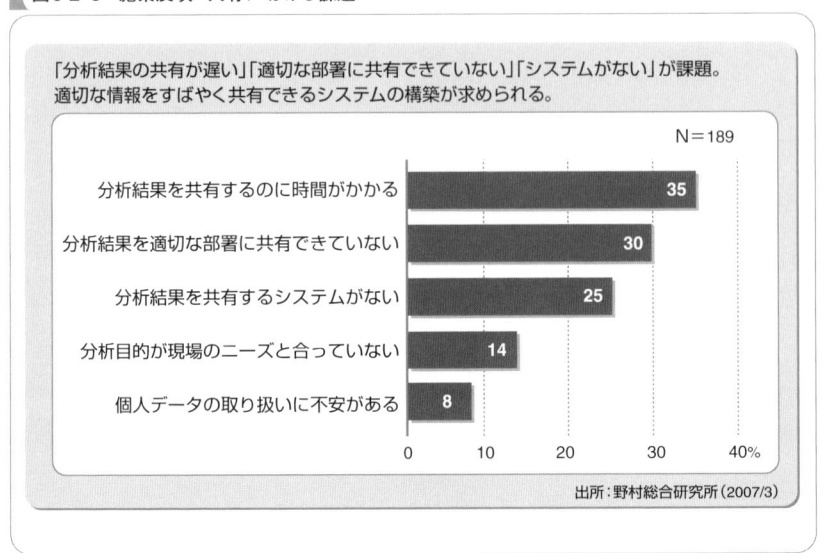

「分析結果の共有が遅い」「適切な部署に共有できていない」「システムがない」が課題。
適切な情報をすばやく共有できるシステムの構築が求められる。

N＝189

| 項目 | % |
|---|---|
| 分析結果を共有するのに時間がかかる | 35 |
| 分析結果を適切な部署に共有できていない | 30 |
| 分析結果を共有するシステムがない | 25 |
| 分析目的が現場のニーズと合っていない | 14 |
| 個人データの取り扱いに不安がある | 8 |

出所：野村総合研究所（2007/3）

### 図4-2-5 顧客の声の共有範囲と共有にかかる時間

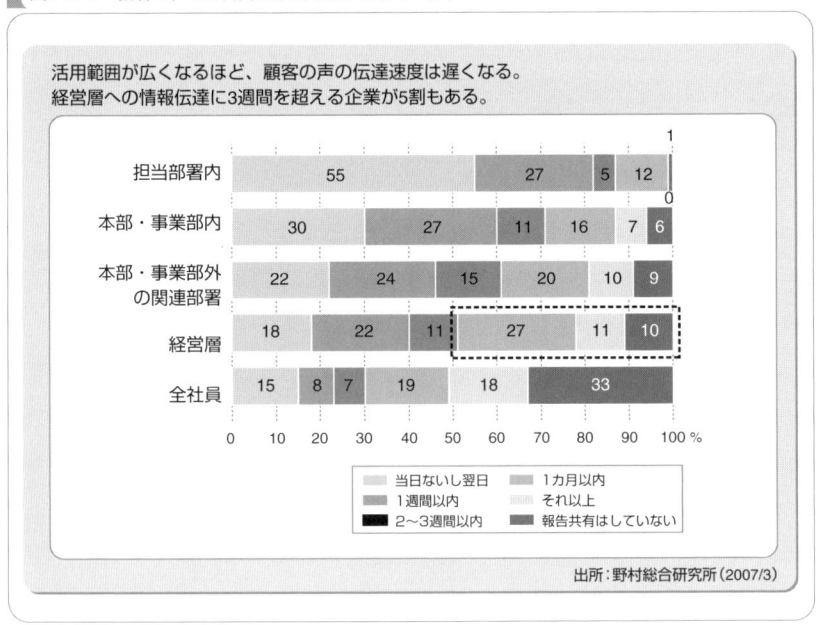

活用範囲が広くなるほど、顧客の声の伝達速度は遅くなる。
経営層への情報伝達に3週間を超える企業が5割もある。

| 範囲 | 当日ないし翌日 | 1週間以内 | 2〜3週間以内 | 1カ月以内 | それ以上 | 報告共有はしていない |
|---|---|---|---|---|---|---|
| 担当部署内 | 55 | 27 | 5 | 12 | 1 | 0 |
| 本部・事業部内 | 30 | 27 | 11 | 16 | 7 | 6 |
| 本部・事業部外の関連部署 | 22 | 24 | 15 | 20 | 10 | 9 |
| 経営層 | 18 | 22 | 11 | 27 | 11 | 10 |
| 全社員 | 15 | 8 | 7 | 19 | 18 | 33 |

出所：野村総合研究所（2007/3）

顧客の声の共有に関しては、ここでもう1つ面白いデータを紹介したい。顧客の声をどの範囲まで共有しているか、その範囲と共有までにかかる時間の関係を表したものである(**図4-2-5**参照)。

　この結果を見ると、活用範囲が広くなるほど、顧客の声の伝達速度は遅くなっていることが一目でわかる。当日ないし翌日までに自部署内での共有は、約6割の企業で実施されている。特筆すべきは、経営層への共有まで3週間以内が50％、逆に言うと、約半数の企業は、経営層に伝達するのに3週間以上要しているのである(中には報告していないとの回答も1割ある)。また、全社的な声の共有となると、共有していない企業が3社に1社の割合であることがわかった。近年、「顧客満足経営」や「顧客視点経営」をスローガンに掲げる企業が増えている中で、このような実態は残念な結果である。

## 5　全社活用における障壁

　最後に最も優先度を上げて取り組みたいと回答する企業が多かった「組織・人材面」における課題を見ていきたい。

**図4-2-6　組織・人材における課題**

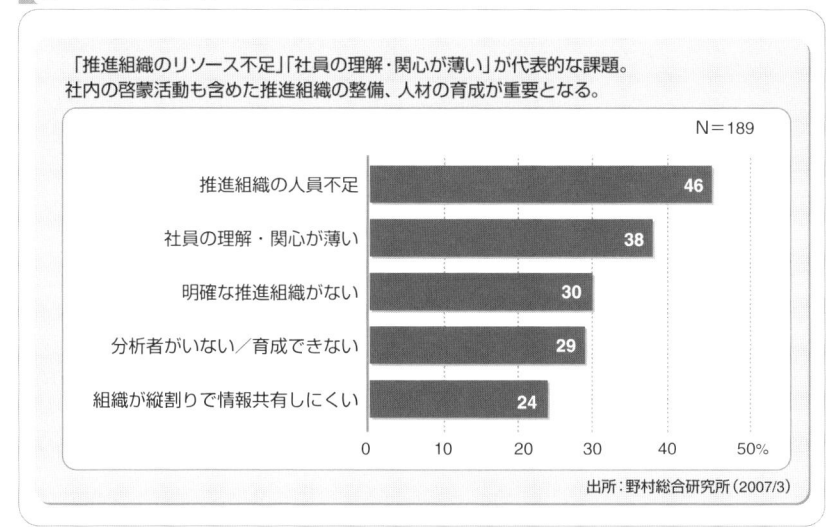

「推進組織のリソース不足」「社員の理解・関心が薄い」が代表的な課題。
社内の啓蒙活動も含めた推進組織の整備、人材の育成が重要となる。

N＝189

| 項目 | % |
|---|---|
| 推進組織の人員不足 | 46 |
| 社員の理解・関心が薄い | 38 |
| 明確な推進組織がない | 30 |
| 分析者がいない／育成できない | 29 |
| 組織が縦割りで情報共有しにくい | 24 |

出所：野村総合研究所(2007/3)

最も多かった課題は、「推進組織のリソース不足」(86社、46％)であり、次いで「社員の理解・関心が薄い」(71社、38％)であった(**図4-2-6**参照)。

## 6 顧客の声推進体制の実態

また、「明確な組織がない」(56社、30％)や「分析者がいない／育成できない」(53社、28％)という回答がある一方で、全体の75％の企業では、何かしらの社内で顧客の声の活用推進を行う組織を持っていることが分かった(**図4-2-7**参照)。CS推進部などの「専門部署」を設けている企業が約6割で多く、コールセンターなどの「顧客接点部署」が推進を行っている企業は半数であった。また、顧客の声の活用を推進する組織がある企業は、ないと答えた企業と比較して、相対的に活用が上手くいっている割合が高いことも分かった。(**図4-2-8**参照)。

つまり、ほとんどの企業では、顧客の声の活用を推進する組織はあるものの、活動の効率化や社内啓蒙活動も含めた推進体制の整備が大きな課題であることが判明した。

## 7 顧客の声活用実態調査のまとめ

ここまで見てきたように、顧客の声の活用においては、以下のような課題があり、多くの企業で思うように顧客の声を蓄積し、活用仕切れていない実態が浮き彫りとなった。

・顧客の声の収集・蓄積において6割の企業が不満を抱えている
・顧客の声の収集
　➡人によって書き方が異なったり、目的にあった蓄積ができていない
・顧客の声の分析
　➡分析する時間がない。適切な分析方法がわからない。テキスト情報の分析が人手では限界があり、方向性も見失いがちになる
・顧客の声の共有・活用
　➡6割の企業が思ったように蓄積した声を活用できていない。分析結果

### 図4-2-7 顧客の声推進体制の実態

7割を超える企業で、何かしらの顧客の声の活用を推進する組織がある。
一方で、慢性的な人員不足や社内の関心の低さが課題となっている。

**顧客の声の活用推進組織の有無**
- 組織（部署）がある 75%
- 組織（部署）がない 25%

**顧客の声の活用を推進する組織（複数回答）**
- 専門部門（CS部、CS推進部など） 60%
- 顧客との接点部門 51%
  （コールセンター、マーケティング部など）
- 委員会・プロジェクト 13%
  ・CS連絡会／リスクマネジメント委員会／
  お客様の声会議

**組織はあるが……**
- 推進組織の人員不足 （51%）
- 社員の理解・関心が薄い （40%）

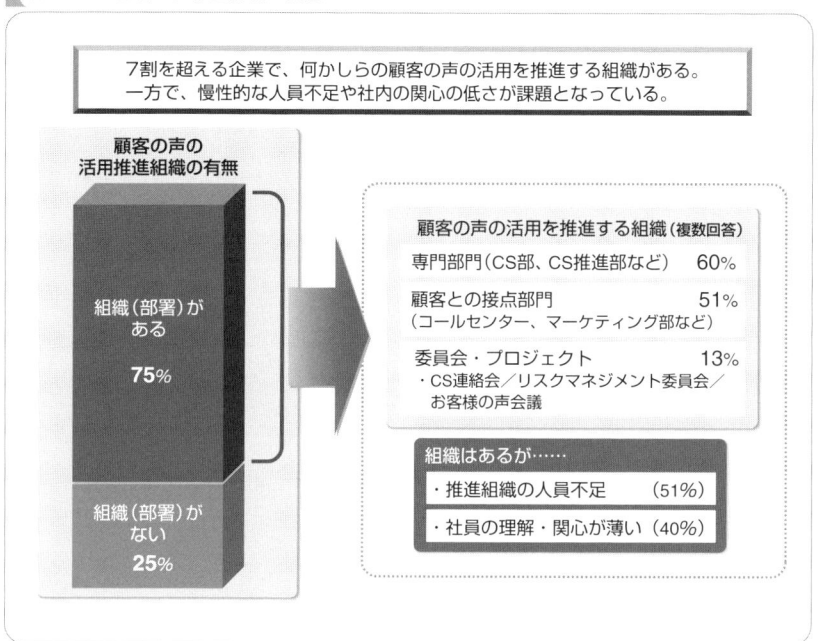

### 図4-2-8 顧客の声推進体制の有無と活用度合いの関係

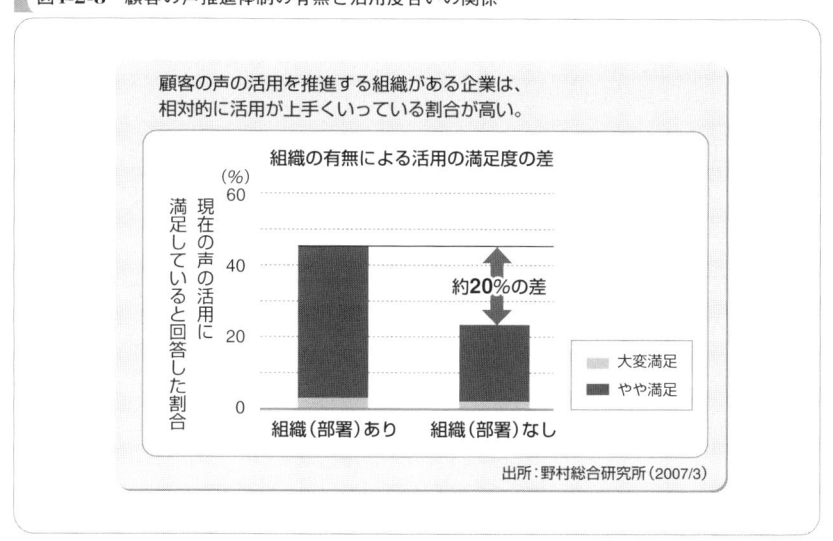

顧客の声の活用を推進する組織がある企業は、
相対的に活用が上手くいっている割合が高い。

**組織の有無による活用の満足度の差**

現在の声の活用に満足していると回答した割合(%)

- 組織（部署）あり：約45%
- 組織（部署）なし：約25%
- 約20%の差

凡例：大変満足／やや満足

出所：野村総合研究所（2007/3）

4-2 顧客の声の活用における課題

を共有するのに時間がかかる、適切な部署に共有できていない。経営への伝達に3週間以上かかる企業が半数存在する
・組織・人材
➡推進組織がある企業の方が成功する確率は高い。7割を超える企業は何かしらの推進組織はあるが、リソースの問題、社員の理解・関心不足によりうまく機能していない

一方で、いくつかの先進的な企業では、顧客の声を全社的に活用し、着実に成果を上げている。それらの企業ではどのような仕組みを作っているのか？ 成功するための秘訣とは何か？ 次節以降、そのヒントを探っていこう。

# 4-3 求められる顧客の声マネジメント

● 顧客の"想い"が企業内でロス！？

　前節でみた顧客の声の活用における現状は、コールセンターで顧客目線の要望やヒントを大量の声として汲み取ったとしても、その声を適切に加工するプロセスで声の消化不良・ロスが発生してしまうがために、成果につながる声の量は僅かになってしまっているといえる。結果、声を寄せてくれた顧客に対して還元される付加価値自体もほんの一部になってしまうのである。では、どのようなプロセスで声の消化不良やロスが起きているのか、具体的に説明しよう。

　顧客から企業に対して大量の声が入ってくると、まずテキスト情報であるその声を適切に加工し、どのような声が何件くらいあって、それが増えているのか減っているのかを把握するプロセスが必要となる。このプロセスを筆者らは、「見える化」と呼んでおり、調査で見たように「分析する時間がない」「適切な分析方法がわからない」などの理由から、大量の声に埋もれ、傾向が掴めず、消化モレ・ロスを起こしている状態は「見える化不足」といえる。

　そして、無事「見える化」された顧客の声は、次のプロセスとして、それを利用する適切な部署にフィードバックされ、各部署で声を消化するプロセスに入る。これを「見える化」ならぬ「見せる化」と呼んでいる。さまざまな企業の実態としては、「共有するのに時間がかかる」「適切な部署に共有できていない」などの課題があり、また見える化不足の結果、共有される情報が単なる集計表の数値だけで、具体的に顧客が何を言っているのかといった具体性が乏しいとの悩みも聞く。この状態は、まさに「見せる化不足」である。この時点で、残念ながら、相当数の声が消化不良になっているであろう。

　そして、「見える化」「見せる化」された声はまさに顧客に還元する成果に

図4-3-1 顧客の声は施策へ反映されていない

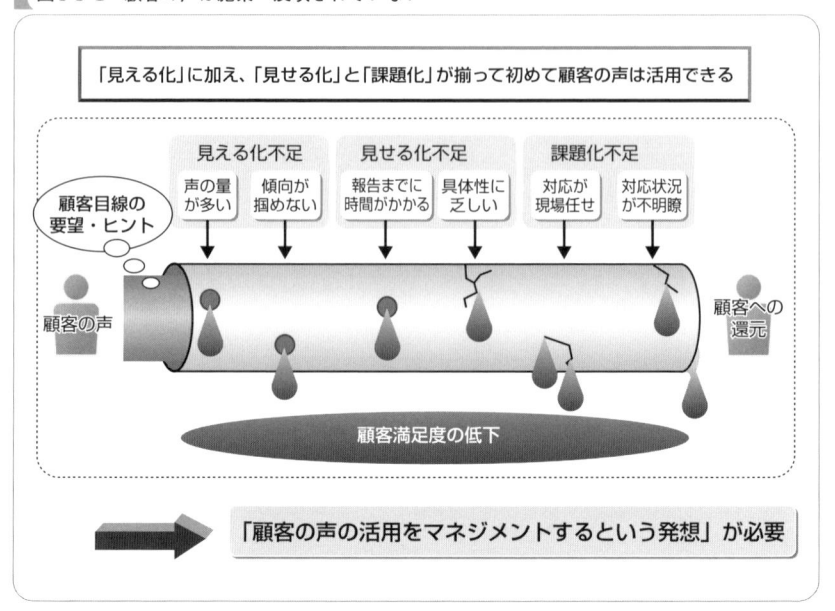

「見える化」に加え、「見せる化」と「課題化」が揃って初めて顧客の声は活用できる

見える化不足：声の量が多い／傾向が掴めない
見せる化不足：報告までに時間がかかる／具体性に乏しい
課題化不足：対応が現場任せ／対応状況が不明瞭

顧客目線の要望・ヒント　顧客の声　→　顧客への還元
顧客満足度の低下

→「顧客の声の活用をマネジメントするという発想」が必要

変換されるプロセスに入ることになる。ここでは、実際に寄せられた声から改善すべき課題を洗い出し、関連部署と力を合わせて対策を練り、改善を行っていくことで新しい価値を創造していく。このプロセスを「課題化」と呼んでいる。ここでは、「推進組織の人員不足」や「声の活用に対する社員の理解・関心不足」などの理由から、対応が担当現場任せになってしまってそのまま放置されたり、その後しっかり改善されたかどうか不明といった状態＝「課題化不足」になってしまう。

このように、さまざまなプロセスに存在する問題のために、企業内で消化不良のまま、顧客に還元されない「顧客の声」が大量に存在するのである。

● 顧客の声をマネジメントするという新しい発想

このような現状を踏まえ、筆者らは顧客の声を着実に成果に反映させていくための顧客の声活用のための手法として「顧客の声マネジメント」という考

え方を提唱している。顧客の声マネジメントとは、企業に寄せられた顧客の声を軸にして、全社的な施策、戦略を導き出そうという考え方である。中心となるのは、実現のための4つの基本サイクルと3つの要素であり、それらは筆者らが300社を超える顧客の声活用のプロジェクト経験から得られた知見をまとめたものだ。

一方で、従来も顧客の声という形ではなくとも、顧客情報のマネジメント手法として、広くCRM（Customer Relationship Management）やナレッジマネジメントなどの手法が存在していた。「顧客の声マネジメント」は、顧客の声を軸にこの2つの課題をちょうど補完する役割がある。

それでは、「顧客の声マネジメント」の考え方について解説していくにあたって、まずはこれらのCRMやナレッジマネジメントとの違いから見ていくこととする。

● 従来の情報マネジメント手法と顧客の声マネジメント手法の違い

CRMでは、まず顧客1人ひとりを識別することから始まる。「顧客」という集合体ではなく、「個客」という見方で対応することで、結果として個別に良好な関係作りを行うことを目的としている。例えば、コールセンターでは、CTIシステムなどで、電話してくる顧客1人ひとりを識別し、オペレータが顧客データベースの情報をリアルタイムに見ながら、個客の満足度を上げていくのである。

一方、「顧客の声マネジメント」では、顧客の声全体に耳を傾けることで、こうした個別の対応だけではなく、企業全体の取り組みとして、顧客を満足させられる施策を検討できるようにするものである。つまり、個別の対応ではなく、全体の声に耳を傾けることで、同様の問い合わせまたは苦情が、同じ製品、同じ地域、同じ顧客タイプで発生していないか、さらに今後、別の場所でも発生しないかといった、声が発せられた根本的な原因を探り当て、対策を行っていくことができるようにするのだ。

また、CRMにおいて「個客」を識別する情報は、性別、年齢、購買履歴などの定量的なデータが中心であるのに対し、顧客の声マネジメントでは、よ

り具体的な情報である声＝定性的なデータに注目することで、過去の延長線上で考える対応や改善だけではなく、顧客の要望のように外部からの新たな刺激によって、これまで気づかなかった問題の発見や対策のヒントを得るようなことができる。つまり、CRMを一歩抜け出した手法であるといえる。

　もう1つのナレッジマネジメントは、社内のナレッジ（知識）を収集し、活用する仕組みだが、各人が自分の持つ暗黙知を誰もが共有できるよう文章化、図式化することを面倒くさがり、そもそもナレッジが集まりにくい、集まったとしても更新が不定期で、そのうちナレッジが陳腐化していってしまうという問題がある。その点、「顧客の声マネジメント」では、蓄積されるナレッジは、実際に顧客から寄せられる要望や苦情から改善した事例や、苦情の発端となった原因、改善活動の過程などであり、共有される情報はこれらのナレッジのほか、具体的なエピソードが詰まった実際の顧客の声でもある。つまり、この顧客の声は、業務に関係する声が担当部署にしっかり共有できれば、見るものに実感と新しい気づきを与えるには十分なパワーを持つ、「より実感が沸くナレッジ」であると捉えることもできる。また、社内のナレッジと違って、顧客の声は日々変化する市場と消費者ニーズから発せられる意見、要望、満足・不満に思ったエピソードなどであることから、情報の新鮮さでは事欠か

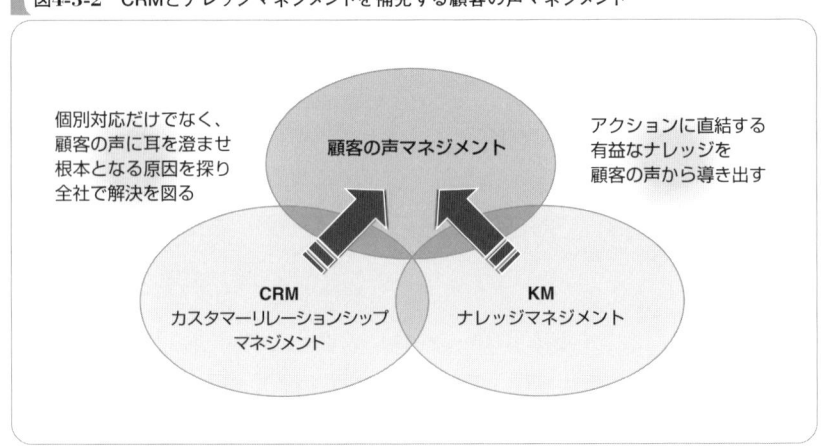

図4-3-2　CRMとナレッジマネジメントを補完する顧客の声マネジメント

ない。この声から社員全員が気づきを得られる仕組みが構築できれば、"新鮮なナレッジ"の活用が質・量ともに期待できるだろう。

## 1　「顧客の声マネジメント」サイクルの構築

### ● 顧客視点の思考回路を作り上げる

　コールセンターに蓄積される顧客の声を活用していくことは、先にも見たように、企業のCSR活動、リスク管理、商品やサービスの改善、新規企画などと結びつく一方で、企業文化を変える力も持つ。顧客重視の経営理念のもと、コールセンターから顧客の声が積極的に発信され、それが社内で盛んに流通し、常に社員がそれらに触れるようになると、顧客目線で物事を考える習慣、言い換えるなら「顧客視点の思考回路」ともいえるものが組織の中で徐々に醸成されてくる。顧客視点の思考回路のもとでは、当然ながら、事業活動全体が「商品・サービスありき」ではなく「顧客ありき」と、その思考が変わってくる。

　また、企業に寄せられる「お褒めの言葉」などが社内の隅々に行わたることで、社員のモチベーションも自然と高められるだろう。最近は、さまざまな業界で、インターナルブランディングともいわれ、組織の内部に対するブランド価値の維持、向上がテーマにもなっている中で、自分が働く企業や扱う製品・サービスに対する期待や評価の声に触れることは、担当する仕事に意義を感じるきっかけにもなるだろう。そうすることで、社員の中でやりがいや使命感が増し、仕事への取り組みが自然と自発的、前向きになってくる。より多くの社員にそうした意識が出てくれば、組織は活性化される。逆に、常に新鮮な顧客の声が流れていない組織は、よどんでしまうといえる。

### ●「顧客の声マネジメント」サイクルを構成する4つの機能

　では、コールセンターを中心に、どのように顧客の声を活用していけば、顧客視点の思考回路を醸成できたり、リスク感度を高めたり、顧客に優しい商品・サービスの開発につなげることができるのか。つまり、「顧客の声マネジ

**図4-3-3 顧客の声マネジメントの「4A」サイクル**

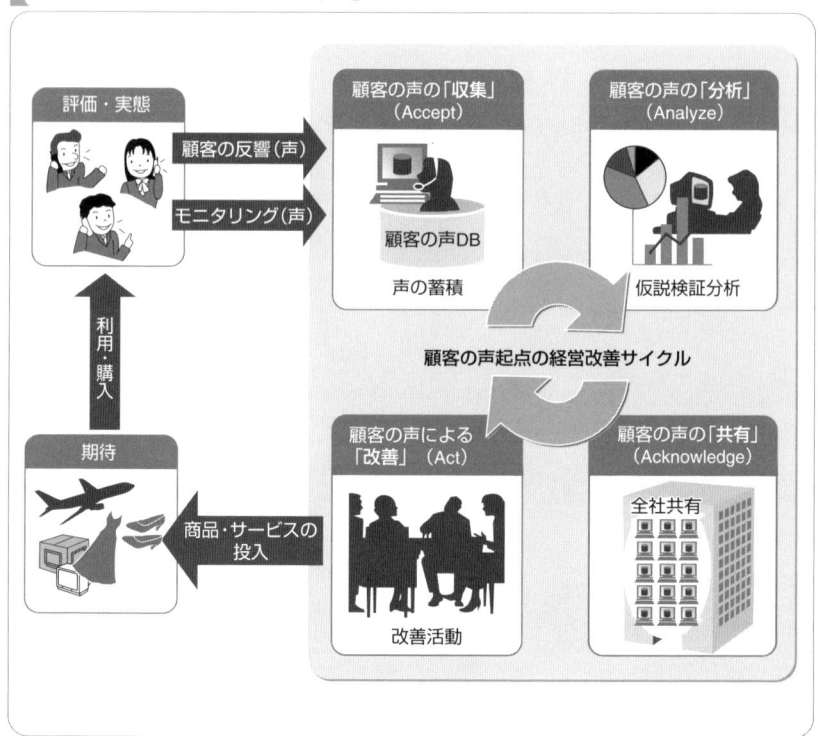

**図4-3-4 顧客の声の収集から改善までの「4A」**

メント」を実践することで、真のコールセンターの情報発信拠点化が実現できるのかを検証する。

　そのためには、まず「顧客の声マネジメント」を実現するための4つの機能について理解する必要がある。

　①顧客の声の「収集」(Accept)
　　＝顧客の声に耳を澄ませること
　②顧客の声の「分析」(Analyze)
　　＝顧客の声を「見える化」し、見るものに市場の変化・予兆を気づかせることができること
　③顧客の声の「共有」(Acknowledge)
　　＝鮮度の高い情報を迅速に伝えられること
　④顧客の声による「改善」(Act)
　　＝気づきから、具体的な改善課題を挙げ、着実に解決できる組織解決力を持つこと

　顧客の声マネジメントを構築するためには、上記の4つの機能が必要となる。筆者らはこの4つの機能の頭文字をとって「4A」と呼んでいる。

　そして、これらの4つの機能である、顧客の声の「収集」から「分析」「共有」「改善」という流れを有機的につなげ、サイクルとして繰り返して初めて「顧客の声マネジメント」が完成するのである。言い換えると、少しでも気を抜くと改善まで辿り着けない「顧客の声」活用のサイクルを、仕組みとして構築し、企業としてきちんとマネジメントしていくことが、「顧客の声マネジメント」なのである。そして、このサイクルを「顧客の声マネジメントの4Aサイクル」と呼ぶ（**図4-3-3**参照）。

　それでは、顧客の声マネジメントを構成する「4A」について、それぞれの実現のポイントを見ていこう。

● 顧客の声の『収集』：質の高い声を蓄積する

　顧客の声マネジメントの前提条件は、声の収集である。前節4-2で見たよう

に、現在ほとんどの企業がコールセンターで声を蓄積しているが、顧客の声マネジメントを実践するうえでは、顧客の声はまず「電子化」されていなければならない。

例えば、コールセンターであれば、今はあまり見かけなくなったが、一昔前は問い合わせ内容を紙で起票し社内で回覧するなどの企業が見受けられた。一方で、現在、ほとんどの企業は応対管理システムを導入したり、AccessやNotesなどで独自の入力システムを持っている。そこに、オペレータが問い合わせや要望の内容を入力することで、電子化された声が蓄積される。また、EメールやWebサイトからの問い合わせであれば、すでに電子化されている。このように、まずは顧客の声を電子データとして、データベースに蓄積することが前提条件の1つになる。そして、もう1つ前提条件として留意したいものは、声の「質」である。

筆者らはこれまでさまざまな企業のコールセンターで蓄積された声を見てきた。それは、1000を超える企業の声である。今では、サンプルとして数十件程度の声を見るだけで、どんな目的でどれくらい使えそうか見当が付くまでになった。その中で感じたことは、往々にして活用を目的とせず、まずは応対内容を履歴として蓄積しておいたというものが、少なくないということである。数年前に比べれば、さすがに「これでは何も出てきませんよ」というようなレベルの声に出会うことは少なくなったが、それでもなお、手間をかけて分析してもなかなか新しい発見が出にくい質のものが少なくない。そのような声は、実際に分析してみると、実態が具体的に分かってくる。声の収集においては、その活用の目的と、実態の声の質を比較しながら、目的に合わせた声を蓄積するための入力方法を改善していくことが重要である。

では、コールセンターにおける蓄積する声の質を上げるためのポイントをいくつか紹介しよう。

(1) 要約しすぎない

もちろん、一語一句まで話した言葉、聞いた言葉を書き込む必要はないが、要約しすぎてしまうと、元の情報が持っていた具体性が切り捨てられ、抽象

的で一般的な情報になってしまう(極端な場合、単語のみの状態になってしまう)。大切なのは、できるだけ顧客が伝えたかった思いを顧客の言葉で書き込むことが望ましい。

(2) テキストで入力する情報の取捨選択

声を蓄積するうえで、闇雲にテキストとして入力する必要はない。むしろ、テキストとしてしっかり入力すべき情報とそうでない情報の取捨選択が重要だ。例えば、資料請求や住所変更などの定型の事務手続きの申し出などは、テキスト入力せず、チェックボックスなどで入力し、後で数値のカウントだけできるようにしておけばよい。このように意図的にメリハリをつけることが重要だ。

(3) 最低限の入力ルールの策定

分析の質を一定レベル担保するためには、最低限のルール策定が重要である。悪い例としてよく見られるケースに、1つの入力フィールドの中に顧客の声とともにオペレーション動作が混在しているケースが挙げられる。図4-3-5の上段のように、業務連絡が分析対象のデータに入っていると、必要のない部分も分析され、ノイズとなって分析精度が著しく落ちる可能性がある。

図4-3-5　コールセンターでの声の蓄積のポイント

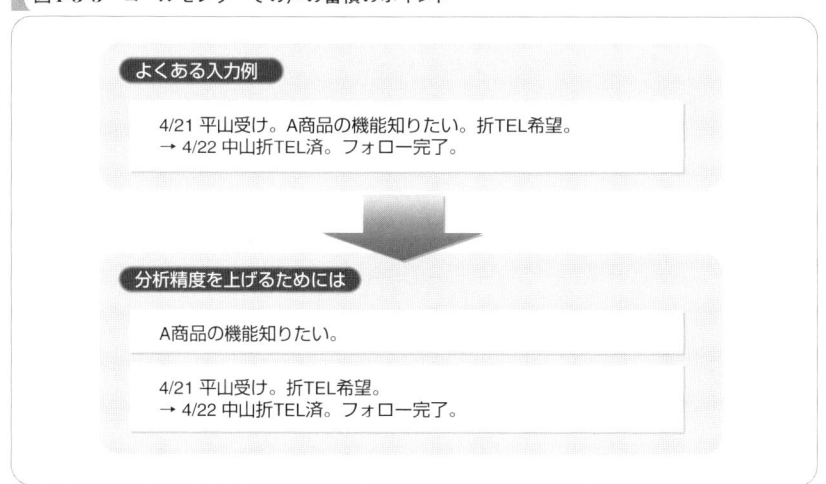

**よくある入力例**

4/21 平山受け。A商品の機能知りたい。折TEL希望。
→ 4/22 中山折TEL済。フォロー完了。

↓

**分析精度を上げるためには**

A商品の機能知りたい。

4/21 平山受け。折TEL希望。
→ 4/22 中山折TEL済。フォロー完了。

これを解決する一番確実な方法は、業務連絡は特記事項として顧客の声を入力するフィールドと分けることだ。入力システムの制約でそれができない場合は、「質問内容→回答内容→業務連絡」のように、あらかじめ内容を記号(この場合は「→」)で区切って入力しておくことでカバーするという方法もある。

(4) 戦略的な声の蓄積(5W1H)

応対履歴の入力フォームには、テキスト入力欄の他に、活用の目的に合わせて区分や属性項目を付ける必要がある。時系列の変化を見るには日付項目は必須であり、商品・サービス別の傾向分析をするには対象の商品・サービスが選べるカテゴリー項目が必要となる。

さらに、テキストフィールドの入力ルールにも最低限の決めごとが必要である。後で生のデータを活用する人へ、情報が的確に伝えられるようにするには、いわゆる「5W1H」の要素を文章に盛り込むことを心がけるべきだろう。とくに、商品品質に対するクレームの場合などは、ユーザーによって使い方、利用シーンが異なる場合があり、5W1Hの要素が応対履歴に盛り込まれ、商品開発部の担当者が見ても状況がより詳細にわかるとアクションも取りやすくなる。

上記で見たような詳細な情報をオペレータが残すということは、顧客対応にそれなりの負荷を強いることになる。また、効率化が求められるコールセンターにおいて、トレードオフの関係にある質の高い声を丁寧に蓄積するということは、どのように生産性とのバランスを取るのかという悩みにつながる。コールセンターが付加価値の高い情報発信拠点になるためには、しっかり声

図4-3-6　声からアクションにつなげやすい5W1Hの情報

事実のみでなく、5W1Hに関する記述を増やす。
H(How) ➡ 状況が発生した際の背景・経緯
W(Why) ➡ 質問に至った理由に注意する

× 「A製品で大きな音が発生して困っている」
○ 「A製品を壁掛け設置し、Bモードで動作させると、起動時に大きな音が発生するようになったので困っている」

を蓄積していくことが避けては通れないのだ。

　実際、テキストマイニングを使って自社の声を分析してみると、具体的に何が足りないか見えてくる。分析と質の向上は、並行して実施していくことで継続的に上げていくことが好ましい。

● 顧客の声の『分析』：声を「見える化」し気づきを与える

　どんな業界・業種の企業であっても、顧客はいるものである。つまり、余程プロダクトアウト型で事業を行っている企業でない限り、どんな企業も顧客の声と無縁ではない。とくにコールセンターや、営業、商品開発の担当者は、日頃の業務の中で、肌感覚でも顧客の反応を知っているものだ。一方、これら人間系の「経験と勘」の世界では、属人的な判断の域を超えない。つまり、同じ製品に対する不満の声でも、人によっては「どうも最近、○○○の声が増えているようだ」と感じるが、ある人は「いや、以前に比べると一応は減ってきているらしいよ」とか、「まあ、それくらいはあるものじゃないの」といった具合に、各人の感覚に頼った「なんとなく議論」が横行することになる。そのなんとなくの感覚がすでに間違っているとしたら、さまざまな改善活動を検討したところで的外れになる可能性は極めて高くなるであろう。

　また、コールセンターに入ってくる顧客の声をとりあえず検索できるようにしておく企業が多いが、これは顧客の声活用の中で、有効だろうか。この場合、現場の担当者は、特定の気になるキーワードで検索してヒットした件数とその内容を確認することはできるわけだが、頭に浮かんだ検索キーワードでヒットした声を断片的に切り取っているだけなので、全体の声を把握しているものではないということを認識しておく必要がある。また、もちろん頭に浮かばない領域は検索システムでは見つけることができず、変化を感じたり、新しい発見を得るにはあまり適していないといえる。

　筆者らは、蓄積した顧客の声を分析し、変化が目に飛び込んでくる状態が理想であると考え、これを顧客の声の「見える化」と呼んでいる。また、顧客の声を分析していくうえでは、①全体傾向を俯瞰してみる、②その中で気に

なる箇所を深く見る、③その声の原因や背景を察する——の3ステップで進めることを勧めており、ちょうど「Google Earth」で、宇宙から見た地球をググッと降下して、陸が見え、日本が見え、そして特定の詳細の地図にたどり着くようなイメージで見ていくのがよいと考えている。

そして、「分析」の目的は、傾向を見ることではなく、声からその理由を察することにある。顧客が何を期待したうえでどんな実態に対してギャップを感じているのかを察することが重要である。つまり、声を分類したり集計したりすることは手段でしかなく、本質は、そこからホンネを読み取り、施策に落とし込んでいくことにある。

現場では、テキスト情報を1つひとつ読み込み、手作業で分類・集計している中で疲弊してしまい、肝心な読み取り、施策への落とし込みまで手がつかないパターンに陥る場合も非常に多い。そうならないためにも、大量の顧客の声を定量的に集計することはもちろん、実際に必要に応じていつでも生の声に触れられ、製品別や時系列など、さまざまな切り口から分析することで、気づきや発見を得ることを手助けしてくれるITツールの活用が必須になってきている。

具体的には、本章3節「❷ 見える化（顧客の声の可視化）」で詳述するテキストマイニングが有効である。そこでは、顧客の声を「見える化」するためにテキストマイニングに要求される、次の6つの見える化について具体例を用いて解説していく。

①全体傾向を一目で把握させる
②差異を際立たせて伝える
③変化を際立たせて伝える
④顧客ニーズを浮き立たせる
⑤リスク情報を素早く伝える
⑥因果関係、関連性を深く見る

● 顧客の声の『共有』：関心に合わせた声を全社的に「見せる化」する

コールセンターの情報発信拠点化を実現するうえで、極めて重要なポイン

トになるのが、コールセンターに日々入ってくる顧客の声をいかに早く、全社的に伝達していくかである。

　しかしながら、前節4-2で見たように、共有する範囲が広くなればなるほど、時間がかかっているのが実態である。分析担当者の苦労に反して、コールセンターから週次や月次で上がってくるレポートが仮にクレームの件数の増加を示していたとしても、対策はかなり後手に回ってしまう。また、経営層への伝達では、複数の部署が絡み段階的に伝わるため、時間だけではなく、それぞれの思惑といったバイアスがかかるという別の問題も浮上する。とくに悪い情報であればあるほど上がりにくくなり、まず正確に伝わらないと思った方がよい。これらは、昨今相次いでいる不祥事を見ればお分かりだろう。経営改善のヒントばかりか、肝心なリスク情報までもが上手く伝わらないのである。

　しかしながら、仮に上手く情報が伝わるようになったとしても、見る人の興味を引くような内容でなければ、誰も見ない状況が生まれる。人間は基本的に怠惰な生き物でもあるので、一度自分に関係ない仕組みだと思うと、その後は全く利用しなくなってしまう。その意味でも、各業務や役職に合わせた情報の伝達が定着の鍵となる。筆者らは、先の声の「見える化」に対して、これを「見せる化」と呼んでいる。つまり、見せる相手の興味に合わせて、見せ方や発信する情報の優先順位を変えるなど、見る人の目に市場の変化が飛び込んでくる状態を作ることが重要なのである。本章3節「**3** 見せる化（社内への情報発信）」では、全社的に顧客の声を発信するための「見せる化」のポイントを、次の3つの軸で解説する。

　①共有すべき顧客の声は、鮮度が命
　②業務が異なれば、同じ情報源であっても関心事は異なる
　③ウォッチすべき多彩な声を集約して見せることで多角的に顧客を捉える

● 顧客の声による『改善』：声から「課題化」し組織で解決をする

　顧客の声マネジメントの目的は、顧客の声から要望や不満を抽出し、具体的に「改善」して、企業活動をより良いものにしていくことにある。顧客の声

を集めて「見える化」し、「見せる化」で伝えるだけで終わってはいけない。ここまでの段階で、全社のさまざまな業務、役職の目線で顧客の声から気づきを発見できる状態にしたわけであり、次のステップとしては、その声からそれぞれの目線で具体的な課題を抽出し、検討すべきテーマを「課題化」していくことが重要になる。そして、関係部署と連携し、着実に1つひとつ改善活動に落としていくことが必要となる。その意味でも、顧客の声に基づいた「改善」フェーズでは、「問題解決型サイクル」の構築が必要となってくる。

つまり、声から問題提起された課題（テーマ）を関係部署で共有し、優先づけ・責任部門を決定する→責任部門が課題に対するアクションを議論して実行する→進捗をモニタリングし、効果を検証する→効果が不十分であった場合に再度対策を検討する——といった問題解決型のサイクルを伴うものである。

しかしながら、現実の課題は、その場ですぐ解決できるものばかりではなく、また単独の部署で解決できない課題の方がむしろ多い。そのため、担当部門任せにしておくと「これはうちだけではどうにもならない」と部門間で責任をなすりつけ合い、責任の所在が不明確なまま、課題が放置されていってしまうという具合である。そのため、顧客の声から抽出した課題を改善につなげる活動は、やはり組織的にマネジメントする必要があり、そのためには「問題解決型サイクル」を社内で構築することが重要となる。

本章3節「❹課題化（改善活動のカタチ）」では、顧客の声から得た気づきを着実に改善活動につなげていくために必要なサイクルを次の5つのポイントで解説する。

①問題発見と顧客の声から得た"気づき"の蓄積
②改善課題と活動進捗の見える化
③部門間のコミュニケーションによる課題解決
④改善策の効果検証
⑤成功事例の共有とモチベーションアップ

また、顧客の声による改善フェーズでは、組織で解決していく解決力が必要であり、横断的な動きで関連部署を巻きこみ、着実に改善を前に推し進め

るための推進役の存在も成功の重要な要素になる。どんな推進体制が必要か、合わせて本章最後「5 顧客の声マネジメント成功のための3大要素」で紹介していく。

## 2　見える化（顧客の声の可視化）

### ●コールセンターで増え続ける顧客の声

　前節4-2の顧客の声活用実態調査でも分かるように、声の活用の大きな障壁の1つは、コールセンターに蓄積される顧客の声が非常に膨大な量になっているため、上手く分析を行うことができないことである。

　昨今の家電製品や食料品の品質に関する問題は、消費者の商品・サービスに対する見方、評価基準を、これまで以上に厳しいものへと向かわせている要因となっているのは明白である。また、企業側も、一昔前は、商品・サービスに対する問い合わせや苦情などを受け付けるお客様相談窓口を、消費者に対して積極的に伝えるようなことはしていなかった。しかし最近では、企業のWebサイトは当然のように存在し、消費者が直接企業にアクセスできるコールセンターも、ほとんどすべての企業に存在するといってよいほど一般的になっている。以前は、顧客の声に耳を傾けているということが、消費者から評価されるポイントとなっていた。最近は、顧客の声に耳を傾けていない、声を受け付ける場所がない、または受け付ける場所が消費者に分かりにくいということだけで、企業のマイナスイメージになる厳しい時代となっている。

　そうした状況の中、コールセンターに蓄積される顧客の声は、月に数千件から数万件、多いところでは数百万件にものぼる膨大な量となるのは必然のことなのであろう。これらの膨大な顧客の声は、蓄積しただけでは意味はなく、それこそ声を伝えた顧客から、「なぜ、伝えたのに改善されないのだ」といった不満を生み出す恐れすらあり、膨大な顧客の声の活用が企業の存続にも影響を与えかねない経営テーマとなっていることがわかる。

こうした、重要な経営テーマを解決するために、多くの企業で「テキストマイニング」という顧客の声を「見える化」する技術を活用することが有効となってきている。

● 「見える化」の種類と見せる情報の深さ

　1章でも述べた通り、コールセンターで蓄積された膨大な顧客の声は、文章の形をしたテキストデータであるため、人が目で見て判断するのは非常に困難である。そこで、活躍するのが「テキストマイニング」という、文章を解析する自然言語処理と、解析された情報を用いて定量的な分析を行うデータマイニングの融合した技術だ。このテキストマイニングを用いることで、文字列の連続である顧客の声のテキストデータから、見た人に商品やサービスの改善活動といった具体的なアクションへとつなげる「気づき」を与えるのである。

　ひと言に顧客の声の「見える化」といっても、さまざまな方法があり、次節で詳述するように見せる相手によって適切なものを選択する必要がある。切り口としては、全体傾向を一目で把握するもの、差異を際立たせて特徴を比較するもの、焦点を顧客ニーズに絞るものなどがある。さらに、それぞれについて見せる情報の深さも考慮しなければならない。

　例えば、単純に話題の傾向を見るのであれば単語ランキングでよいが、化粧品などの場合、単純に「肌」の話題が多いというだけでなく、「肌に合う」と言っているのか、「肌が荒れる」というネガティブな内容なのか、または「肌が乾燥する」など、さらに詳細な話題で知りたいことも多く、主語と述語のフレーズである係り受けのランキングの方がよい場合がある。さらに、係り受けのフレーズが、「肌に合いますか？」といった疑問なのか、「肌が乾燥するので、○○だ」といった、何らかの理由として伝えているのか、などの深い情報を付加することが重要になる場合もある。このため、状況に応じて見える化する情報の深さを考慮するのがいいだろう（**図4-3-7**参照）。

　もう1つ、「見える化」で気をつけておくことがある。それは、「見える化」された情報は、やはり膨大な顧客の声から集約された情報、または特徴的な部

### 図4-3-7　単語ランキング→係り受けランキング→詳細な意味フラグ

**単語ランキング**

| | 単語 | 品詞 | 頻度 | 割合(%) | 件数 |
|---|---|---|---|---|---|
| 1 | 使う | 動詞 | 2550 | 57.44 | 1745 |
| 2 | 良い | 形容詞 | 1241 | 33.31 | 1012 |
| 3 | 肌 | 名詞 | 894 | 24.23 | 736 |
| 4 | 買う | 動詞 | 720 | 21.20 | 644 |
| 5 | 香り | 名詞 | 739 | 21.17 | 643 |
| 6 | ニキビ | 名詞 | 585 | 15.34 | 466 |
| 7 | 効果 | 名詞 | 498 | 14.55 | 442 |
| 8 | 好きだ | 形容詞 | 342 | 10.47 | 318 |
| 9 | リピートする | 動詞 | 328 | 10.37 | 315 |
| 10 | 化粧水 | 名詞 | 362 | 10.37 | 315 |
| 11 | サンプルする | 動詞 | 343 | 10.34 | 314 |
| 12 | 値段 | 名詞 | 326 | 10.30 | 313 |
| 13 | つける | 動詞 | 368 | 10.24 | 311 |
| 14 | 落ちる | 動詞 | 353 | 9.61 | 292 |
| 15 | 高い | 形容詞 | 303 | 9.48 | 288 |
| 16 | さっぱり | 形容詞 | 301 | 9.12 | 277 |
| 17 | 使う(否定) | 動詞 | 268 | 8.62 | 262 |
| 18 | 乾燥する | 動詞 | 274 | 8.39 | 255 |
| 19 | 美白 | 名詞 | 275 | 7.97 | 242 |
| 20 | 潤う | 動詞 | 246 | 7.64 | 232 |
| 21 | オイル | 名詞 | 273 | 7.60 | 231 |
| 22 | 顔 | 名詞 | 253 | 7.50 | 228 |

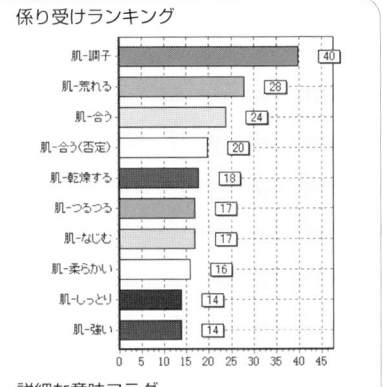

**係り受けランキング**

- 肌-調子　40
- 肌-荒れる　28
- 肌-合う　24
- 肌-合う(否定)　20
- 肌-乾燥する　18
- 肌-つるつる　17
- 肌-なじむ　17
- 肌-柔らかい　16
- 肌-しっとり　14
- 肌-強い　14

**詳細な意味フラグ**

| No. | 単語1 | 単語2 | 件数 | 疑問 | 容易 | 理由 | 可能 |
|---|---|---|---|---|---|---|---|
| 1 | 肌 | 荒れる | 28 | | 1 | 1 | |
| 2 | 肌 | 合う | 24 | 4 | | 6 | 1 |
| 3 | 肌 | 合う(否定) | 20 | 0 | | 4 | |
| 4 | 肌 | 乾燥する | 18 | 1 | 2 | 4 | |
| 5 | 肌 | つるつる | 17 | | | | |
| 6 | 肌 | なじむ | 17 | 2 | 2 | 3 | |
| 7 | 肌 | 柔らかい | 16 | 1 | | | |
| 8 | 肌 | しっとり | 14 | | | 2 | |
| 9 | 肌 | 強い | 14 | | | 1 | |
| 10 | 肌 | 弱い | 13 | | | 2 | |

分が抽出された情報であり、「気づき」を与えられた担当者は、最終的に顧客の生の声である原文を見て判断できるようにすることが重要だということだ。とくに、システム化する場合には、原文参照の仕組みをセットにした情報発信を考えるべきである。

● 顧客の声を「見える化」する

　それでは、こうした情報の深さと、さらに「気づき」を与えることを重視した見える化の方法などに触れながら、具体的にさまざまな見える化の手法について詳しく紹介しよう。

①全体傾向を一目で把握させる
　全体傾向を一目で把握するために必要なことは、まずは、どのような話題が

あって、どのくらいのボリュームで存在しているのかという、2つの情報を分かりやすく表現することである。すでに何度か説明している単語ランキングは、その最も代表的なもので、顧客の声のテキストデータの中で出現する単語の数を、多いものから順にランキング形式で表現したものである。

単語の種類と出現数という、同じ2つの情報を用いて目に飛び込んでくる形にしたワードクラウドも、図4-3-8のように形容詞に絞って表示したり、「○○ですか？」といった疑問で使われている単語や、「○○してほしい」といった要望で使われている単語に印（アイコン）を付けることで、深い情報を一目で把握することができるようになる。

もう1つ、よく使われる表現方法にマッピングという手法がある。これは、出現する単語や単語の出現からある程度分類したグループを、そのボリュームに応じたプロットの大きさにして、関連するほかの単語間を線で結んで表現するといった方法である。

図4-3-9では、にきびや香り、肌といった代表的な話題と、「にきびが減る」「香りが苦手だ」「肌に優しい」といった詳細な話題（係り受け関係にある話題）を同時に表示している。これだけ見ても、顧客がどのような話題について関心があり、それぞれどのくらいの数の顧客が言っているのか理解することが容易になる。

②差異を際立たせて伝える

次に、年代や性別、商品の種類によって、顧客の声がどのように異なるのか、その差異を際立たせて伝える方法を見てみよう。

年代別の意見の違いについて、単純な単語ランキングでは見えてこない特徴的な単語を発見する方法として、単語出現数の偏りをもとに統計的に処理して導き出される「キーワード抽出」がある。この手法を用いることで、例えば、ある化粧品について20代未満の女性は「ニキビ」や「黒ずみ」「毛穴」という単語が他の年代に比べてよく使われていれば、それが20代未満の女性の"キーワード"であることが分かってくる（図4-3-10参照）。

20代未満の女性をターゲットにするのであれば、この結果に基づいて「毛

図4-3-8　ワードクラウド（形容詞、疑問と要望にアイコンを付けている）

きれいだ72　たくさん47　ボロボロ62　悪い⑦141　悪い(否)74　安い⑦
∴218　可愛い88　確かだ143　嬉しい62　気持ちいい57　強い∴105
苦手だ50　軽い73　好きだ261　高い⑦348　酷い92　残念だ59　初めて85　小さい73　少ない80　赤い　全く87　早い73　多い112
駄目だ⑦127　大きい48　大丈夫だ⑦64　痛い63　低い55　同じ66　白い∴102　薄い　微妙だ50　怖い53　普通だ122　物足りない55　明るい48
優しい∴78　欲しい56　良い(否)62

図4-3-9　全体マッピング

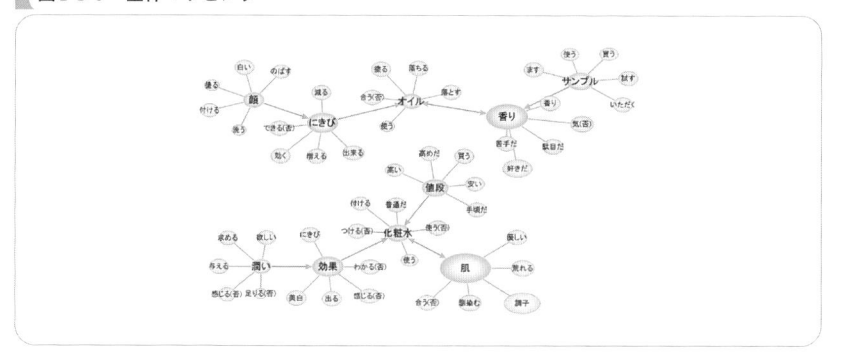

図4-3-10　年代別キーワード抽出

| | 20代未満 (626) | 品詞 | 20代前半 (904) | 品詞 | 20代後半 (851) | 品詞 | 30代前半 (466) | 品詞 |
|---|---|---|---|---|---|---|---|---|
| 1 | ニキビ | 名詞 | かわいい | 形容詞 | 落ち着く | 動詞 | 古い | 形容詞 |
| 2 | 黒ずみ | 名詞 | 潜む | 動詞 | 現品購入(否定) | 名詞 | しわ | 名詞 |
| 3 | 減る | 動詞 | しっかり | 形容詞 | 戻る | 動詞 | 乾燥肌 | 名詞 |
| 4 | 毛穴 | 名詞 | 周り | 名詞 | 購入する(否定) | 動詞 | しっとり | 副詞 |
| 5 | 最高だ | 形容詞 | 大変だ | 形容詞 | 厳しい | 形容詞 | ネット | 名詞 |
| 6 | サンプルする | 動詞 | リピートする | 動詞 | 好み | 名詞 | キャンペーン | 名詞 |
| 7 | くさい | 形容詞 | マスカラ | 名詞 | 旅行する | 動詞 | 爽やかだ | 形容詞 |
| 8 | 続く | 動詞 | 友達 | 名詞 | 浮気だ | 形容詞 | クリーム | 名詞 |
| 9 | 悪化する | 動詞 | 確かだ | 形容詞 | クレンジング | 名詞 | すっきり(否定) | 副詞 |
| 10 | 完璧だ | 形容詞 | 最悪だ | 形容詞 | セットする | 動詞 | 重い | 形容詞 |
| 11 | ウォータブル | 名詞 | ニキビ | 名詞 | かなりの | 形容詞 | 突っ張り感 | 名詞 |
| 12 | 増える | 動詞 | 残念だ | 形容詞 | 中止する | 動詞 | 調子 | 名詞 |
| 13 | きれいだ | 形容詞 | お勧め(否定) | 形容詞 | 感触 | 名詞 | ファンデーショ | 名詞 |
| 14 | イイ | 名詞 | ふっくら | 形容詞 | 愛用する | 動詞 | 評判 | 名詞 |
| 15 | 高い | 形容詞 | 潤い | 名詞 | 表面 | 名詞 | 全体 | 名詞 |
| 16 | ゾーン | 名詞 | 刺激する | 動詞 | 見える | 動詞 | 充分だ | 形容詞 |
| 17 | 初めて | 名詞 | クレンジングオ | 名詞 | ビックリする | 動詞 | 顔色 | 名詞 |
| 18 | ツヤツヤ | 形容詞 | 伸び | 名詞 | 若い | 形容詞 | つらい | 形容詞 |
| 19 | 買う | 動詞 | 落ちる | 動詞 | 時間 | 名詞 | 引き締まる | 動詞 |

穴の黒ずみまで、しっかり落ちる」ということが訴求ポイントであることが分かり、広告や競合商品との差別化に利用することが考えられるのである。

　もう少し単純に、代表的な話題と年代別の違いを見る方法としては、「属性クロス分析」がある。これは、顧客の声をいくつかの話題に分類し、それに年代を掛け合わせてクロス集計することで、傾向を把握する方法だ。比較的、馴染みのある棒グラフでの表現なので、数値の定量的な分析に慣れた人にはオーソドックスだが、有効な方法であるといえる（**図4-3-11**参照）。

　逆に、視覚的に差異を際立たせる方法に比較のマッピングがある。これは、統計的なコレスポンデンス分析という手法を用いて、年代などの属性と単語や係り受けの出現情報から、その関連性を2軸のマップ上の位置関係で表現したものである（**図4-3-12**参照）。基本的には、位置の近いものほど、関連が強いキーワードであるといえる（原点からの方向が近いほど関連が深く、原点から遠ざかるほど特徴的な単語となる）。

③変化を際立たせて伝える

　単発で実施されるアンケート調査と異なり、コールセンターで収集されるデータは、継続的に顧客の声が集まるということが大きな価値となっている。コールセンターで顧客の声を日々蓄積している場合、毎月報告する定型的なレポートを作成している場合も多いだろう。単純な問い合わせ件数の推移も、話題ごとに分類して集計することで重要な情報となる。ただし、注意したいのは、コールセンターのデータ件数の推移は、季節的な増減がある場合が多いことだ。年末商戦で購入前の顧客から問い合わせが増える企業もあれば、夏の暑い日になると使用頻度が増えて問い合わせが急増する商品を扱う企業もある。そのため、話題別での推移を見る場合は、全体のコール件数を母数とした比率での表示が効果的である。変化を見逃さないための重要な見せ方であるといえる（**図4-3-13**参照）。

　さらに、より深く具体的な変化を伝えるのであれば、単語レベルでのアップダウンの情報も加えておきたい。具体的な単語の増減は、何かを気づくうえでヒントとなることが多いのである（**図4-3-14**参照）。

### 図4-3-11　属性クロス（話題、年代）

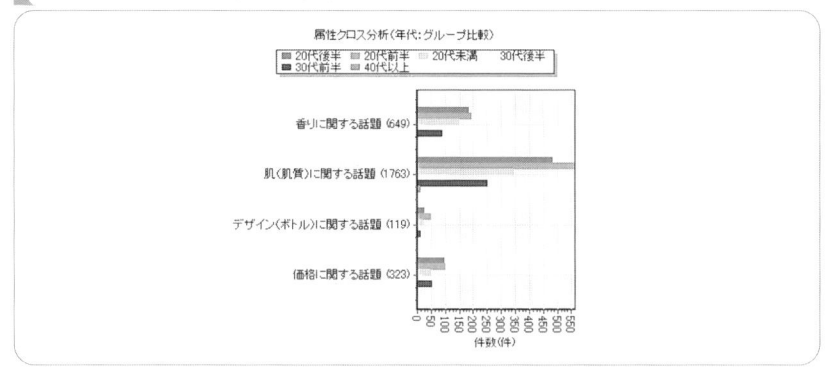

属性クロス分析（年代：グループ比較）
- 20代後半
- 20代前半
- 20代未満
- 30代後半
- 30代前半
- 40代以上

- 香りに関する話題 (649)
- 肌（肌質）に関する話題 (1763)
- デザイン（ボトル）に関する話題 (119)
- 価格に関する話題 (323)

件数（件）

### 図4-3-12　コレスポンデンス分析によるマッピング（年代別キーワード）

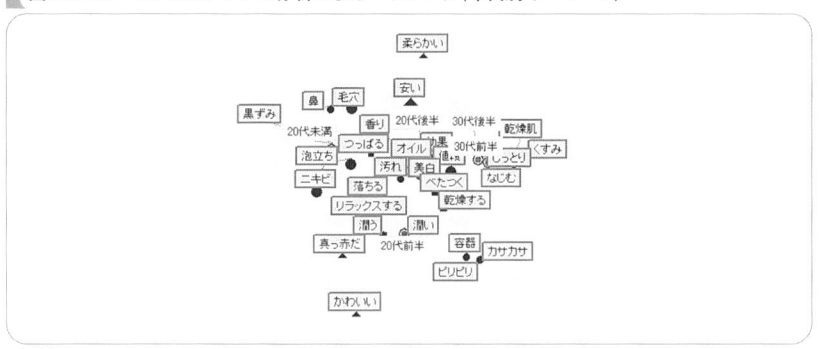

キーワード: 柔らかい、鼻、毛穴、安い、黒ずみ、香り、20代後半、30代後半、乾燥肌、20代未満、つっぱる、オイル、黒、くすみ、泡立ち、汚れ、（値＋R）、しっとり、ニキビ、落ちる、美白、べたつく、なじむ、リラックスする、乾燥する、潤い、薄い、真っ赤だ、20代前半、容器、カサカサ、ピリピリ、かわいい

### 図4-3-13　話題別の時系列推移（比率）

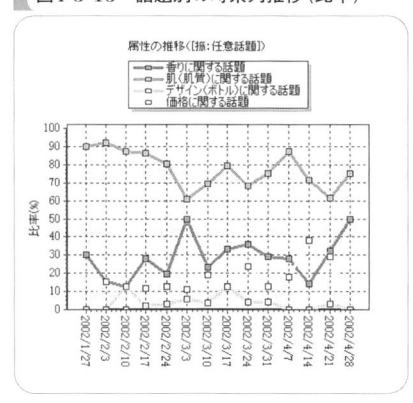

属性の推移（［抽：任意話題］）
- 香りに関する話題
- 肌（肌質）に関する話題
- デザイン（ボトル）に関する話題
- 価格に関する話題

比率(%)：0〜100
日付：2002/1/27, 2002/2/3, 2002/2/10, 2002/2/17, 2002/2/24, 2002/3/3, 2002/3/10, 2002/3/17, 2002/3/24, 2002/3/31, 2002/4/7, 2002/4/14, 2002/4/21, 2002/4/28

### 図4-3-14　単語ランキングのアップダウン

| 今回 | 前回 | | キーワード | | 件数 | 1週前 |
|---|---|---|---|---|---|---|
| 1 | 1 | → | にきび | 名 | 36 | 41 |
| 2 | 2 | → | 使う | 動 | 28 | 25 |
| 3 | 4 | ↑ | 肌 | 名 | 12 | 11 |
| 4 | 3 | ↓ | 出来る | 動 | 11 | 16 |
| 5 | 20 | ↑ | 化粧水 | 名 | 7 | 4 |
| 6 | 10 | ↑ | 香り | 名 | 7 | 6 |
| 7 | 55 | ↑ | オイル | 名 | 7 | 3 |
| 8 | - | NEW | 値段 | 名 | 7 | 1 |
| 9 | 27 | ↑ | 治る | 動 | 6 | 4 |
| 10 | 21 | ↑ | 効く | 動 | 6 | 4 |
| 11 | 7 | ↓ | 効果 | 名 | 6 | 8 |
| 12 | - | NEW | 高い | 形 | 6 | 1 |
| 13 | 5 | ↓ | 付ける | 動 | 6 | 9 |
| 14 | 6 | ↓ | 買う | 動 | 6 | 8 |
| 15 | 73 | ↑ | 強い | 形 | 6 | 2 |

実際には、こうした件数の増減の情報が付いた単語ランキングについては、注目する増加傾向にある単語、あるいは減少傾向にある単語の原文を参照して初めて気づきが得られることになる。そのため、レポートであればコメントとして記述することが必要であり、システム的にはワンクリックで原文が参照できる仕組みにしておく必要がある。

④顧客ニーズを浮き立たせる

　顧客ニーズを探りたいのであれば、顧客の要望や疑問、困難な表現に注目することで非常に役立つ情報を見える化することができる。これまでの方法は、基本的に単語の出現件数をもとにして顧客の声の傾向を分析するものであったが、ニーズ分析は顧客の声に含まれる単語の語尾や活用を利用して探る方法となっている（図4-3-15参照）。

　例えば、コールセンターに寄せられる問い合わせの中には、「○○ですか？」といった疑問形、「○○できますか？」といった可能疑問の表現が多いだろう。データの中から、こうした表現に注目して抜き取り、○○の部分にどういった単語が多く入っているかを調べる。そうすると、顧客がどういった点に注目し

**図4-3-15　顧客ニーズの発見**

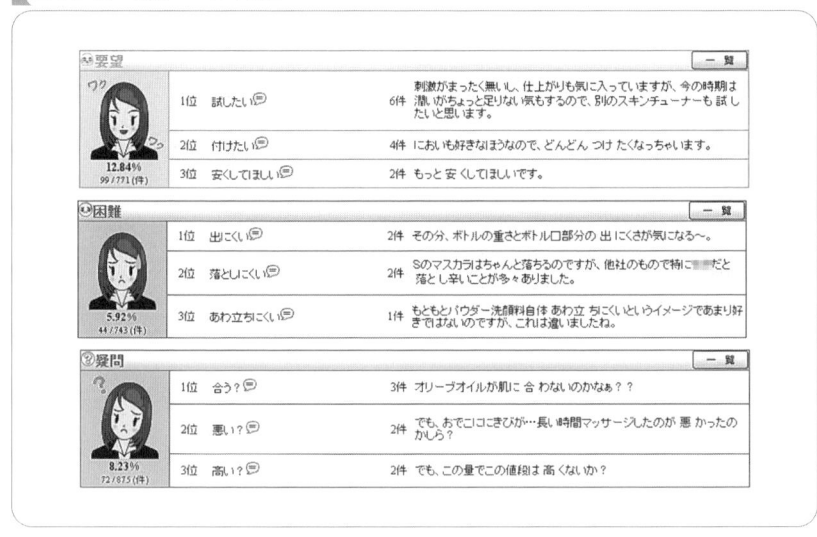

ているかを探れるわけだ。

　同様に、「○○したい」「○○してほしい」という表現からは顧客の要望が汲み取れ、「○○できない」「○○しにくい」からは何に不満を感じているかが分かる。とくに、「○○しにくい」は否定ではないが、困難さを意味する指摘なので、顧客が何に困っているのかが分かり、改善活動に非常に役に立つ情報となる。他にも、「○○できない」といった不可能、「○○してしまった」といった予想外の表現からは、購入する時に期待していたことと、実際に購入した後に感じたことのギャップが分かってくる。

　顧客のニーズを購入前後や商品別、年代別に調べることで、より的確にCSに結びつく商品やサービスの改善につなげられる。ちょっとした不満はファンになる一歩手前の顧客によく見られる表現であり、これを改善することで顧客を「ファン化」させる大きなチャンスとなるのである。

⑤リスク情報を素早く伝える

　見える化の中でも、ただ単に分かりやすく表現するだけでは役に立たないものがある。それは、企業の存続を危うくするようなリスク情報の察知である。

　コールセンターの問い合わせや苦情、または故障した場合の修理受付窓口には、稀に商品の重大な欠陥を予知できるような情報が含まれている場合がある。これを、まだ大きな問題となる前に素早く察知し、詳細な状況を調査することで、問題を未然に防いだり、あるいは拡大を抑えることが可能となる。たとえ問題を事前に防ぐことができなかったとしても、常に状況をモニタリングして把握しておくことは、経営層の大切なミッションであり、消費者サイドだけでなく期待されることだ。そうした、経営層や関連部署で常にリスク情報をモニタリングできる仕組みは、既に企業の必須要件となっているのだ。

　具体的には2つの方法がある。1つは、怪我、発熱、発火、異臭、煙、腹痛、吐き気といった「リスクワード」と各々の「リスク度」を定義し、それらの単語が含まれる顧客の声をリスク情報として抽出、点数化する。このリスク度合いの点数が安全を示す0点でない時、または一定基準を超えた時に、自動的

**図4-3-16　急騰ワードによるアラート分析**

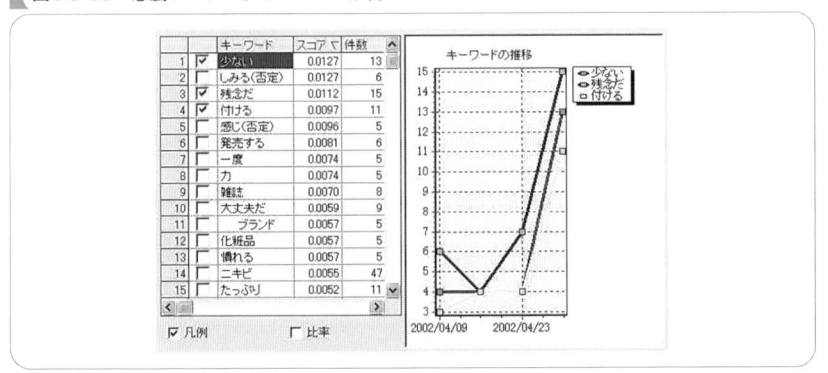

に関連部署へEメールが送信されるアラートメールの仕組みが効果的だ。そして、これら日々のリスク情報の抽出と点数については、リスク状況として経営層と関連部署で常にモニタリングできるようにしておく。事業別、商品・サービス別にリスク情報を抽出、点数化すれば、どこで問題が発生しているのかが分かり、なお効果的だ。

　もう1つは、変化の差異を際立たせる方法でもあるが、これまで少ない件数しか存在しなかった単語の中から、最近になって急激に増えてきた急騰話題を見つける「アラート分析」という方法である(**図4-3-16**参照)。

　過去4～5週間の単語の出現傾向から、直近1週間に急騰している単語を抜き出せばよい。実際には、急騰する単語が複数存在することもあり、たまたま急騰しているだけの単語が多いことが一般的だ。しかし、それぞれの単語について原文を参照し、急騰している理由を探ることで、ごく稀にあるリスク情報に気づくことができるのである。この業務自体が、リスクを察知する重要なプロセスとなるのだ。

⑥因果関係、関連性を深く見る

　コールセンターの中でも、修理受付を行う場合、修理依頼を受けて顧客から聞きだした現象と、その現象から推定される原因、実際に修理を行った時の結果、あるいは修理内容について、その流れを分析することで、ナレッジ

蓄積のために非常に役に立つ場合がある。例えば、過去に起きた修理に関する現象、推定原因、結果情報の3つの情報の関連性を分析し、どのような現象の時に、どのように原因が推定され、実際に故障状態はどうだったか、そのパターンに何らかの規則性が見出せれば、修理の問い合わせを受けた時に的確な原因の推定が可能となる。さらに修理担当者と情報を共有することで、効率的な修理活動ができるのである。当然、この分析結果は、品質改善の重要な情報にもなり得る。

これらは、顧客の声の見える化とは多少趣が異なるが、コールセンターから発信する情報の高度化、実業務の効率化を実現する有効な手段であることは間違いない。

● 目標数値、危険水準によるアラート

これまで顧客の声の見える化について、さまざまな方法を説明してきた。ここで少し変わった視点で、見える化の工夫の例を紹介したい。

顧客の声の活用が通常業務として運用される際に必要となるのが、表現のしきい値設定である。これは、ある一定水準を超えた時にグラフの色や見せ方を変化させて強調することである。仕組み自体はそれほど大したものではない。しかし、顧客の声の状況をモニタリングするうえで、それぞれの見える化された情報や分析結果に対し、目標値や危険水準という「基準」を定めることで業務の定着を促進することができる。なぜなら、顧客の声の活用には、気づきを得ることだけでなく、上記の基準を超えた時に、すぐさまアクションを起こすといった意識も重要であり、組織として定常業務に根付かせるために必要なのである。

例えば、顧客の声の中で、商品別に品質に関する問い合わせや苦情の件数をモニタリングしているとする。この場合、問い合わせ数を商品の出荷数で割ることで得られる商品1個あたりの問い合わせ件数、即ち品質問題の発生率を見ることになる。この発生率に対し、商品全体の平均値、あるいは平均からの乖離度などを基準に閾値を設定すれば、一定値を超えた際に、そ

の商品は改善策を早急に打たねばならない要注意商品となるのである。

　このようなルールを定着させるための見える化の工夫としては、グラフの中の発生率のラインが基準値を超えた瞬間に、その商品の発生率ラインを赤く太く強調する、グラフの背景色を赤くする、といった注意を喚起するアラート表示を行う。リスク管理的な機能としては、その瞬間に関連部署へEメール配信するのも有効だろう。

　それぞれの見える化の方法について、こうした目標値や危険水準の閾値を設定し、それを超えたときの表現方法を工夫することで、より改善アクションへの意識を根付かせることができる。

● 顧客接点の現場部門へのフィードバック

　コールセンターの現場部門への顧客の声のフィードバックでは、より馴染みやすい表現で興味を持ってもらう必要がある。分析すること自体は、業務の優先度として高くないため、柔らかい表現とともに一目で把握できるものを選択することが重要だ。

　とくに、顧客と接する現場部門の担当者は、細かい分析結果よりも、生々しい声の原文を参照する傾向が強い。しかし、その文章に一件ずつ目を通す時間がないのも現実である。もし本当に、一件一件を目で見ることになれば、自分だけが関係する非常に狭い範囲の顧客の声だけしか見なくなってしまうだろう。そのためには、原文参照の仕組みにしても、できるだけ顧客のイメージを素早く簡単に伝えるような工夫を用意すべきである。

　図4-3-17の例は、顧客ニーズを絞り込んで表現する際にも利用したもので、顧客の声の原文を読む前に、顧客が困っているのか、疑問に思っているのかといったことが一目で把握でき、またポイントとなるコメントの部分を抜き出しておくことで、顧客の言っていることの雰囲気を掴むことができる。さらには、顧客属性の性別や年代に合わせて、人物の画像を変化させるようにすれば、さらに顧客像を伝えやすくなるだろう。こうした工夫は、当然ながら業界業種の特性に合わせて選択することも重要である。

**図4-3-17　原文参照と人物イメージの例**

● 見える化から見せる化へ

　最後に、顧客の声の情報発信や見える化を実践するうえで、気を付けるポイントをあげておく。1つは、コールセンターに集まる顧客の声を留まらせることなく、素早く関連部署、経営層、現場部門に伝えることだ。もう1つは、伝える際、それぞれ見せる相手に合わせた見せ方や仕組みを提供することである。

　経営層には、前日までの顧客の状況が一目で分かる集約された情報と、企業リスクに関わる情報をいち早く配信することである。一方、商品開発やマーケティング、品質管理などの関連部署では、自分の担当する商品を深く分析できるような仕組みが必要となる。さらに、顧客と接する現場部門では、分析結果より、多少柔らかい表現で勝手に目に飛び込んでくるような、「見える化」された情報が有効となる。

　顧客の声マネジメントのサイクルでは、あくまで見せる相手があっての「見える化」である。この考え方をさらに進めると、次項で述べるような「見せる化」という意識や概念が重要となってくるのだ。

## 3　見せる化（社内への情報発信）

● コールセンターと事業部との間にあるギャップ

　全社的な顧客の声の活用においては、具体的な成果を上げている企業が

いる一方で、先の「顧客の声活用実態調査」で見たように、思ったように成果を上げられていない企業もまだまだ多い。

　その原因を振り返ってみると、「人によって蓄積している声の入力方法が不均一」といった蓄積する声の質の問題のほか、「共有するのに時間がかかる」または「共有する仕組みがない」などが挙げられている。一方で、そもそも「社員の（顧客の声の活用に対する）理解、関心が薄い」といった課題も多かった。コールセンターでは、月次・週次のレポートやイントラネットなど、何かしらの手段で声を共有しているにも関わらずこのような状況なのだ。

　一方で、筆者らがコンサルティングで色々と話を聞く機会が多い、顧客の声を活用する立場にある事業部門の担当者の方々からは、コールセンターで蓄積する声の活用について、以下のような意見をよく聞く。

・コールセンターで蓄積される顧客の声をイントラネット上で検索して参照できることは知っている。
・一方で、現場部門は現行業務に追われているため、「声が見れます。自分で探してください」だと、手間がかかる割にはなかなかヒントが得られないため継続して利用しようと思わない。
・コールセンターには、商品、サービス、プロモーションなど、幅広い範囲の声が入ってくるため、自分の業務に関心のある声を探すには手間がかかりすぎる。
・検索などで見えてくる声は大体知っているものがほとんど。新しい発見、気づきがとくにないため、たまに利用する程度になってしまう。
・コールセンターが作成しているレポートは見ている。
・しかし、内容が全体的な傾向や集計が多いため、自分の担当する商品や業務単位での実態までは把握できない。

　ここから見えてくるのは、顧客の声を発信する側であるコールセンターと、声を利用する側である経営や事業部の担当者の間で、お互いに求めるレベルにギャップがあるということである。もちろん、コールセンターとしては、現場が見たいものすべてに応えるレポートを作成するのに限界がある。しかし

ながら、利用側としては、業務で欲するアウトプットが手に入らないということになる。ここにギャップが生まる。これが結果的に、コールセンターで蓄積する顧客の声に対する現場の関与度を低くしてしまっている状況を生んでいると考えられる。

● 「見せる化」のカギは、いかに見る者に"気づき"を与えるか

　コールセンターで作成するレポートにしても、イントラネット上の共有システムにしても、全社的に顧客の声を活用していくためには、いかに見る者に"気づき"を与えるようになっているかが最も重要である。

　例えば、声の共有システムとしてよく使われている検索システムは、"思いついたキーワード"、または探したい"仮説"があってそれを見つけに行く場合は効果を発揮するが、何で検索したらよいのかといった、キーワードが浮かばないケースでは機能しない。検索システムは既知の探索や仮説検証の仕組みであるのに対し、前節で見てきたように、テキストマイニングシステムは「なぜ、この期間にこのキーワードが増えているのか？」や「この商品に、なぜこんな言葉が出ているのか」といった、見る者に新しい"気づき"を与えることができる点が最も特徴的であるといえる。言い換えれば、テキストマイニングを使った顧客の声活用システムとは、未知の事実や仮説の発見のための仕組みなのだ。

　検索エンジンが、欲しい情報を自分から探しにいく「セルフサービス型」だとすれば、テキストマイニングを使った顧客の声活用システムは、欲しい情報が向こうからやってくる「ウエイター型」といえる。そして、全社的な「見せる化」に最も必要な要素が、まさにこの、まだ気づいていない新しい"気づき"を、見る者の"目に飛び込ませる"状態を作ることなのである。

　それでは、見る者に"気づき"を与えるための仕組み作りには、どのような点を意識しなければならないのか。次に挙げる3つのポイントで解説する。
　①共有すべき顧客の声は、鮮度が命
　②業務が異なれば、同じ情報源であっても関心事は異なる

③ウォッチすべき多彩な声を集約して見せることで多角的に顧客を捉える
①「見せる化」は声の鮮度が命

　顧客の声は鮮度が命である。とくに最近は、さまざまな業種業界で商品だけでの差別化が難しくなり、サービスでの差別化に躍起になっている企業が多い。この「サービス」が持つ特性には、①無形性、②不均質性、③同時性、④消滅性があり、この特性が示すことは「サービスを受けた瞬間にサービスは消費され、後には残らない」ということを示す。つまり、顧客の声とは、4-1でも見たように"サービスを受けた瞬間"に感じた「感情」（とくに負の感情）であり、時間とともに価値が下がっていくものである。従って、できる限り新鮮なうちに関係者に共有されなければ意味がなくなるのだ。

　しかしながら、先に紹介した実態調査からは、経営層に顧客の声を伝達するのに3週間以上要している企業が半数にのぼることがわかった。さらに、報告していない企業は全体の1割も存在した。経営レベルから日々の声に反応

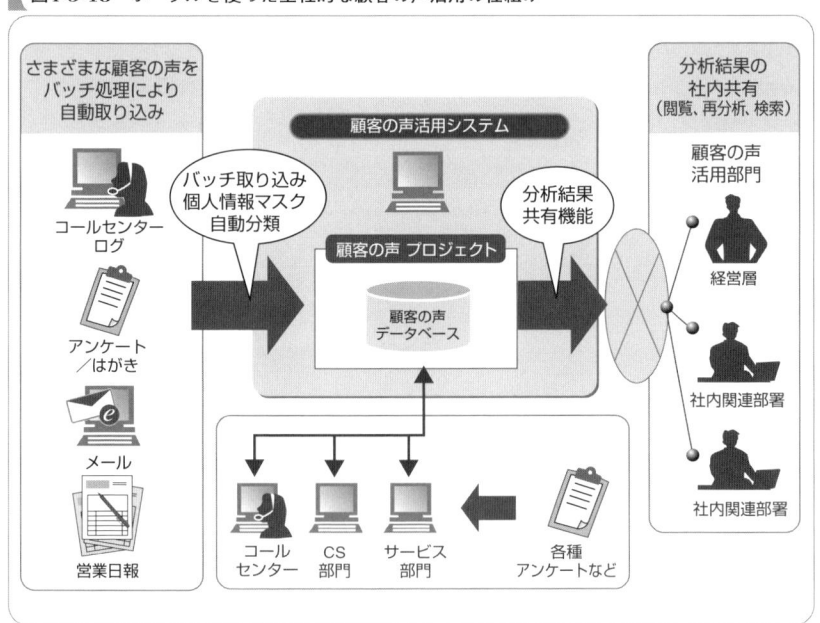

図4-3-18　ポータルを使った全社的な顧客の声活用の仕組み

し、業務プロセスを改善し続けている企業と、数カ月に一度の会議でまとめて改善を決定する企業では、どちらが「変化に強い」企業と言えるだろうか。

ある家電メーカーでは、テキストマイニングを使った全社的な顧客の声活用システムを構築し、前日までにコールセンターに寄せられた顧客の声が翌日の朝には全社的に情報発信される仕組みを構築している。コールセンターに蓄積された声は、夜のうちに差分データが抽出され、そのままテキストマイニング処理される。そして、翌日の朝には顧客の声のポータルサイトを通して全社員が声に触れることができるのである（図4-3-18参照）。

とくに、経営層に顧客の声を伝達する際に注意しなければならないのは、P.F.ドラッカーが「（会社の組織の）レイヤー（階層）がひとつ増えるごとに、情報量は半分になり、雑音は倍になる」と言うように、間に入る人が増えるごとに情報の正確性が薄れ、トップは不確かな情報をもとに判断を下さないといけなくなってしまう点である。その意味で、この家電メーカーでは、翌日には

図4-3-19　経営層向けサマリーページの例

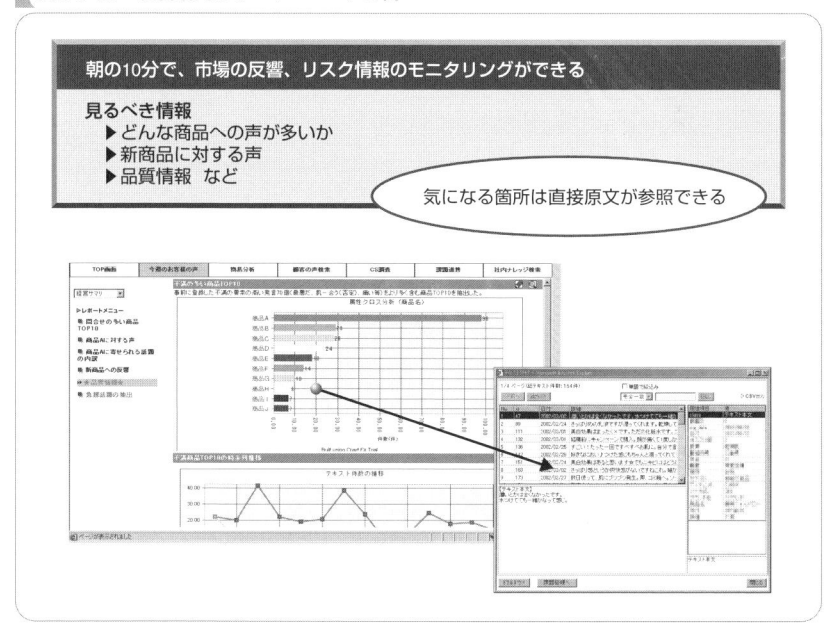

コールセンターが管轄するポータルサイトにダイレクトに顧客の声が発信されるため、誰かのバイアスがかかることなく、顧客の生の声に直接接することができることも特徴である。

また、声の「見せる化」では、テキスト中に含まれる住所や電話番号、Eメールアドレスなどの個人情報に対する配慮も必要になる。この場合、テキスト機能を応用したマスキングツールが有効である。夜間のテキストマイニング処理の過程で文章中に混在する個人情報を自動的にマスキングし、共有する際の個人情報漏洩を防ぐことができるのである。

②業務が異なれば、同じ情報源であっても関心ごとは異なる

コールセンターからは、毎週、毎月、何らかのレポートを経営層や関連部署に提供しているにもかかわらず、社内の人間があまり興味を示さないという悩みを抱える企業は多い。その理由は、先ほど見た「内容が全体的な傾向や集計が多いため、自分の担当する商品や業務単位での実態までは把握できない」という現場の声が象徴するように、自分の業務にダイレクトに活用できる情報になっていない点が挙げられる。

理想的には、膨大な量の顧客の声の中から、その人の業務や関心事に合ったものが自動的に選別され、目に飛び込んでくる状態に持っていくことであり、この部分が「見せる化」のポイントの1つになる。つまり、同じ情報源であっても、見る人の業務が異なれば関心事も異なり、優先的に見せるべき顧客の声をしっかり交通整理することが重要だといえる。

実際、コールセンターに寄せられる顧客の声でも、業務によって見るべき情報が違う。家電メーカーの場合を例に取り、どのような違いがあるか見てみよう。

(1) 経営層
　・先日売り出したばかりの新製品の反響、または発売前の相談内容の把握
　・売り上げ上位を占める注力商品に寄せられる声のトレンド
　・品質上問題がありそうな製品のランキングとその時系列推移　など

（2）品質管理部門
　・品質上問題がある製品のランキングとその時系列推移
　・品質予兆の発見
　・改善状況の把握と、改善後のモニタリング　など
　※課題化のパートで詳細解説
（3）マーケティング部門
　・新製品の発売前と発売直後の反響の把握
　・とくにプロモーション（イベント、CM、キャンペーンなど）に関する声など
（4）商品開発部門
　・自分の担当する商品に対する意見や要望、評価・不満の声
　・自分の担当する商品に対する不具合、品質上の問題
　・特定の機能や取扱説明書に対する意見、要望の抽出
　・FAQに追加すべき問い合わせ内容の把握　など

　もちろん、業務が異なっても、ある程度共通に見るものはあるだろう。しかし、本当に業務に活用するとなると、共通で提供されるものは中途半端になりがちで、「これでは、結局深いところが分からない」となり、使われなくなってしまうのである。一方で、すべての業務のレベルに合わせた見方をコールセンターだけで準備することには限界がある。やはり、ポータルのような仕組みで、誰に何を見せるかの設定が自由にユーザー側ででき、コールセンターが中心となってユーザー部門と情報交換する中で、見せる分析の切り口や表現の種類（棒グラフか折れ線グラフかなども含め）を決めていくようなことが現実的である。

　先に事例として紹介した家電メーカーでは、同じコールセンターの情報源を利用していても、テキストマイニングの切り口、アウトプットが見る人の業務に合わせて設計されている。例えば、経営層向けポータルであれば、新製品や重点製品の反響がまず把握できるほか、テキスト中に混在するキーワードから推測して品質上の問題が疑わしい商品TOP10などが優先的に目に飛び

図4-3-20　見る者に応じた情報を発信する声のスイッチングボード

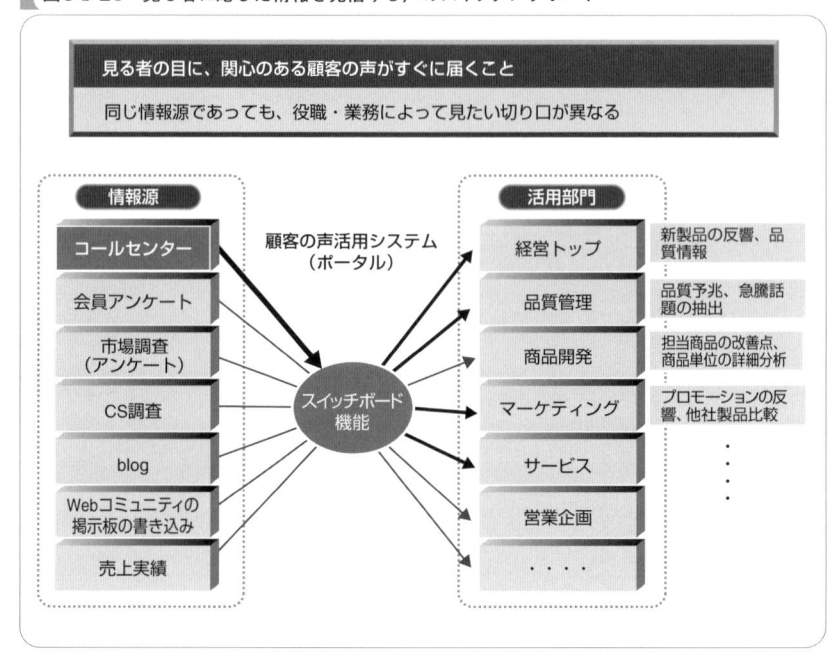

込んでくる。一方で、マーケティングや商品開発事業部向けポータルでは、数万品番ある商品の中で、自分が担当する商品単位レベルで絞り込んだ声の分析が行えるよう、簡易テキストマイニング機能を実装している。

③ウォッチすべき多彩な声を集約し多角的に顧客を捉える

　これまで、コールセンターで蓄積される顧客の声の活用について解説してきたが、本来ユーザー部門の業務から見れば、業務に関連する複数の情報源からの情報を見て、立体的に顧客を捉える必要がある。

　例えば、家電製品の購入前の反響を知りたいのであれば、社外の情報としてはインターネットの「価格.com」上のクチコミから、「どんな商品と比較されているのか」「どのような反応があるのか」が見えてくる。または、インターネット・リサーチを使って匿名でブランドのイメージ調査を行うことも考えられる。さらに最近では、ブログなどのいわゆるCGM（Consumer Generated

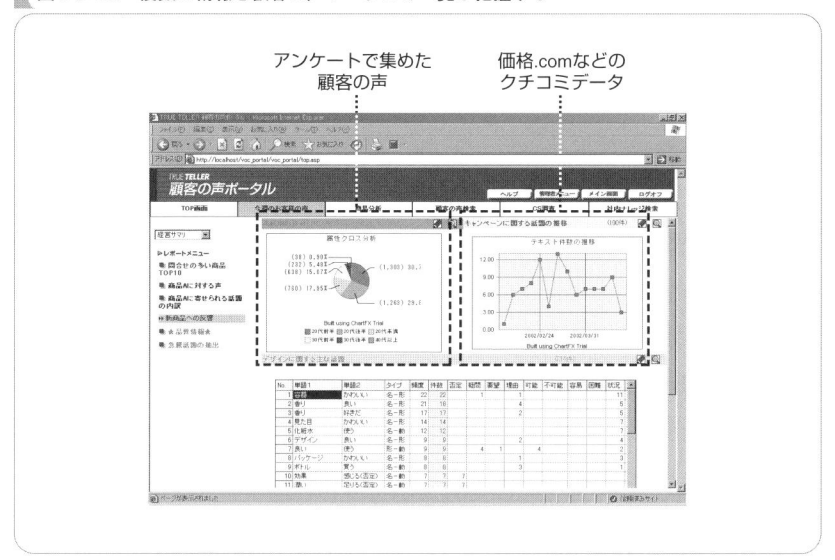

図4-3-21　複数の情報を顧客の声ポータルで一覧し把握する

（図：顧客の声ポータル画面。「アンケートで集めた顧客の声」「価格.comなどのクチコミデータ」の注釈付き）

Media)により、消費者自らさまざまな情報を発信し、企業の知らないところで世論を形成するという流れも活発になってきている。企業の対応姿勢や品質問題など、特定の話題が槍玉に挙げられ、よく言うネット上での"炎上"を起こす事例も後を絶たない。その意味で、コールセンターに寄せられる顧客の声から活用していくにしても、企業がモニタリングすべき情報は社内だけではなく社外も含め増えており、いずれこれら企業を取り巻くさまざまな顧客の声を社内で一元管理し、同じ軸で比較して「見せる化」する必要性は増していると考えた方がよいだろう。

● 「見せる化」は「顧客視点で考える」というカラーバス効果を生む

　「見せる化」により、日々見せる人の業務に合わせた顧客の声を継続的に見せることは「カラーバス効果」を生む。「カラーバス効果」とは、例えば赤いものを見つけようと気に留めていると、日常生活の中で、こんなにも赤いものが多いのかと思うほど、赤いものが目に留まり、日頃気づかなかった発想を生

むきっかけ作りになるというものである。

まさに、顧客の声の「見せる化」は、全社的に"顧客視点"という新たな「カラーバス効果」を生む仕掛けなのである。目的を持って意識して顧客の声を日々見ていると、今度は日頃の活動の中でも、自然と顧客目線の新しい"気づき"が目に留まることになり、それが積み重なっていくことで、次第に「顧客視点で物事を考える」習慣が身につくようになるのである。

## 4 課題化（改善活動のカタチ）

### ●顧客の声から具体的な改善活動につなげる仕組み作り

顧客の声マネジメントにおいて、これまで見てきた顧客の声の「見える化」「見せる化」により、全社的に顧客の声が還流され、日々社員の1人ひとりが顧客の声に触れることになると、顧客の声から商品・サービスに関するさまざまな改善すべき"気づき"が得られるようになってくる。顧客の声を見ている中で、「なぜ、こんなキーワードが出ているんだ？」「このキーワードは何だ？」といった新しい発見が出てくるわけである。この"気づき"を得られる状態にすることが顧客の声マネジメントの大きな一歩であることは間違いないが、ここがゴールではない。重要なのは、この"気づき"から、その声が発せられた背景を考え、改善課題として1つずつ解決していくことである。

関連部署にて声から"気づき"を発見し、問題提起され、着実に改善活動につながっていくことが理想ではあるが、日々顧客に直接対応しているコールセンターが、積極的に社内関連部署の課題改善業務に関わっていくことが、顧客の声を起点とした改善活動を推進していくうえで成功の鍵となる。コールセンターが、関連部署を巻き込みながら課題テーマを共有化し、改善が完了するまでの進捗管理を行い、改善効果を検証し、成功事例を社内で共有してナレッジとして蓄積していく。こうした問題解決型のサイクルを構築し、回していく旗振り役となるのが好ましい（図4-3-22参照）。

問題解決型サイクルには、次の5つのポイントがあり、これらをシステムや

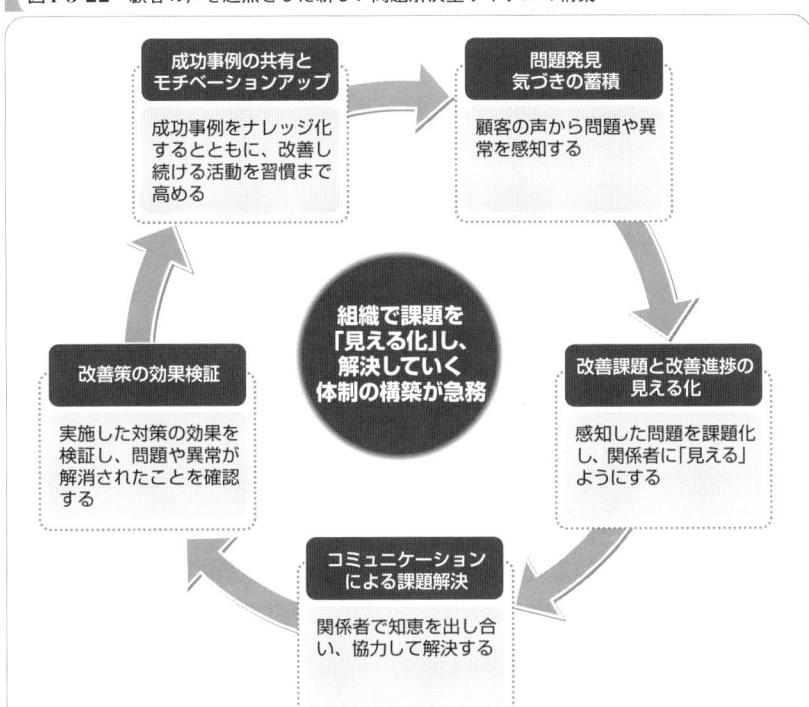

図4-3-22 顧客の声を起点とした新しい問題解決型サイクルの構築

**組織で課題を「見える化」し、解決していく体制の構築が急務**

- 成功事例の共有とモチベーションアップ
  成功事例をナレッジ化するとともに、改善し続ける活動を習慣まで高める
- 問題発見 気づきの蓄積
  顧客の声から問題や異常を感知する
- 改善課題と改善進捗の見える化
  感知した問題を課題化し、関係者に「見える」ようにする
- コミュニケーションによる課題解決
  関係者で知恵を出し合い、協力して解決する
- 改善策の効果検証
  実施した対策の効果を検証し、問題や異常が解消されたことを確認する

推進体制面と合わせて仕組み化していくことが重要である。

①問題発見と顧客の声から得た"気づき"の蓄積

日々、現場の人間が顧客の声に触れることで、商品・サービスの改善や企画のヒントに気づくようになる。そうした場合に、大きく2つのアプローチが考えられる。1つは、その場で社内に対して改善テーマとして検討するよう問題提起をするケース、もう1つは今すぐテーマにはならないが、気になるので"気づき"として溜め込んでおくケースである。

前者は従来の活動でもその場で関係者にEメール送信することで共有が可能だが、後者は日々の業務の中に埋もれ忘れられていくケースが多い。しかしながら、このような"気づき"を改善のための"アイデア"としてデータベー

スに蓄積し、定期的にその中から課題として取り上げるべきものはないか、社内の関係部門とチェックしあうことで、ある時、課題とすべきものが発見されることもある。単なる改善のための"アイデア"の断片であったものでも、蓄積・議論、そして視点の転換によって、変化が生まれる。また、組織体制や市場、技術の変化などで優先的に取り組むべき課題に格上げされることもある。

このように、改善活動のインプットになるべき、"アイデア"をなるべく多く集め、その中から現実の可能性とインパクトの高いものを吟味していくことになる。「顧客の声の課題化」を行ううえで、このような改善のための"アイデア"を蓄積できる仕組みが求められている。

②改善課題と活動進捗の見える化

顧客の声からさまざまな課題テーマが上がってくる状態を作る一方で、その課題が現場でそのまま放置されてしまっては意味がない。放置される背景を考えてみると、代表的な理由として以下が挙げられる。

・現場が目先の業務に追われて、いつまで経っても手を付けられない

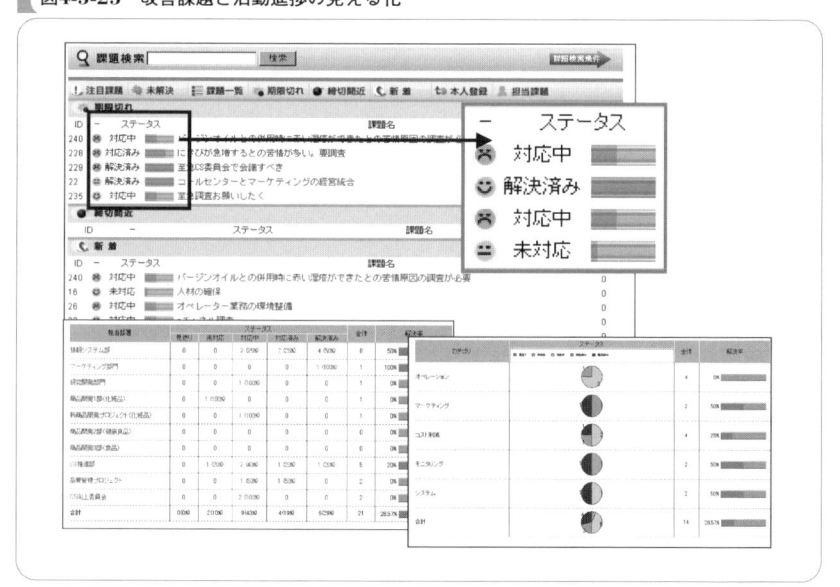

図4-3-23　改善課題と活動進捗の見える化

・今すぐ解決できる課題でないため、いつの間にか放置されてしまう
・単独部署だけで解決できないため、責任が分散し放置されてしまう

　これらを解決するためには、課題として登録する際に、緊急性、担当部署、解決期限を明確にし、責任の所在と優先順位を「見える化」する必要がある。課題がどの程度の緊急性のあるものなのか、具体的にどの部署で責任を持って解決するのか、いつまでに終わらせるべきものなのかを設定し、それぞれの課題の進捗をモニタリングできるようにするのである。期日が迫った課題や期限切れの課題については、アラートメールで関係者に通知することで、解決モレをなくすことも必要である。

③**部門間のコミュニケーションによる課題解決**

　顧客の声から生まれた課題の中には、1つの部署だけでは対処できないものも多い。例えば、消費者向けのエレクトロニクス商品は、多機能化、デジタル化の一途を辿っている。その最たるものである携帯電話は、1台で通話、カメラ、AVプレーヤー、情報端末、GPS端末、ワンセグ機能と数え切れないくらいの機能を持つ。近い将来は、あの小型薄型サイズで現行のパソコン並みの処理性能を持つといわれ、さらに多機能化、各機能の高度化が進みそうだ。これは、AV機器やパソコン、デジタルカメラ、テレビ、携帯電話、ゲーム機といった従来の商品カテゴリー自体が意味を成さなくなってきている。このような状況の中で、1つの製品に関する改善課題も複数の部署横断で解決にあたらなければならなくなっている。

　とくにコールセンター発で顧客の声に基づいた改善活動をする場合、日々顧客に接している部署と遠い部署では顧客の声に対する関心にギャップが生じやすく、思うように推進できない例が少なくない。「顧客の声の活用実態調査」で見たように、「社員の理解・関心が薄い」という課題は多い。そうすると、いくらコールセンターが早急に改善すべきテーマと考えても、それを担当する業務部門にとっては、いくつかある課題の1つでしかなく、優先度や緊急度が低く扱われてしまうことになる。また、改善活動の実施部門が解決したとしても、課題を上げた部門にとっては、それが解決策になっていない場合

もある。

　そこで、コールセンターが中心となって改善活動を推進するためには、関連する部署を定期的に集め、課題について話し合い、関心ギャップを調整しなければならない。それで初めて、全社的な課題としてテーマに乗ってくるのである。実際、改善活動の取り組みが始まっても、複数部署が関わっていると、コミュニケーション不足から何かと問題が生じやすい。掲示板のようなツールを活用して、改善策の検討段階から改善実施後の解決を判断するまで、組織横断的にコミュニケーションをすることが重要である。

④改善策の効果検証

　顧客の声マネジメントでは、改善活動後の反響を再度顧客の声として収集し、改善前後の変化をモニタリングしていく。例えば、最近の家電製品は、ネットやパソコンに接続して利用する製品が増えてきており、「インターネットに接続できない」「接続方法が分からない」などの質問が多く寄せられる。そういった質問に対して、解決策をFAQに掲載したり、取扱説明書に追記する対応を採ったとしても、その後の質問の数について大きな変化が見られなければ、上手く顧客に伝わっていないということになる。その場合、改善策について再度検討する必要性が出てくる。つまり、取扱説明書には確かに記載したが、利用者から見て目に付かない位置なのか、そもそも分厚い取扱説明書ではなく、薄いスタートアップマニュアルの方に載せないと見てもらえないのか、ということになるわけである。

　改善活動は、実施して終わりではなく、その効果を測定し、着実に顧客の声に反映させていくことが重要だ。効果検証の測定方法としては、純粋な件数の推移だけでなく、場合によっては、目標値や期待値の指標設定や、同種の商品・サービスとの比較による変化の測定、前年同期比較など、さまざまな検証方法がある。

　顧客の声マネジメントの4Aサイクルでは、4つ目の「Act」において商品やサービスを改善し、改善したものを市場に投入していく。そして、その反響をまた4Aサイクルの1つ目の「Accept」で収集し、モニタリングすることで、初め

て顧客の声マネジメントサイクルは完成する。これが4Aサイクルに「サイクル」と名づけた所以でもある。

⑤成功事例の共有とモチベーションアップ

実際に効果検証によって高い改善効果が見られた事例については、積極的に共有していくべきである。

どのような声からどのようなプロセスで改善を行ったのか、といったプロセスをノウハウとして蓄積しておくことで、将来的に同様な課題が生まれた際の参考になる。

このような改善活動は継続化することが重要だ。積極的に顧客の声に耳を傾け、ちょっとした改善でも着実に形にして顧客に還元していく活動を、一過性の活動から現場の文化・風土レベルまで高めていきたい。そのためには、良い改善事例については表彰するなど、現場のモチベーションを高める工夫も必要だ。

ある会社では、問題提起件数と改善件数を点数化して、毎月部署間で競わせるなどゲーム感覚を持たせて活動を活性化し、成果を全社のフォーラムなどで紹介している。また、ある会社では、年間のKPI(Key Performance Indicators：重要業績評価指標)の1つとして改善事例数を設定し、顧客の声に基づいた商品改善や業務改善の実績を評価している。

● 顧客の声を起点とした改善活動の推進体制とは？

顧客の声に基づいた改善活動を進めていくには、特定の部署だけではない、関連部署を巻き込んだ、全社的に問題を解決していく体制が求められる。コールセンターが中心となって推進するとしても、関連部署とのコミュニケーションを行うための会議体の設置や、テーマに応じた委員会や横断プロジェクトでの検討など、組織横断的な動きができる機能が必要となってくる。また、より意思決定のスピードを速めるという目的で、全社的に顧客の声を活用する専門部署を設置する企業もある。

では、全社的な顧客の声推進体制にはどのような形があるのか？　これま

でのコンサルティングの経験より、全社的な顧客の声の推進体制は以下の3つの形に分類される。

① コールセンター推進型

　　──顧客と日々ダイレクトに接し、顧客の声をデータとして持つコールセンターが推進

　コールセンターが顧客の声マネジメントの司令塔となり、顧客の声の情報発信ならびに改善活動の推進を行っていくうえでは、先にも見てきたように関連部署を巻き込んで課題を解決していくことが重要である。例えば、ある企業では、コールセンターを起点とした「お客様目線からの商品改善」を実践しており、月1回、お客様相談室の担当者が集まってコールセンターに寄せられた声を読み込む「読み込み会議」を実施している。その場で、増えている話題や企業側では気づかなかった意見を抽出するのだ。そして四半期ごとに事業部も交えて「顧客の声活用ミーティング」を開催し、商品改善策を議論している。その活用ミーティングでは、集計データだけでは伝わらない"生々しい"顧客の声に触れている。参加部門は、商品開発、マーケティングだけでなく、研究開発、生産、販売などの各部門担当者も加わり、場合によっては素材や加工技術の見直しから改善を行うケースもあるという。

　その他、顧客の声自体に対する関心を高める啓蒙活動や、「顧客の声の使い方」を勉強会などで伝道していくことをコールセンター推進で実施する企業もある。

　ある企業では、管理職になる時の研修の1つに、コールセンターでのオペレータを1日体験させるコースがあり、顧客の期待や不満に直に触れることで、顧客の声に対する関与度を高める工夫をしている。また、ある企業は「顧客の声気づき講座」として、参加者に実際に顧客の声の中から、どのようなことに関心を持っているか、企業に対してどこに期待しているかなどの"気づき"を抽出してもらい、顧客の声から消費者と企業の人間とのギャップを具体的に感じてもらう勉強会を開催。とくに顧客と直接接していない部門の社員を対象に定期的に実施することで、顧客の声から何が分かるかを伝道している。

合わせて、顧客の声活用システムの使い方を指導することで、勉強会の後、各自で気づきを得られるように導いている。

②CS専門部署推進型

　――顧客の声の要望、意見を具現化することを使命とする「CS推進部」「CS部」と呼ばれるような専門部門が推進

　企業によっては、「経営企画部」や全社的なシステム構築を手がける「IT企画部」が推進するケースもある。

　コールセンター推進型での顧客の声マネジメントの1つの壁は、使用する声がコールセンターの声に限られることである。企業の中には、コールセンターに集まる声以外にも、アンケートや営業日報、最近では社外のインターネット上のクチコミ情報などが多数存在する。そして、より立体的に顧客を捉えるためには、いずれこれらの複数のデータも集約し、多角的に活用していくことが必要となる。

　一方で、複数のデータを使うとなると、複数のデータ保持部門が絡んでくることなり、取りまとめる部門が必要になる。そこで、登場することになるのが、CS専門部署推進型や、この次に説明する委員会、横断プロジェクト推進型による顧客の声マネジメントの推進体制なのである。

　また、CS専門部署推進型は、通常社長直下の本社組織であることが多く、CS向上というテーマで、さまざまな顧客の声を集約し、組織横断的に関連部署を束ねやすいというメリットもある。最初はコールセンター推進型で運営を始め、次第にこの形に移行して活動を拡大する企業も増えている。実際、ここ数年、もともとお客様相談室やコールセンターであった部門の中で顧客の声活用の活動を行う部隊が、CS推進部やCS部として独立して設置されるケースが非常に増えている。CSをテーマにするCS推進部は、まさに顧客の要望や意見を具現化することがミッションであり、顧客の声マネジメントの主幹部門に適している。

　例えば、ある銀行では、社長の号令の下、もともとお客様サービス部としてコールセンターを管轄していた部隊がCS推進部として独立、顧客の声マネジ

**図4-3-24　課題管理フロー**

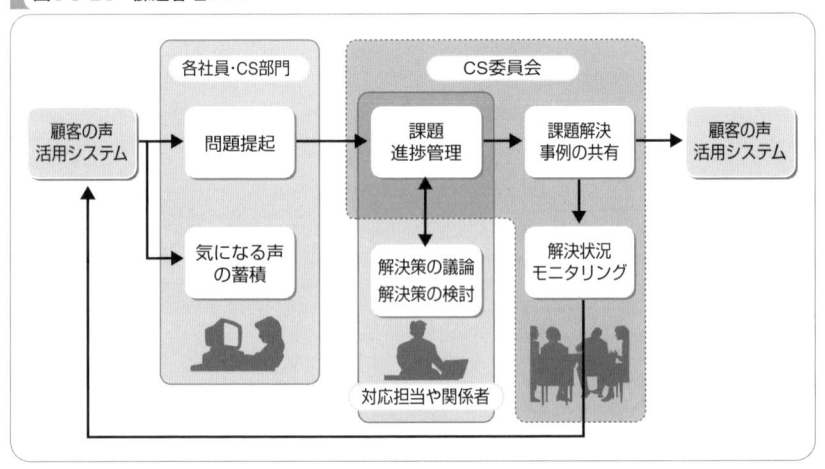

[図：顧客の声活用システム →（各社員・CS部門）問題提起／気になる声の蓄積 →（CS委員会）課題進捗管理 ⇔ 解決策の議論・解決策の検討（対応担当や関係者）→ 課題解決事例の共有 → 顧客の声活用システム、課題解決事例の共有 ⇔ 解決状況モニタリング]

メントの実践を担っている。CS推進部の担当者が顧客の声を定期的に分析し、週1回「顧客の声検討会議」と呼ばれる部門打ち合わせの中で、社内から問題提起されてきた課題と合わせて、さまざまな角度から検討し課題化する。そして、その課題にかかわる関連部門に伝達、対応が決まったものや関連部門からの返信は、顧客の声を集約したポータルサイト上の「本部の回答」欄に掲載し、全社員が閲覧できるようにしている。

　一方、システム対応やルールの改定、業務フローの見直しなどを伴う中期的な取り組みが必要な改善事項に関しては、別途「CS向上提案」として、CS推進部が業務主管部と対応について協議し、社長の出席する「CS向上委員会」を通じて優先度や対応策の決定、進捗状況の報告などを行い、トップダウンで改善が推進されていくのである。

③委員会、横断プロジェクト推進型
　──社内に組織横断のプロジェクトチームや委員会を設置して推進
　顧客の声マネジメント実践企業において、委員会・組織横断的なプロジェクトチームを立ち上げ、推進していく企業も増えている。トップマネジメントのやる気さえあれば、既存組織体制の中でもすぐに立ち上げることができる

点がメリットになる。その意味で、①のコールセンター推進型と組み合わせる企業も多い。コールセンターのメンバーが中心となって推進するが、関係部門から数名担当者を集めクロスファンクションチームを組み、コールセンターに寄せられる声だけでなく、必要に応じてクチコミデータやアンケートデータなどを活用しながら、課題の洗い出しと検証を行うわけだ。

また、プロジェクトメンバーには、顧客との接点がない部門のメンバー(研究開発部門の研究員、製造部門のエンジニアや品質管理担当者など)も参加させることで、顧客志向経営に対する部門間の意識ギャップを埋めながら、顧客の声マネジメントを社内に定着させることが可能となるというメリットもある。

例えば、ある企業では、約30名からなるプロジェクトチーム「お客様の声活用委員会」を組織したうえで、半年に一度、メンバーを総入れ替えして、なるべく多くの社員を一度はプロジェクトに参加させながら、課題の発見から改善活動の推進を行っている。

プロジェクト推進型のメリットをもう1つ挙げるならば、"組織の制約"を取り払って、顧客の声マネジメントの「あるべき姿」を徹底的に追求できることである。特定の部署がベースとなっていないため、既存の業務の枠に囚われることなく活動できるのである。

本書を手に取られている方は、①のコールセンター推進型が最も身近かもしれない。その意味では、まずはコールセンター推進型でしっかり顧客の声の活用を定着させ、よりスピーディに複数の課題を解決に導いていくフェーズに入ってきたところで、③のプロジェクト推進型を取り入れ、関係部署を交えたチームとして課題解決を図っていくことをお勧めする。

## 4-4 顧客の声マネジメント成功のための3大要素

　これまで見てきたように、顧客の声マネジメントとは、貴重な宝の山である顧客の声を企業活動の中に取り込んでいくための、今まさに求められるマネジメント手法である。文中に登場するいくつかの先進企業では、顧客の声マネジメントを実践することで大きな成果につなげている。これらの企業の取り組みを紐解いていくと、成功の要因として大きく3つの要素が鍵を握っていることが見えてきた。

　その3つの要素とは、「顧客の声」「顧客の声活用システム」「推進体制」である。

**図4-4-1　顧客の声マネジメント成功の3大要素**

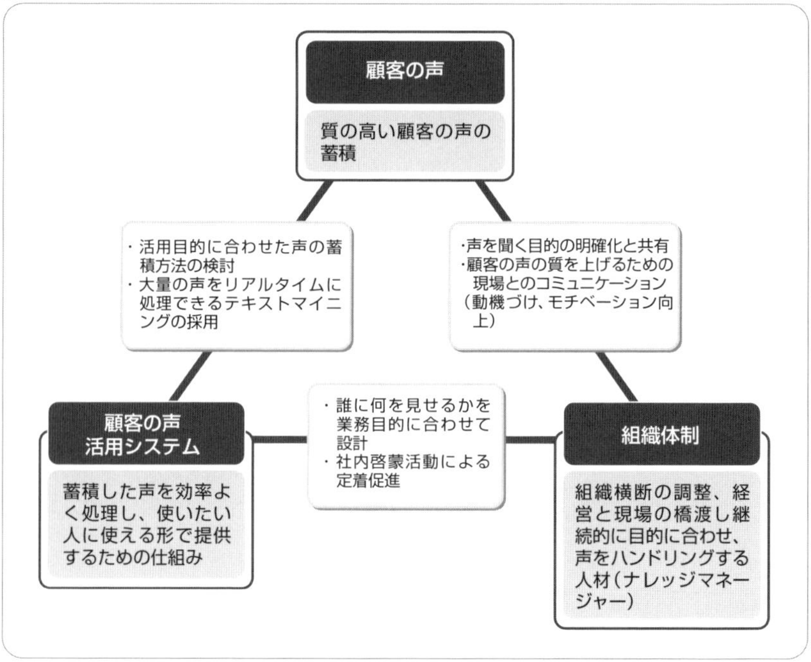

**顧客の声**
質の高い顧客の声の蓄積

- 活用目的に合わせた声の蓄積方法の検討
- 大量の声をリアルタイムに処理できるテキストマイニングの採用

- 声を聞く目的の明確化と共有
- 顧客の声の質を上げるための現場とのコミュニケーション（動機づけ、モチベーション向上）

- 誰に何を見せるかを業務目的に合わせて設計
- 社内啓蒙活動による定着促進

**顧客の声活用システム**
蓄積した声を効率よく処理し、使いたい人に使える形で提供するための仕組み

**組織体制**
組織横断の調整、経営と現場の橋渡し継続的に目的に合わせ、声をハンドリングする人材（ナレッジマネージャー）

要素1:「顧客の声」
　➡企業資産として有効活用できるだけの質の確保
要素2:「顧客の声活用システム」
　➡大量の顧客の声(テキスト情報)を見える化し、活用できる仕組みの構築
要素3:「推進体制」
　➡目的とビジョンを示し、周りを巻き込んで顧客の声の活用の推進ができる組織・人材の育成

● 要素1：質の高い顧客の声の確保

　顧客の声マネジメントを推進していくためには、まず顧客の声がないことには始まらない。

　コールセンターに寄せられる顧客の声の「質」に着目し、活用の目的に合わせた蓄積方法について試行錯誤を行いながら「質」の向上に努めることが重要である。また、業務の効率化、高速化が数値目標として設定されることが多いコールセンターにおいて、顧客の声の入力は業務負荷を強いることになり、それが現場のストレスになることも多い。その意味において、コールセンター発の顧客の声マネジメントの推進では、この部分の解決が大きなテーマにもなる。

　成功している企業を見ると、その解決のための工夫が見られる。いくつか紹介したい。

＊「そもそも何のために声を聞くのか」という議論により、顧客の声蓄積の意味づけを行う
　→単純に声を蓄積するのではなく、目的意識を持って入力するだけでも質が変わってくる。
＊質の検証と入力方法のルール化
　→実際に自社のデータを分析してみることで、どんな目的にどれくらい使えそうか分かる。分析と収集のサイクルを繰り返す中で、

トライ&エラーをしながら必要な蓄積方法の改善を行っていく。
＊コールセンターの真のプロフィットセンター化への変革（コールセンターの位置づけの変革）
　→組織上、コールセンターをマーケティング部門内に位置づけ、マーケティング活動のサポート的役割を持たせる。あるメーカーでは、顧客の声に基づいて生まれた商品の販売実績を売り上げ貢献として設定し、積極的に商品開発にかかわっている。
＊質の高い声を蓄積するオペレータを表彰することで、蓄積する側のモチベーションを上げる
　→オペレータの能力評価の項目の1つに、活用しやすい声の蓄積という項目を入れ、評価する企業もある。

　また、入力のルールについても、声の活用目的と合わせて見直すことが必要である。例えば、商品別の分析をしたいのに、商品別の項目を取っていなければ、分析は困難だ。そして、質問内容と回答内容が同一の入力フィールドに混入していたり、入力フィールドの中に「折り返し電話お願いします」などのオペレーション情報が大量に入ってしまっている場合なども、活用するための「質」という観点で見ると、改善の余地がある（具体的には省略するが、こういった情報であっても、いくつかのオペレーションの変更やテキストマイニングツールの活用で、飛躍的に質を上げる方法もある）。

　筆者らがこれまで何千という顧客の声を見てきた中での感覚としては、数年前の各社の入力状況は質のバラツキが大きかったが、ここ2、3年でコールセンターでの声の活用が当然になっている流れの中で、「さすがにこれでは使えない」というデータを見る数は圧倒的に減ってきていると感じる。やはり各社とも、入力の「質」に着目して、試行錯誤をしているのである。

●要素2：大量の顧客の声を見える化し、活用できる仕組みの構築

　蓄積される顧客の声は、膨大な量のテキスト情報であり、それをすべて手

作業で見ていこうとするのは非効率である。変化が早い環境の中で、可能な限り新鮮な声を新鮮な状態で業務改善に反映していくことが、企業の競争力になることは何度も指摘してきた。そのためには、大量の生の声（＝テキスト情報）を瞬時に「見える化」する顧客の声活用システムの構築が必須である。本書では、そのシステムに必要な機能を「見える化」「見せる化」「課題化」として解説してきた。

● 要素3：顧客の声の活用推進ができる組織・人材の育成

　要素の最後は"人"である。どんなに質の高い声、高機能な顧客の声活用システムがあったとしても、そのパワーを最大限に引き出し、それを現場の業務に組み込んでいくためには、推進する人材や組織なしでは成功しない。

　これまで多くの企業とのお付き合いの中で、業務知識があり、かつテキストマイニングツールの操作に習熟している人材がコールセンターの中にいるかいないかで、顧客の声マネジメントの推進スピードが大きく変わることが分かってきた。知りたい情報に対して短いサイクルで仮説検証を行い、新たな「気づき」を社内にフィードバックすることができる人材（筆者らは、ナレッジマネージャと呼んでいる）を育成していくことが重要である。

　また、顧客の声マネジメントは、従来の現場だけの顧客の声分析の枠に止まらず、コールセンター発の全社的な声の還流を目的としている。従って、コールセンターには、経営層や現場の事業部が顧客の声からどんなことを知りたいのかを確認し、その目的に合わせた顧客の声の収集や質の改善が求められる。そして、その声を顧客の声活用システムを使ってどう表現し、どう共有するのがよいのかといった「見せる化」の設計のほか、具体的な顧客の声に基づいた改善点の提言といった改善活動の推進役も期待される。さらに、全社的な顧客の声活用やCS活動を推進していくためには、社内の啓蒙活動や関係部門間の調整、経営と現場の橋渡しといった組織横断的な活動も必要となってくる。

　これまで見てきたように、コールセンターには新たな付加価値という意味

で、「情報発信力」の強化が期待されている。その環境の中で、顧客の声マネジメントは、従来はコストセンターと言われたコールセンターをプロフィットセンターに変換していくための強力な武器となる。

しかしながら、各現場には温度差があるため、常に新たな発見や具体的な成果、ノウハウを全社に広げていくことが必要である。顧客の声の活用を一過性の「○○運動」で終わらせるのではなく、風土にまで成長させるには、まさに「継続」である。

顧客の声マネジメントは、決して単なる顧客の声の「情報共有」ではない。顧客の声を「見える化」し、「見せる化」するだけでは何も変わらないのだ。顧客の声から得た「気づき」を共有し、社内の「共通認識」にまで高め、行動を変えさせることこそが、顧客の声マネジメントの真の目的である。顧客の声マネジメントの先進企業である松下電工では、「VOC21で○○の声が××件あったよ」「VOC21で見たら……」「VOC21には……」と、VOC21という顧客の声活用のシステム、活動自体が共通認識にまでなって、日常的な会話の中に出てきている。

共通認識によって新たに何かに気づけば工夫が生まれ、行動が変わる。社員の1人ひとりの能力は、地道な努力の積み重ねしかないが、それが組織の良い風土にまでなれば、企業における大きな競争力の源泉となる。

今こそ、コールセンター発の顧客の声マネジメントを実践しよう。日々顧客と接しているからこそ分かる顧客の期待や思いを、「顧客の声」として発信していこう。

それが、組織の思考を変え、そして企業の思考を変えていく。その結果、より良い社会作りへと発展していくことを信じている。

## ■終わりに

　「顧客対応力」「リスク管理力」「情報発信力」——これら3つの力を伸ばすコールセンターの高付加価値化は、企業が競争の中で持続的に成長して行くために、避けて通ることのできない必須のテーマとなっている。

　・「顧客対応力」は、企業の顔を作る
　・「リスク管理力」は、企業の免疫機能を高める
　・「情報発信力」は、企業の神経を活性化し、血液を全身に送る心臓にもなる

　顧客との接点であるコールセンターが、その企業のイメージを形作る「企業の顔」と言われて久しい。企業が提供する商品やサービスのCMや、企業ブランドを高める広告宣伝活動は、どちらかと言えば企業側からの一方的なアピールであり、例えて言うなら、綺麗にお化粧された顔だろう。それに対して、顧客側からコールセンターに問い合わせをした場合は、対応、態度、表情など、企業の本音の顔を見る瞬間である。読者の企業のコールセンターは大切な顧客にどんな表情を見せているだろうか。

　また、コールセンターは、企業の提供する商品やサービスを利用した顧客からの反応をいち早く受け付ける「センサー」でもある。コールセンターに寄せられる顧客の声には、単純な問い合わせだけでなく、要望や意見、そして苦情が含まれている。その中には、商品の重大な欠陥に気づかせる情報が含まれているかもしれない。企業側で想定していなかったような利用の仕方で問題が起きているケースも発見できるだろう。こうした、リスクの「かけら」を単なる苦情として放っておけば、あっという間に企業の身体を蝕み、生死に関わる重病になる可能性もある。このため、コールセンターは、あたかも病原菌を素早く見つけ攻撃する「免疫機能」のように、早期にリスクを察知し、適切な対応でリスクの影響を抑えるという、大切な役割を担っているのである。こうした役割は、今後、さらに大きくなっていくだろう。

そして、コールセンターにおいて、最も重要なことは、やはり大切な顧客の想いを漏らすことなく受け止めて、顧客の声という血液を企業の全身に行きわたらせることだろう。一見すれば、顧客の声の大半は、厳しい意見、苦情ばかりである。時には、目を伏せたくなることもあるだろう。コールセンターの役割は、そうした厳しい意見や苦情を含めて、膨大な顧客の声の裏側にある、「顧客の想い」をきちんと理解し、分かりやすく企業内のすべての部署に伝えることである。

テキストマイニングによる顧客の声の見える化は、単純に効率化を目指すべきものではない。顧客の声の中にある「顧客の想い」を浮き立たせ、企業内のすべての人に伝え、そこから顧客の想いに応える「気づき」を生み出すものなのである。顧客の声は企業を成長させる原動力であり、そのためには、コールセンターの情報発信力の向上が必須ということを、常に意識しておくべきだろう。

コールセンターの高付加価値化を支える技術は、日々進化している。例えば、音声データをテキストデータに変換する音声認識の精度が実用レベルに達することで、コールセンターの役割は大きく変わる可能性がある。既に、コールセンターでの会話を音声データとして録音し、コンプライアンス上、オペレータが言ってはならない単語が出ていないかをチェックするといった仕組みは存在する。

これが発展して、顧客との会話のすべてがテキストデータとして蓄積できれば、オペレータが問い合わせごとにシステムにデータを入力する必要もなくなるわけである。さらに、顧客の声のトーンから、怒りの度合いや、オペレータの回答後の顧客の満足度合いなど、これまでにない感情データとして利用できるかもしれない。

テキストマイニングの技術も進化している。会話のデータを用いて、顧客とオペレータのやり取りの中から、顧客の満足度をアップさせたキーワードやオペレータの効果的な言い回しなどを発見するといった分析も可能になる世界がくるだろう。他にも、構文解析のさらに先を行く意味解析という

技術も今後、期待できるものである。長い文章の要約や、問い合わせと対応のログデータからの検索など、急速に精度を高めることになるだろう。

こうした技術は、現時点では精度の問題もあり、まだまだ実用レベルには遠い感もあるが、コールセンターの付加価値を変革する可能性のある技術については、関心を持って、いつでも技術を活用することで得られる付加価値や実際の利用イメージを想定しておくことも必要だろう。

本書では、「顧客対応力」「リスク管理力」「情報発信力」、これら3つの力を向上させるためのさまざまな解決策を示してきた。その具体的な手段について、顧客対応力を高めるFAQナレッジ共有システム、リスク管理力を高める苦情対応システム、そして情報発信力を高める顧客の声活用システムなど、有効活用を目指す読者のために具体的に仕組みを解説してきた。

さらには、こうした仕組みやシステムを企業に根付かせるためには、やはり人と組織の意識づけが重要との認識から、コールセンター部門が旗振り役となって推進することができるよう、事例を織り交ぜながら、その術について述べてきたつもりである。

ある企業では、顧客の声をもとにした新商品開発、商品改善について、「X年後には、年間n件を達成する」といった目標を立てて経営にコミットしていると聞く。そのための業務プロセスを整理するなど、委員会活動を進めているとのことだ。読者の企業でも、本書がこうした活動の参考になれば幸いである。

最後になるが、コールセンターの高付加価値化は、企業側だけの話ではない。顧客側にとってもコールセンターは、自分のお気に入りの商品やサービスを生み出してくれる企業と、直につながることのできる唯一のコンタクト先かもしれない。ここで、自分の想いを分かってくれて、その想いが新しい商品となって戻ってくるなら、これほど嬉しいことはないだろう。コールセンターは、企業と顧客をつなぐ接点であり、新しい価値を生み出す拠点として、今後も大きな役割を担ってゆくことに間違いないのである。

## ■謝 辞

　本書は、さまざまな方からのご支援によって完成させることができた。この場をお借りして御礼申し上げたい。

　まず、はじめに、顧客の声の活用に強い意識をもって推進されているクライアント企業の皆様に厚く御礼を申し上げたい。顧客の声を活用する分析手法や仕組み作りなど、皆様と実施したプロジェクトにおいて、多くのフィードバック、及び叱咤、激励、ご助言をいただいた。皆様との熱い議論なくしては、本書は上梓することはできなかっただろう。

　また、株式会社アイスタイルの吉松徹郎氏には、テキストマイニングシステムの開発当初より、クチコミデータの提供をはじめ、先進的で刺激的な分析方法と機能改善のヒントをいただいた。大変感謝している。

　株式会社野村総合研究所のビジネスインテリジェンス事業部メンバーである寺崎 健氏、椿 誠司氏、小林洋子氏、姫野 俊氏、矢島達之輔氏、北邨 輝城氏、矢田部竜裕氏、清野由梨氏、板田俊一氏、牧 純一郎氏、渡辺績央氏、米山左和子氏の強力なサポートにも感謝したい。テキストマイニングシステム「TRUE TELLER（トゥルーテラー）」を核にした顧客の声活用、FAQ管理、苦情対応のコンサルティングやシステム構築など、彼らが実施したさまざまなプロジェクトの貴重な経験が、本書の内容のベースとなっている。

　そして、株式会社プラスアルファ・コンサルティングのメンバーの千葉勝利氏、土屋吾来友氏、金子若葉氏、竹内 孝氏、松原雅仁氏、安枝佐容氏、野中康貴氏、比嘉一浩氏、折原敬英氏、澤井 誠氏、西田紀雄氏、西村康幸氏、大友秀裕氏、都倉義憲氏、桑原里枝氏は、日々、新しいテキストマイニングの活用や機能の開発にチャレンジし、その積極的で前向きな姿にはいつも勇気づけられている。紙面をお借りして感謝の意を表したい。

　最後に、株式会社リックテレコムの山本浩祐氏、数藤卓歩氏には、本書を書く機会と、また本書の企画段階からのさまざまなご支援をいただいた。

厚く御礼を申し上げたい。

　なお、本書を最後までお読みいただいた皆様に御礼申し上げたい。ぜひ、本書をお読みいただいての、ご意見、ご感想などを、「皆様の声」として著者らにお寄せいただければ幸甚である。

　読者の皆様の貴重な声を踏まえ、今後またお会いできる機会にて、何かの形で還元させていただきたいと考えている。

**参考文献**

- 「ISO 10002:2004 / JIS Q 10002:2005　苦情対応のための指針 規格の解説」

  日本規格協会 2005年9月

- 「金融機関のCS入門　苦情対応体制（JIS Z 9920）の構築と金融サービスの向上」

  金融財政事情研究会 2004年7月

- 「ISO 10002　苦情対応プロセスの構築と実践」

  日科技連出版社 2005年8月

- 「新版コールセンターのすべて 導入から運用まで」

  リックテレコム 2006年4月

- 「コールセンター白書 2007」

  リックテレコム 2007年7月

- 「顧客の声マネジメント テキストマイニングで本音を見る」

  オーム社　2006年5月

# 【著者紹介】

### 金井 進
株式会社野村総合研究所 ビジネスインテリジェンス事業部 部長
主に業務改革を含めたシステム化の提案、計画、設計、分析から構築のプロ。ここ10年ほど、顧客に徹底して付き合いながら業務システムを完成させるプロジェクトマネージャーでもあり、数多くのプロジェクトマネージャーを育成している。2006年秋よりビジネスインテリジェンス事業関係の責任者となり、ビジネス企画から研究開発などを実施。

### 堀 宣男
株式会社野村総合研究所 ビジネスインテリジェンス事業部
マーケティングソリューショングループ グループマネージャー
地図情報システムを活用したエリアマーケティング分析から、テキストマイニングを軸としたシステムソリューションを数多く手がけており、コールセンター業界や製造業、金融業を得意分野としている。現在、苦情対応マネジメントシステムをはじめ、品質管理システムや危機管理システムなど、先進的な業務システムパッケージの企画、開発に携わっている。

### 神田晴彦
株式会社野村総合研究所 ビジネスインテリジェンス事業部
マーケティングソリューショングループ コンサルタント
各種マーケティングリサーチ、とくにテキストマイニングを活用したCS調査や、データマイニング分析コンサルティングには定評がある。近年では、ブログなどCGMの活用方法に関するプロジェクトを手がけ、最新のマーケティング手法の開発を進める。また、FAQによるナレッジシステムの構築など、新しい仕組み手法の構築に携わる。執筆・講演多数。

### 三室克哉
株式会社プラスアルファ・コンサルティング 代表取締役
商品需要予測、優良顧客分析、Webアクセスログ分析など、各種データマイニングプロジェクトを多数実施するなか、顧客の生の声などのテキスト情報の重要性を感じ、分析系テキストマイニングシステムを開発、普及に貢献。2007年、現職就任後も、テキストマイニングの新しい仕組みや活用分野の開拓を積極的に進めている。

### 鈴村賢治
株式会社プラスアルファ・コンサルティング 取締役
顧客の声マネジメント事業部部長
アンケートやコールセンターに集まる顧客の声の活用プロジェクトを多数実施する傍ら、執筆・講演を通してテキストマイニングの認知度向上に貢献。2007年、現職就任後は、多くの企業のアドバイザーとして顧客の声の活用の定着化支援のほか、テキストマイニングを使った新しいビジネスの創造を推進している。

## "顧客の声"分析・活用術
### テキストマイニングが拓く──コールセンター高付加価値化への新たな提案

Ⓒ 野村総合研究所／プラスアルファ・コンサルティング 2008

2008年6月10日 初版 第1刷発行

| | |
|---|---|
| 監　修 | 株式会社野村総合研究所 |
| | 株式会社プラスアルファ・コンサルティング |
| 著　者 | 金井 進、堀 宜男、神田晴彦、三室克哉、 |
| | 鈴村賢治 |
| 発行者 | 土岡 正純 |
| 発行所 | 株式会社リックテレコム |
| | 〒113-0034 |
| | 東京都文京区湯島3-7-7 リックビル |
| | 振替　00160-0-133646 |
| | 電話　営業　03（3834）8380 |
| | 　　　編集　03（3834）8104 |
| デザイン・組版 | 株式会社リッククリエイト |
| 印刷・製本 | 壮光舎印刷株式会社 |

＊本書の全部または一部について、無断で複写、転載、ファイル化などを行うことを禁じます。
＊乱丁・落丁本はお取り替えいたします。
＊本書に記載の商品名及び社名は各社の商標または登録商標であり、特にその旨の明記が無くとも、本書はこれを十分に尊重します。なお、本文中にはTM、Ⓡマーク、Ⓒマークは表記しておりません。

ISBN978-4-89797-797-3

編集：山本浩祐
Printed in Japan